读史衡世·名将篇

但愿海疆平 戚继光

陈荣赋 ◎ 著

华中科技大学出版社
http://press.hust.edu.cn
中国·武汉

图书在版编目（CIP）数据

但愿海疆平：戚继光/陈荣赋著. -- 武汉：华中科技大学出版社，2024.1

ISBN 978-7-5772-0365-2

Ⅰ.①但… Ⅱ.①陈… Ⅲ.①戚继光（1528-1587）—传记 Ⅳ.①K825.2

中国国家版本馆CIP数据核字（2024）第011670号

但愿海疆平：戚继光
Danyuan Haijiang Ping: Qi Jiguang

陈荣赋　著

策划编辑：亢博剑	
责任编辑：陈　然	
责任校对：李　弋	
封面设计：VIOLET	
版式设计：曹　弛	
出版发行：华中科技大学出版社（中国·武汉）	电话：（027）81321913
武汉市东湖新技术开发区华工科技园	邮编：430223
印　　刷：天津中印联印务有限公司	
开　　本：880mm×1230mm　1/32	
印　　张：9.75	
字　　数：210千字	
版　　次：2024年1月第1版第1次印刷	
定　　价：49.80元	

本书若有印装质量问题，请向出版社营销中心调换
全国免费服务热线：400-6679-118　竭诚为您服务
版权所有　侵权必究

前言

天皇皇,地皇皇,莫惊我家小儿郎。
倭寇来,不要慌,我家戚爷会抵挡。

这是一首十六世纪中叶流传于浙江一带的童谣,是当年倭寇为患时,东南沿海乡村中的母亲哄孩子入睡时唱的儿歌。童谣中的"戚爷",就是大名鼎鼎、倭寇畏之如虎、百姓视若神明的抗倭名将——戚继光。

戚继光,字元敬,号南塘,山东登州(今山东烟台市蓬莱区)人,嘉靖七年(1528年)生于一个将门世家。他自幼饱读诗书,深明经史,学文习武,在父亲的影响下立志报国。戚继光十七岁时,父亲去世,他承袭父职,担任登州卫指挥佥事,从此开始了他漫长的军旅生涯。当时,大明王朝正遭受着一场严重的外患,日本国内的武士、浪人(被称作"倭寇")经常流窜到山东、浙江、福建沿海等地,勾结当地的奸商、流民,攻城略地,杀人放火,掳掠百姓,给沿海一带的百姓带来了深重的灾难。此时大明朝廷政治腐败,海防废弛,明军几无战斗力可言,每每遭遇倭寇就溃不成军，倭寇在大明境内如入无人之境，倭寇之患愈演愈烈。

国家被倭寇践踏，百姓被倭寇杀戮，年轻的戚继光深以为耻，在心中暗暗立下"封侯非我意，但愿海波平"的誓言，发誓要扫平倭寇，平定海疆，救百姓于水火之中。嘉靖三十四年（1555年），戚继光升任浙江参将，负责防守倭寇出入频繁的宁波、绍兴、台州等地区，从此走在了抗倭的最前线。

在短短两个月的时间里，戚继光率军驰骋在浙江抗倭的最前线，屡建奇功，声名大振。但是明军纪律松弛，士气低落，临战脱逃的现象非常严重，戚继光深感明军难以承担剿灭倭寇的重任，于是到义乌招募了一批农民、矿工，经过严格训练，建起了一支纪律严明、士气高昂、战斗力强大的劲旅——戚家军。

此后，戚继光率领戚家军转战浙江、福建、广东等省，以秋风扫落叶之势横扫大明境内的倭寇，打得倭寇四处逃窜，闻风丧胆。到嘉靖四十五年（1566年），戚继光和他的戚家军经过十二年的浴血奋战，彻底肃清了境内的倭寇，东南沿海地区的百姓重新过上了安宁、和平的生活，戚继光也实现了自己年轻时立下的"封侯非我意，但愿海波平"的誓言。

倭患平息了，但是戚继光的征战岁月并没有结束。南方倭患一平，大明王朝北方边境的危机又日渐凸显，蒙古骑兵频频越过长城，侵扰内地，长城沿线不断燃起战争的烽火。明朝廷任命戚继光总管蓟州、昌平、辽东、保定军务，总督蓟镇军务，防御蒙古骑兵的进犯。

戚继光上任之后，立即着手整顿营伍，训练士兵，组建战车营，同时考察北疆地形，率领边兵大力修筑敌台、加固边墙。至万历九年（1581年），在东起山海关西至镇边城的两千多里的边防线上，建起了一道固若金汤的钢铁防线。接着，戚继光又率军多次击退蒙古骑兵的进犯，迫使蒙古大封建主朵颜部首领董忽力向明朝廷称臣。在戚继光镇守北疆期间，北疆出现了难得一见的和平景象。《明史·戚继光传》赞曰："继光在镇十六年，边备修饬，蓟门晏然。"

戚继光戎马一生，转战南北，身经百战，立下了赫赫战功。他曾这样自我评价："游子三十年，行间先后南北水陆大小百余战，未尝遭一劫。"事实上，哪里是"未尝遭一劫"，简直是百战百胜！戚继光率领戚家军与倭寇作战，每次战斗结束后，常常是全歼倭寇，而自身伤亡极小，这样的战绩在中外战争史上都是很少见的。这充分说明了戚继光有着卓越的军事才能和高超的指挥才能，在整个明朝的将领中，几乎无人能与之比肩。戚继光是一位优秀的军事理论家，他为后人留下了很多部军事著作，他的《纪效新书》和《练兵实纪》两部兵书，在我国军事学上有着很高的地位，为后世兵家必读书目。戚继光还是一位杰出的兵器专家，一生发明、改造了多种新式武器，建造了各种大小战船、战车，极大地提高了明军的水陆作战能力。戚继光也是一位出色的诗人，在诗歌创作方面取得了较大的成就，一生写下了近三百首诗歌，丰富了我国古代的诗歌宝库，为后人留下了一份珍贵的文学遗产。

然而，就是这样一位赤胆忠心、征战一生、功高盖世、才华横溢的将领，晚年却横遭无端的猜忌、弹劾、贬谪，被迫辞官还乡，最终在贫病交加中凄凉地死去。这是戚继光的悲剧，也是中华民族的悲哀！

本书立足史实，深挖史料，以客观严谨的视角、洗练生动的文字，真实、完整地再现了戚继光这位大明战神叱咤风云、跌宕起伏的一生——机智顽皮、爱打抱不平的童年，刻苦读书、立志报国的少年，从戎投军、率军血战倭寇的青年，训练边兵、筑台修墙、镇守北疆的壮年，孤愤抑郁、寂寞凄凉的晚年。书中对戚继光的婚姻、情感生活也有所涉及和披露。通过本书，读者可以看到一个血肉丰满、个性十足的戚继光，领略戚继光无与伦比的军事才华、细腻丰富的内心世界、非凡独特的人格魅力、纯粹高尚的思想境界。

时势造英雄，英雄亦造时势，历史造就了戚继光，而戚继光也影响了历史。如果没有戚继光，大明王朝的灭亡步伐可能会大大加快。

戚继光离开我们已有数百年，但是他的名字将永远镌刻在中华民族的历史丰碑上，他的英雄事迹也将永远流传在中华大地上，激励一代又一代的中华儿女为中华民族的伟大复兴而不懈奋斗！

引子

元朝末年，天下大乱，各方豪杰纷纷举起反元大旗，割地称雄，战火燃遍中华大地。安徽凤阳皇觉寺的和尚朱重八（参加起义军后改名朱元璋），瞅准时机参加了起义军。经过一番打拼，朱元璋从一名卑微的无名小卒跃升为一位统率千军万马的军队主帅。接着，朱元璋聚集起一批谋臣战将，率军东伐西讨，南征北战，消灭了陈友谅、张士诚等割据势力，推翻了蒙古人统治的元朝，一统天下，创建了大明王朝，年号"洪武"。

朱元璋建立明朝后，采取一系列铁腕手段和强硬政策，进一步巩固了大明的统治。洪武三十一年（1398年），朱元璋去世。他后面的明成祖、明仁宗、明宣宗等几位皇帝继续励精图治，为大明基业添砖加瓦。明朝国力持续发展、蒸蒸日上，一跃成为当时世界上最强盛的国家之一，四方咸服，万国来朝。

然而好景不长，明朝繁盛的局面没有维持多久，正统十四年（1449年），明英宗朱祁镇率军北征瓦剌，兵败被俘，这就是"土木堡之变"。从此，明朝由盛转衰，步入下坡路。此后，虽有明孝宗朱祐樘努力扭转国运，使明朝再度出现中兴盛世，但也禁不起子孙后代的"败家"，明世宗嘉靖皇帝就是这"败家"的第一人。

嘉靖皇帝在位早期，还算得上是位合格的皇帝，他勤于政务、整顿朝纲、推行新政，使明朝出现政治清明、经济繁荣的大好局面。但是到了他执政中期，他丧失了进取精神，疏于朝政，宠信奸臣严嵩等人，而且还迷信方士，大兴土木，国家财政到了崩溃的边缘，导致民怨沸腾，各地不断发生民变、兵变。

眼见明朝陷入内乱之中，外族也趁火打劫，向明朝发难。在东南沿海，倭寇四起、多如牛毛，他们烧杀抢掠，无恶不作，沿海百姓谈倭色变；在北方边境，狼烟不断，蒙古人的铁蹄频繁踏入大明境内，威胁着明朝的安全。在整个嘉靖年间，"南倭北虏"始终是明朝的两大祸患，它们就像飘散在明王朝天空中的两团乌云，挥之不去，成为上至当朝皇帝下至普通百姓心中的两大块阴影。

"南倭"，指的是倭寇，是14—16世纪劫掠中国东南沿海地区的日本海盗。

倭寇之患，从明初以来就一直存在。朱元璋建立明朝的时候，日本正处于封建割据的南北朝时期。除了南、北两个朝廷外，当时日本还有许多割据势力——守护大名（被幕府封为守护职的地方武士集团的首领）。他们不仅互相争战，而且还经常支

引子

持和勾结海盗商人，骚扰和掳掠中国东南沿海地区。

朱元璋统一天下后，曾连续派使者到日本，以图恢复两国关系，同时也是为了消除倭患。但由于此时日本处于分裂对抗状态，朱元璋几次派使都毫无结果，倭寇侵扰日渐频繁，北起山东，南到福建，当地百姓都频频受到倭寇劫掠。洪武二十五年（1392年），北朝统一日本，南朝的武士、失意政客和浪人失去了生存的土壤，于是纷纷流落海上，盘踞海岛，形成了一股不小的力量，不时侵扰中国东南沿海地区。

明初时期，由于国力强盛，重视海防建设，因此倭寇未能酿成大患。自明英宗以后，随着朝廷政治日趋腐败，海防松弛，倭寇势力卷土重来。嘉靖时期，由于明朝廷停止了对日本的贸易，导致日本的无业游民增多，东南沿海地区的倭患达到了顶峰。倭寇们一般分成几队、十几队甚至几十队，对我国东南沿海地区的居民进行抢劫掠夺。倭寇所过之处，男丁妇女被劫掠，金银财物被抢光，城镇房屋被烧毁，还有的倭寇甚至丧心病狂到挖掘当地人的坟墓，然后让死者家人拿着钱来赎尸体。

据归有光的《昆山县倭寇始末书》记载："孤城被围，凡四十五日。临城攻击，大小三十余战……其六门并攻，被杀男女五百余人，被烧房屋二万余间，被发棺塚计四十余口……其各乡村落，凡三百五十里境内，房屋十去八九，男妇十失五六。"

倭寇的滔天罪行，给中国东南沿海地区的人民带来了深重的灾难。而更令人痛恨的是，沿海一带的一些海商大贾为了牟取暴利，不惜背上汉奸的罪名，置朝廷的海禁命令于不顾，与他国商船私下交易，更有甚者，形成海上武装走私集团，勾结日本各岛上的倭寇，一起到东南沿海地区大肆劫掠。这些海盗商人如王直、徐海等人，与倭寇狼狈为奸、沆瀣一气，使得倭患愈演愈烈。

与此同时，一些明朝官员也与这些海盗商人串通一气，暗中与他们建立了联系。嘉靖二十七年（1548年），朝廷派朱纨巡抚浙江，朱纨到任后，封锁海面，杀死了与倭寇有来往的李光头等九十六人。朱纨的所作所为触犯了通倭的官僚、富豪的利益，他们指使在朝的官员攻击朱纨，诬陷朱纨擅自杀人，结果朱纨被迫自杀。从此，朝廷不再设立巡视大臣，朝中朝外，无人敢再提海禁之事，倭寇自然更加猖獗，东南沿海一带，土地几无宁土，百姓几无宁日，灾难一直延续了十几年。

"北虏"，指的是活跃在长城以北的蒙古游牧民族瓦剌和鞑靼两部。

自从朱元璋推翻元朝，把蒙古势力逐出漠北地区后，元朝只剩下了岭北行省，是为北元，后来北元又分裂为鞑靼和瓦剌两部。其中鞑靼逐渐衰退，瓦剌成了明朝北疆的最大威胁。当时，

引子

蒙古人仍然从事着单一的原始畜牧业和不发达的手工业，生活陷入困境，获取汉族中原地区丰富的粮食和物资成为蒙古人心中的期盼。于是蒙古人不断袭扰明朝的北方边境，往往是在大掠一场之后，迅速退兵，来无影、去无踪，形成了明朝历史上所谓的"北虏之患"。随着明朝政治腐败程度的不断加深，边防力量日趋削弱，北虏之患也日益加重。

此后的百年中，蒙古人经过一番内斗，鞑靼重新夺回主宰地位，鞑靼土默特部的俺答脱颖而出，于明嘉靖年间独立建国，控制着东起宣化、大同以北，西至河套平原，北抵戈壁沙漠，南临长城的广大地区，威胁中原地区。鞑靼屡屡进犯明朝北境，兵力动辄数万，甚至数十万，明朝的军队根本抵挡不住鞑靼骑兵的进攻。嘉靖二十五年（1546年），俺答称汗，遣使到明朝议和，并请求互通贡市①，但是明世宗屡次拒绝。嘉靖二十九年（1550年）六月，俺答率领数万精兵进犯大同、蓟镇，从古北口攻入塞内，一直攻到北京城下。在鞑靼军队的强大攻势下，明军惊慌失措，不仅京城官兵毫无斗志，就连前来"勤王"的各路部队也畏缩不前，不敢出战，听任鞑靼军队在京城周围肆意劫掠八日，满载财物而去。此后，俺答又数次进犯北部边境，蒙古察哈尔部也

---

① 贡市：指外国或异族商人随贡使到指定地点进行的贸易。

同时入犯，使明朝百姓的生命和财产安全遭受严重威胁，明朝北部边境形势极为严峻。

此时的明朝，内忧外患交加，江山社稷岌岌可危，大有倾倒于一瞬之势。想当年，明太祖朱元璋是何等的强悍神武，大明王朝是何等的繁盛强大，而如今，臣不像臣，君不像君，国不像国，国势江河日下，大明王朝已繁华不再。

家贫思贤妻，国难思良将。对此时的明朝而言，那个能力挽狂澜、救百姓于水火之中的良将，又在哪里呢？

目录

第一章 将门虎子：名将的早年生涯

- 第一节 将门世家，家风淳美 001
- 第二节 曙光初照，继光诞生 006
- 第三节 少年英雄，侠肝义胆 009
- 第四节 严父教子，大器早成 011
- 第五节 刻苦读书，磨砺心志 015
- 第六节 恩师授课，培育英才 017

第二章 崭露头角：大明军营升起的新星

- 第一节 赴京袭职，从戎报国 022

第四节 两度上书，提议练兵

第三章 虎威初试：驰骋浙江抗倭第一线

第一节 抗倭前线，临危受命 048
第二节 一战龙山所，三箭破敌胆 053
第三节 二战龙山所，三将首聚首 055
第四节

第七节 整肃军纪，棍打舅舅 026
第六节 备倭山东，整饬海防 028
第五节 进京赶考，初露锋芒 032
第四节 南北驱驰，戍守蓟州 036
第三节 赴任登州，誓平海患 040
第二节 慈父去世，一生隐痛 043

目录

第五节 督造战船，创建水师	003

第四章 戚家军横空出世 打造铁军：

第一节 舍弃旧军，欲创新军	083
第二节 招兵买马，义乌募兵	086
第三节 严格训练，打造劲旅	090
第四节 制定铁纪，从严治军	094
第五节 言传身教，练兵有方	101
第六节 驰援台温，小试牛刀	
第七节 无辜蒙冤，岑港战倭	
第八节 神机妙算，解围桃渚	
第九节 兄弟携手，大战海门	

064　067　071　074　078

第二节 削枝弱干，轻取张湾

第六章 "戚老虎"名震四方

第一节 福建告急，率军入闽 123
第二节 128

第五章 横扫倭寇如卷席 台州连捷：

第一节 宁海大战，鸳鸯阵显神威 104
第二节 新河之战，夫人摆空城计 108
第三节 花街之战，开巷战之先河 111
第四节 设伏上峰岭，奇兵歼倭寇 115
第五节 激战长沙，平定浙东倭患 118

目录

荡尽倭寇海波平
第七章 再援福建

第四节 智斗倭寇，解围仙游	
第一节 兴化陷落，再援福建	162
第二节 三将联手，闪击平海卫	165
第三节 势如破竹，连战连捷	169
第四节 智斗倭寇，解围仙游	171
第五节 乘胜追击，直捣牛田	143
第六节 狭路相逢，血战林墩	148
第七节 抱病上阵，剿灭倭酋	153
第八节 班师回浙，上司入狱	157
第三节 涉泥作战，攻克横屿	133
第四节 夜袭杞店，火烧倭寇	139

第八章 威震北疆：镇守北疆十六年

第一节 临危受命，奉诏北上 … 193

第二节 遭受冷遇，滞留京城 … 198

第三节 奏议练兵，屡经波折 … 201

第四节 呕心沥血，编练三军 … 206

第五节 修墙筑台，巩固北疆 … 212

第六节 汤泉演习，大扬军威 … 216

第七节 长城三捷，降服董忽力 … 222

第五节 水陆会剿，威震南疆 … 177

第六节 攻克南澳岛，剿灭大山贼 … 182

第七节 征战十二载，海波终平息 … 188

第八节 鸡叫三遍，将星陨落 258
第七节 纳妾续子，王氏休夫 255
第六节 解甲归乡，闻弟噩耗 252
第五节 履职广东，鞠躬尽瘁 249
第四节 横遭贬谪，泪别蓟州 243
第三节 首辅去世，厄运降临 240
第二节 挚友辞世，前约难兑 237
第一节 长年征战，积劳成疾 232

第九章 将星陨落：落寞凄凉辞人寰

第八节 两援辽东，再建奇功 226

丰厚遗产泽华夏

第十章 勋垂青史

第一节 姐妹兵书,军事瑰宝 … 266

第二节 兵学思想,气象万千 … 271

第三节 武德思想,独放异彩 … 276

第四节 兵器大师,硕果累累 … 280

第五节 功勋不朽,万世怀念 … 285

第一章 将门虎子：名将的早年生涯

戚继光出生于一个将门世家，祖辈和父辈都是忠心卫国、刚直不阿、廉洁自律、生活节俭的人，可谓世代忠良，家风淳美。在家风的熏陶和影响下，戚继光从小习武，熟读兵书，立志报效国家，并养成了吃苦耐劳、勤俭朴素、好学上进等诸多美好的品德，为他日后成长为一名杰出的军事将领奠定了坚实的基础。

第一节 将门世家，家风淳美

中国有句古语："江南的才子，山东的将，三秦大地出帝王。"纵观中国数千年历史，这句古语还真有道理。自春秋以后，山东名将辈出：孙武、吴起、孙膑、蒙恬、彭越、陈汤、王猛、秦琼……当历史的车轮驶向明朝，山东又出现了一个战功赫赫、威震海外的名将——戚继光。

说起戚继光，我们不得不提一提他的先祖。戚继光的先祖多为横戈马上、征战疆场的将军，可以说是一个将门世家。元末天下大乱时，戚继光的六世祖戚详为了躲避战火，随着舅父一家迁居安徽定远县昌义乡。元至正十三年（1353年）冬天，朱元璋带着徐达、汤和、吴良、吴祯、花云等人离开濠州，来到定远。戚详参加了朱元璋的起义军，一开始担任朱元璋的亲兵，后来因为作战勇猛，升任为一名统管十人的小头领——小旗。此后，戚详跟随朱元璋东征西讨多年。明朝建立后，戚详被授予应天卫百户[①]一职。

洪武十四年（1381年），朱元璋派大将傅友德、蓝玉率兵征战云南，戚详也随军从征，不幸战死疆场。他的牺牲为自己的家族换来了一个世袭武职——明威将军，从此，戚家开始了世袭的历史，世袭职务为登州卫指挥佥事[②]。

戚详战死后，他的儿子戚斌奉诏赶赴登州，就任卫指挥佥事一职。他将夫人和孩子也迁到登州，一家人从此在这里定居下来。

戚斌上任后，忠于职守，勤勉任事，工作非常出色，众人皆交口称赞，很快他就成为同僚中的佼佼者。当时，登州卫附近时常有倭寇前来侵扰，给这一带的百姓造成了不小的损害。为了巩

---

① 百户：明代军队指挥官中最低一级的官职，官级正六品。

② 卫指挥佥事：卫是明代的军事编制，按规定登州卫兵有三千二百多名军士。指挥佥事，也就是卫的军事长官，官级正四品。

固海防，戚斌动员城中军民加紧修建城墙，加强军备，从而遏制了倭寇的侵扰，维护了一方安宁。

戚斌去世后，他的儿子戚珪也按朝廷的规定继承了父亲的职务。受父辈的影响，戚珪也是一位行为正派之人，他不仅生性耿直，侠肝义胆，而且能文能武，风流倜傥。他也像他的父亲戚斌一样，恪尽职守，勤奋敬业。宣德八年（1433年），朝廷将各卫所的马、步、水军全部调到登州，进行操练演习。具有军事战略眼光的戚珪敏锐地看出朝廷的做法存在巨大的隐患：如果各卫所的军队都赶到登州操练，海岸无兵驻守，一旦倭寇趁机登岸发起进攻，后果不堪设想。于是，戚珪大胆地向朝廷上书建言：军队聚集在一处，倭寇登岸后各卫所难以相互策应，马、步、水军应各归自己的卫所，以防备倭寇偷袭。朝廷认为戚珪的建言很有道理，最终采纳了他的建议，并且对他嘉奖了一番。

戚珪的儿子戚谏，就是戚继光的曾祖父，身材魁梧，体格健壮，膂力过人，史载他在二十岁时曾独身一人与一只老虎相互搏斗，打得老虎落荒而逃，此事当时在民间广为流传。可惜天妒英才，戚谏在二十七岁时便英年早逝了。

戚谏养有四个儿子，长子戚宣、次子戚宁、三子戚琳、四子戚德。戚宣承袭登州卫指挥佥事之职，但他膝下无子；戚宁娶阎氏之女为妻，也只有一个儿子，就是戚继光的父亲戚景通；三子戚琳和四子戚德后来都迁到外地定居生活。因为戚宣没有儿子继承登州卫指挥佥事一职，便将戚景通过继过来作为自己的养子。

戚景通六岁时，亲生父亲就离开人世了。当时他的母亲才二十四岁,一边照顾着幼小的戚景通,一边侍奉着婆婆,靠纺织为生,过着清贫的日子。

戚景通自幼勤奋努力,好学上进。戚景通长大成人后,他的养父戚宣便去世了,戚景通承袭了戚宣的职务。在担任登州卫指挥佥事之后,戚景通便表现出了军事天赋,被朝廷提升为都指挥使,负责山东沿海抗倭事务。

戚景通武艺出众,不仅刀法纯熟,箭法也十分精妙,而且对军事也颇有研究。任职期间,他利用一切空余时间勤奋研读各种军事著作,即使率领部卒驻扎在野外,也手不释卷,每到一地,就抓紧时间研读兵书。夏天的夜晚,士兵们时常看到他坐在营帐中,一手摇着一把川扇,一手拿着兵书阅读。渐渐地,戚景通成长为一名武艺高强、军事知识丰富的高级将领。他曾经写过上百篇关于加强国家防卫的计划意见书,上奏给朝廷,受到了朝廷的赞赏。

后来,戚景通被提升为江南漕运把总、山东总督备倭都司府指挥使、大宁府都司掌印官、神机营副将等。他做过不少官,一直秉性刚正、廉洁奉公、生活俭朴。

明武宗正德十五年(1520年),戚景通在任江南漕运把总时,负责运送官粮。上任之后,戚景通对漕运事务进行了整顿,革除了许多陈规陋习,这引起了许多人的不满。一些奸商到处造谣,并暗中收买一些贪官污吏,千方百计陷害戚景通,想迫使他离职。

一次,戚景通押运一批粮食到太仓,按照当时的官场"规则"，他应该给仓官送一些财物，这样就可以顺利交差，否则容易受到刁难。熟悉内情的部下劝他照此办理，戚景通却严肃地说："押运粮食是我的职责，接收粮食是他的职责。公事公办，凭什么要送他东西？"

果然，仓官并未收到打点的钱物，便诬陷戚景通账目错误，私吞钱财。在当时，官员私吞钱财，重则会下狱，轻也会受到降级的处分。戚景通的部下张千户听说此事，就想送给戚景通三百两银子，让他拿着这三百两银子去打通关节，以免受到处分。不过张千户素知戚景通的为人，知道他肯定不会收下这三百两银子，于是就托一个名叫王春的人拿银子去见戚景通，因为王春和戚景通私人关系一向很好。

王春拿着三百两银子见到戚景通，说明来意。谁知戚景通依然严肃地拒绝道："让我昧着良心去贿赂贪官，绝对办不到！我宁愿不做官，也不会巴结他们。他们诬陷我也好，降我的级也罢，我都不在乎，我只要问心无愧就行了。"

见戚景通态度如此坚决，王春也不好再多说什么，于是安慰了几句，便回复张千户去了。后来事情虽然被查清楚了，可是戚景通还是丢了江南漕运把总的官。他回到山东，仍然担任登州卫指挥佥事一职。

就这样，在数十年的官场生涯里，戚景通始终坚持自己的操守，不畏权贵，不随波逐流，真正做到了出淤泥而不染，在当时的官场上是一股少有的清流。他从不拿公家的一点财物，也不收别人的一分钱，只靠自己的俸禄养家糊口。没有给家人建起高楼大院,也没有给后代留下万贯家财,一直过着清贫的生活。朝廷为他高尚的操守所感动,授予他"孝廉将军"称号。

第二节 曙光初照,继光诞生

戚景通在担任江南漕运把总期间,把家暂时安顿在山东济宁市微山县的鲁桥镇。鲁桥镇位于京杭大运河和泗水的交汇处,镇上虽然人不多,但是船只往来频繁,倒也相当热闹。

戚景通一生娶有两房夫人,原配为张氏,因为张氏不能生育,戚景通便续娶王氏为妻。这王氏就是戚继光的亲生母亲,是登州卫百户王公的女儿,赠一品夫人。她端庄贤惠,与张氏相处非常融洽,很受戚家上下的尊重。

戚景通中年时,曾养有一个女儿,后来女儿出嫁,戚景通伤心许久,自己即将年过半百,膝下仍无子。他格外希望能有个男孩来继承自己的衣钵,把自己的武艺和事业传承下去,这样也好光宗耀祖,不辱没祖先的名声。

嘉靖七年(1528年),戚景通已经五十六岁。这年年初,传来一个让他激动万分的消息:他后娶的夫人王氏怀孕了。王夫人怀孕期间,戚景通时常在心中默默祈祷,希望老天爷能够成全他的心愿,让王夫人生个健康聪明的男孩。

闰十月初一(11月12日)夜晚,已经是半夜时分了,戚景通仍然没睡,独自一人在庭院中不安地来回走动着。因为卧室里的王夫人已经临产了,他不知夫人是否能平安分娩,所以一直在担心。到了后半夜,一阵婴儿的啼哭声打破了夜晚的沉寂,王夫人分娩了。一会儿,接生婆出来恭喜戚景通,王夫人生下男婴。戚景通又是欢喜,又是激动,一直以来他心中悬着的一块石头终于落下了。

戚景通命下人送来一碗鸡汤让王夫人喝下,好让她滋补一下产后虚弱的身体。然后他扶着王夫人缓缓躺下,叮嘱她安心歇息后,便独自来到庭院中。

他背着手踱起方步来,从庭院踱到门口,又从门口踱到街上。他一边漫步,一边思索:该给自己这个姗姗来迟的儿子起个什么名字呢?

不知不觉间,东方出现鱼肚白,天开始放亮了。过了一会儿,一轮硕大的、红彤彤的旭日从东方地平线上冉冉升起,小镇沐浴在粉红色的朝霞中,安静祥和,形成一幅绝美的图画。早晨的空气格外清新,戚景通也是人逢喜事,精神格外好。他想夫人和孩子这时应该都已经睡醒了,便大步流星地往家中赶去。

还未到院门口,戚景通就听到院子里传出一阵阵的说笑声。原来,戚景通的亲朋好友们听说戚家喜得一子,纷纷一大早赶来祝贺。戚景通走进大院,只见院子里好不热闹,人们进进出出,有说有笑,脸上都喜气洋洋的。见到戚景通从外面回来,亲朋好友们纷纷走上前,祝贺他老来得子。

人群中,一位老者对戚景通说:"戚将军,今日惠风和畅,天朗气清,你又得一贵子,这是吉祥大喜的好日子,应该给孩子取个好名字才是啊!"

戚景通抬头看了一下天空中的太阳,心中一动,略一沉思后说道:"老丈所言甚是,我已思虑一夜,不如就叫他继光!既取继承祖业、光宗耀祖之意,也望他日后成为一个正直之人。"

众人齐声说好,一致认为此子在戚景通这样正直之人的教育下,日后必有一番作为。

关于戚继光的出生,还有一些颇具神话色彩的说法。在戚继光本人所著的《止止堂集》中,就记录了一则其父戚景通和一个鲁桥镇"狐仙"交往的故事。《止止堂集》是戚继光一生诗、文、杂录的合辑,由《横槊稿》三卷、《愚愚稿》二卷组成。《愚愚稿》下卷未分篇,为杂录,多为"阴骘、果报、神怪之事",里面有"鲁桥仙"一段,详细记录了戚景通与鲁桥镇的渊源,以及与"鲁桥仙"交往的过程。

传闻"鲁桥仙"是个懂法术的老狐仙,寓居在鲁桥镇,在当地设点开业,隔着布帘为人们预言祸福。戚景通与他一向交好。一天,戚景通办完公事回到家中后,去见"鲁桥仙",感慨地对"鲁桥仙"说:"我年已四十,还没有子嗣,不知如何延续?"

"鲁桥仙"说:"这是大事,我不得而知。待明年我赴茅山参加法会,代将军问问。"

第二年,"鲁桥仙"参加完茅山法会回到鲁桥镇,告诉戚景通说:"将军的儿子将降生于戊子年闰十月初一,若非这日出生,则不能长久。将军还有一子(即戚景通的次子戚继美),稍后几年也会出生。"

那一年戚景通四十多岁，距离戚继光诞生的戊子年还有十三年，但是后面的情况果然如"鲁桥仙"所预言的那样。戚继光如期出生，戚继光六岁时，有了一个弟弟，父亲给他起名戚继美。戚继美虽然没有他的哥哥戚继光名气那么大，但也不是个平庸人物，后来做官至贵州总兵，也成了明朝中叶的一名将领。再后来，戚继光又有了一个妹妹。

这则故事，在戚继光的儿子戚祚国编纂的《戚少保年谱耆编》中也有记载。围绕着戚继光的出生编造的这些故事情节，无非是在渲染一代抗倭英雄的不同凡响，为其笼罩上一层迷离虚幻的神话色彩。

这则故事当然只是传说，但也从另一方面反映了当时的人们对戚继光本人的敬仰和对其英雄事迹的崇拜。

第三节 少年英雄，侠肝义胆

嘉靖八年（1529年），即戚继光出生后的第二年，戚景通改任山东总督备倭，次年又进署都指挥佥事，肩上的担子更重了。他又是练兵又是演武，积极备倭、备战，忙个不停。戚继光的生母王氏也一直跟随在戚景通身边，在外地陪伴戚景通，照顾他的生活。

嘉靖十二年（1533年），六岁的戚继光跟随大母张氏回到家乡蓬莱居住。从那时起，一直到十七岁，戚继光都陪伴大母张氏在蓬莱度过。回到故乡的第二年,戚继光开始入私塾读书。

戚继光小时候,活泼顽皮,十分好动。与同龄孩子相比,戚继光显得又瘦又黑。戚继光虽然顽皮,但是很有侠义气概,敢作敢为,在孩子们中间很有威信。当时,城里有个富家子弟,外号"小黑霸",他仗着自己身强力壮,经常欺负其他的小孩子。一次,有个孩子和"小黑霸"拌了几句嘴,就被"小黑霸"打倒在地,骑在胯下,"小黑霸"揪住这个孩子的头发逼他学狗叫。恰巧这时戚继光路过这里,他见这个家伙又在欺负人,顿时火冒三丈,快步冲上前去,抡起拳头把那家伙痛打了一顿。最后,戚继光还让刚才被欺负的小孩骑在"小黑霸"身上,又让"小黑霸"学了几声狗叫方才罢休。

不读书的时候,戚继光就召集一帮男孩子,把他们分成两方,一方进攻,一方防守。他当一方的指挥,发号施令,操练阵式,演练兵法,俨然一位小将军。

别看这不过是些小孩子们玩的打仗游戏,戚继光却指挥得有板有眼、井井有条,何时进攻,何时后退,都非常有章法。见过戚继光指挥孩子们玩打仗游戏的人都感到很惊讶,称赞说:"这孩子,真不简单。将来肯定能像他父亲一样,成为一位指挥千军万马的大将!"

戚继光脑瓜灵活,不仅会玩,而且还能玩出不少新花样,让小伙伴们大开眼界。一天,戚继光看见镇上的一棵槐树上结满了豆荚,风一吹,豆荚"哗啦啦"直响。他立即有了想法,很利索地爬上树摘了一些豆荚,然后将槐树豆一个一个剥出来,回家用针线将槐树豆一个个串起来，做成一只"流星锤"，"呼呼"地耍起来，很是威风。小伙伴们见了，也都跟着效仿，纷纷玩起了这种新"兵器"。

但是这样调皮的戚继光难免会闯出点祸事来。于是三天两头有人找上门来告戚继光的状，大母张氏免不了要责罚戚继光一番。罚轻了，戚继光不当一回事；罚重了，他也一声不吭，过后就偷偷跑到院中的老槐树旁边，抱着那老槐树痛哭一场。远离亲娘的小戚继光觉得自己受了委屈，找这棵大槐树哭诉，以排遣心中的悲伤，获得一丝安慰。

长大成人后，戚继光对这棵槐树仍念念不忘。据说他在江南抗倭、蓟州戍边的时候，军务繁忙之余还抽空写过一些诗文怀念老家这棵大槐树。很多年后，年老的戚继光辞官回到蓬莱，还专门叫人为这棵槐树砌了围栏。镇中老一辈的人都说，这棵槐树可以说是小戚继光的生母。

第四节 严父教子，大器早成

戚景通老来得子，对儿子自然是十分疼爱，但是他没有因此就放松对儿子的教育，毫无原则地溺爱儿子，而是从各个方面加强对儿子的教育。他给儿子取名"继光"，就是希望儿子将来能够继承将门家风，成为一位有益于国家的栋梁之材。

从儿子开始学走路时起，戚景通就经常带着他读书写字，营造一种熏陶戚继光的文化氛围；待儿子稍大时，又开始教他练习武艺，还时常给儿子讲保国安民的大义和为人处世的道理。

戚景通虽然做官多年，但始终廉洁奉公、两袖清风，家中的生活一直很俭朴，家人平日里吃的是普普通通的饭菜，穿的是平平常常的布衣。戚景通对孩子们的要求非常严格，绝不允许孩子们有过于追求物欲的虚荣心。

嘉靖十九年（1540年），在外做官多年的戚景通因为惦念家中的老母，辞官回到故乡蓬莱，侍奉老母，这一年他已经六十七岁了。虽然已经解甲归田，闲居在家，但是戚景通仍然关心着国家边疆的安危，潜心研究各种御敌方略，写下了许多关于加强北方边疆战备的计划书、意见书。同时，他又抓紧教育儿子，对儿子的管教更加严格。

为了使儿子将来能够成为一名驰骋疆场的杰出将才，戚景通时常给儿子讲岳飞"精忠报国"的故事，勉励儿子向岳飞学习，苦练杀敌本领，以便将来报效国家。每天天一亮，戚景通就把戚继光叫醒，一招一式地教他练习武术。为锻炼戚继光的臂力，戚景通让他练习举石锁，让他举起，放下，再举起，再放下，直到实在举不动为止；为锻炼戚继光的耐力，戚景通每天让他跑十几里的路，一趟跑回来，戚继光常常是气喘吁吁，大汗淋漓，腰酸腿痛，有时连走路都非常困难。

戚继光的生母王氏见儿子累成这样，非常心疼儿子，就要求丈夫对儿子放松一点。戚景通却正色道："古人说'子不教，父之过'，他将来若不能成才，就是我的过失。我不希望他将来没出息，只能这样严格要求他。"

戚景通在蓬莱老家的房子是祖上传下来的，房子年久失修，破败不堪，已经影响居住，于是戚景通请了几名工匠来家里将房屋修缮一下。这天，戚景通有事外出，留下戚继光兄妹三人在家里玩耍。一名工匠一边修缮窗户，一边和戚继光开着玩笑说："戚公子，你家世代为将，戚老将军更是立下了无数的战功，按理来说，应该建造一间十二扇雕花窗的大花厅。可是你父亲只愿意修一间四扇窗的花厅，这样未免有点寒酸，与你家这样的将门世家不相称啊！"

戚继光记住了工匠的话，晚上戚景通回来后，戚继光便对父亲说："工匠们说父亲为朝廷立下了汗马功劳，应该建一间十二扇窗的大花厅，这样才符合戚家的身份！"

戚景通听了，神色不悦，严肃地说："休听工匠胡言乱语。你长大后如果能节俭自律，便能保住这份家业来供奉祖宗；如果贪图荣华，挥霍享受，只怕连这点家业也保不住。要我说，四扇雕花窗户就已经足够了，何必再浪费钱财多安窗户。"

戚继光明白了父亲的意思，连忙回答说："孩儿知道了，一定牢记父亲教诲。"

戚继光十三岁时，家里为他订下了一门亲事。女方是万户王栋的女儿，算是将门虎女，与戚家可谓门当户对。一天，女方家中给戚继光送来一双做工考究、面料华贵的新鞋。戚继光见到后，很是喜爱，便将这双鞋拿在手中翻来覆去地看。一旁的母亲见了，笑着说道："看你这般喜爱，就拿去穿吧！"

戚继光听了高兴不已，立即脱下脚上的旧鞋子，换上了新鞋。戚继光穿着新鞋，在家中来来回回地走个不停，一副神气活现的样子。

正在戚继光得意扬扬的时候，戚景通出现了。他看到戚继光脚上穿的新鞋后，就把戚继光叫到自己的书房里，手指戚继光脚上的新鞋，语重心长地对他说："我上次为修大厅的事已经教训过你，一定不要爱慕虚荣，可是现在你又犯了旧错，一双新鞋而已，没有什么值得四处炫耀的。你如果养成了爱慕虚荣的习惯，以后如果当上将军，就会爱慕钱财，怎会有心建功立业，报效国家！"

戚继光听后，脸羞得通红，深感惭愧地说："孩儿知错了，以后决不再犯同样的错误。"

戚景通又问他："宋代的岳武穆曾经说过什么话？"

戚继光想了想，说："做文官的不能贪财，做武官的不能怕死，这样国家才会兴盛，百姓才能安居乐业。"

戚景通说："对，你一生都要牢牢记住这句话，认真读书习武，有了本事才能为国立功，做出一番事业来。"

在之后的日子里，戚继光一直牢记父亲的教诲，不管是酷热的夏日，还是严寒的冬天，他都认真地研读兵法，练习武艺。在戚景通的严格要求和苦心培育下，戚继光养成了好学上进、吃苦耐劳、勤俭朴素、廉洁自律等诸多美好的品德，为他日后成长为一名杰出的军事将领奠定了坚实的基础。

第五节　刻苦读书，磨砺心志

小时候的戚继光虽然贪玩，但是十分好学。这种好学的精神也是从他的父亲戚景通那里继承来的。

戚继光从七岁开始入学读书，他对历史十分感兴趣，尤其是那些讲述开疆辟土、保家卫国将军们事迹的书籍，他非常爱读。他十分佩服历史上的军事家孙膑、卫青、霍去病、郭子仪、岳飞等人，希望自己将来能够像他们一样，横戈马上，统率大军，驰骋沙场，征战四方，保国安民，建立卓越功勋。戚继光从小胸怀大志，和他所读的这些书是分不开的。

戚景通一如既往地严格教导儿子，为了让儿子谨记家训，他将"忠孝廉节"四个字写在墙壁上。戚继光天天面对着这四个字，不分寒暑、废寝忘食地刻苦读书，学业有了很大的长进。

戚继光的童年和少年并不都是在无忧无虑中度过的。在他十岁的那一年，对他疼爱有加的生母王氏离他而去了。戚继光痛断肝肠，伤心不已。那段时间，他时常独自一人待在书房中暗自落泪，满怀深情地思念他的生母。戚继光的生母王氏去世后，大母张氏对他视如己出，含辛茹苦地抚育他成长。张氏虽不是戚继光的生母，但对戚继光人格、品性的影响不亚于其生母王氏。

由于父亲戚景通多年做官一直清明廉洁，戚家的经济状况始终不佳。在清贫的生活中，戚继光仍然没有放弃读书，他逐渐懂得了许多自己过去不懂的道理。

在父亲的悉心教导下，戚继光成长很快。十五六岁时，他各方面的成绩已相当突出：精通经、史、子、集，以博学闻名乡里；武艺高强，能在飞驰的马上弯弓搭箭，百步穿杨，能单手举起沉重的石锁，刀法也相当熟练。当地一些习武的人与他交往甚深，他们经常在一起切磋武艺。戚继光不仅武艺超群，而且熟读军事经典，还广习兵法，军事知识也非常丰富，年纪轻轻就具备了一定的军事素养。

看到儿子进步很快，戚景通打心里感到高兴。有一次，他做了一个梦，在梦中他大喊自己有一大笔财富。夫人张氏吓了一跳，赶忙将他叫醒，问他是怎么回事。

戚景通揉了揉眼睛说："别人将家产金银当作财富，我把光儿当作财富。光儿勤奋好学，戚家后继有人，这难道不是最大的财富吗？"张氏听后，若有所悟地点了点头。

有一次，戚景通问戚继光："继光，你将来准备做什么呢？"

戚继光立刻答道："做一个奋勇杀敌的军人，卫国安民！"

戚景通连连赞道："好样的！好样的！你要终身保持这样的志向。"

即使在袭职从戎之后，戚继光仍然没有停止学习，这个从小养成的良好习惯伴随了戚继光一生。后来，他率领戚家军长年奔驰在疆场上，南下扫荡倭寇，北上镇守边塞，读书的机会和时间都很少了，但是在那戎马倥偬的岁月里，只要一有机会和时间，他就抓紧读书。他一生中没有置下什么田产，也没有积攒下多少钱财，唯一拥有的财富就是数千卷书籍。

这无疑是受了他父亲戚景通的影响，但戚继光还有超过他父亲的地方，那就是他在读书过程中总能有新的体会和创造。戚继光虽然酷爱读书，但从不死读书，不抠章句，也不人云亦云，而是有自己的独立见解。他往往是边读书、边思考，偶然有了一点感悟，就随手写下自己的心得，提出一些新颖的见解。

戚继光的这种学习精神和学习态度，对他后来成长为一名杰出的军事家起了至关重要的作用。正是由于他好学、勤学、善学，他才深通儒家经学，能把儒家思想同他的练兵、练将实践结合起来，创立了他特有的治军理念和兵学思想，为后世留下了一份珍贵的军事遗产。

第六节　恩师授课，培育英才

戚继光是幸运的，他在自己的成长道路上，除了有一位好父亲，还遇到了一位好老师。

戚继光早年在家接受父亲的教育，七岁时入私塾读书，每天跟随老师梁玠读书学习。梁玠对戚继光的人生产生的影响，不亚于他的父亲戚景通。

梁玠自幼聪明好学，十几岁就以第一名的优异成绩考入县学（古时秀才读书的学校）。他博览群书，又富有治世之才，可偏偏这样一个知识渊博、学富五车之人，仕途却极其不顺。在由秀才到举人的乡试这一关口,他奋斗了三十多年,连考了十次(古时乡试每三年举行一次),却次次名落孙山。最后一次落榜时他已年过半百,于是他对科考彻底失望,决定不再参加乡试。

在三十多年的日子里,梁玠除了备考乡试,还开设私塾,招收学子授课。他博学善教,教授的学生大多有所成就,而戚继光就是他最得意的学生。

1540年,十三岁的戚继光正在梁玠开设的私塾里读书,却突然地当上了四品将军。因为他的父亲戚景通在这一年辞去官职,告老还乡。按照朝廷规定,戚继光就像祖辈一样,顺理成章地承袭了登州卫指挥佥事这一官职。当时,登州卫指挥佥事属于四品官。十三岁就达到很多读书人一生难以企及的高度,他的同学们惊讶之余,对他羡慕不已,然而戚继光却"因福得祸",不得不辍学在家——因为当时朝廷有规定,四品将军及其子女不可徒步外出就学,出入必须坐马车,否则就会折损朝廷颜面,要受到处罚。前面说过,戚继光的父亲戚景通正直清廉,家中除去日常花销,哪还有钱来给戚继光买马车呢?无奈之下,戚继光只好把自己关在家里,埋头苦读。

梁玠得知消息,便主动上门为天资聪慧又十分好学的戚继光上课。他鼓励戚继光说:"你家世代为将,现在你已经承袭了祖辈的官职,还不忘读书,将来一定大有出息。我一定要帮助你,成全你的志向!"从此,梁玠每天准时上门免费为戚继光授课,不收戚继光一分钱,也不在戚家吃一顿饭,而梁玠家离戚继光家有三四里远。梁玠不辞劳苦每日往返,可见他对戚继光是多么地关爱和器重。看到老师如此辛苦，戚继光感到过意不去。一天下课后，他备了一桌像样的酒菜，想要留老师在家吃饭，以表谢意。这本是情理中的事，不想却受到梁玠的斥责。他生气地对戚继光说："这是何意？你父亲一生为官清白，家无积财，你却备下这样的酒菜，岂不是羞辱于我？"梁玠说完，拂袖而去。

梁玠的言行极大地震撼了戚继光。这让他认识到人世间有一样东西远比人的衣食住行重要，比金子还珍贵，这种东西就是道义。戚继光打心眼里敬佩自己的老师，当晚就写了一封道歉信，让弟弟戚继美给老师送过去，诚恳地向老师赔罪、认错。实际上，梁玠也不是真的生戚继光的气，他只不过是想借此来教育自己最心爱的学生罢了。收到戚继光的道歉信后，梁玠欣慰地笑了，第二天他照常过来为戚继光授课。

戚继光自幼受到父亲良好的家教，现在又遇到梁玠这位良师，他的学业自然大有长进。戚继光也非常珍惜这来之不易的求学机会，加倍用功，勤奋读书。他"不求安饱，笃志读书，且暮勤读，欣然忘倦"，知识日渐丰富，思想日渐开明。到戚继光十九岁时，受命正式担任登州卫指挥佥事，有了具体的官务在身，他就没有充裕的时间坐下来读书了，于是他与梁玠之间这段面授耳聆的学习生涯也就随之结束了。

梁玠五十八岁时，被聘任为沧州儒学训导。这是在直隶州所设的学院中，职位低于教授（明代为从九品）的学官。为了改变自己以前"垢衣敝屣"的寒酸相，给学生留下一个好印象，梁玠特地置办了一套合乎学官身份的服装。然后，他带上一个大包裹，骑着一匹高头大马，去沧州赴任。

途中，梁玠被强盗盯上。当他走到一处荒古驿站时，强盗一箭射中了他的左胁。

梁玠忍痛跳下马，不慌不忙地对强盗说："你这人好不懂事，当今世道清明，我不过是一个穷酸的老师，哪有什么钱？"

强盗不信，还强迫梁玠跪下。梁玠笑道："我既是老师，岂能给盗贼下跪？我若给你这种人下跪，以后还有什么脸面去教育学生？"

梁玠昂首站立，并不下跪。强盗大怒，又一箭射中他的右胁。

梁玠仍站立不动，面不改色。他把包裹扔给了强盗，不慌不忙地说道："你做强盗不过是想得到一些钱财，却还要杀人，这么做对你有什么好处？你难道没有一点良心吗？现在我把包裹给了你，我就没有盘缠赶路了，这不是等于要我死吗？你忍心这么做吗？"

梁玠一番话打动了强盗，强盗于是不再为难他，还为他包扎了伤口，扶他上马离开。

这个传奇性的故事发生的时候，戚继光已经远离家乡，正在东南沿海率领士兵同倭寇进行着殊死的血战。当他得知老师的这一遭遇后，对老师临危不惧的气节和坚贞不屈的品格非常钦佩，当即向门下文人口叙老师的遭遇，嘱其记录成文，作为宣传教育材料散发出去。

戚继光对梁玠这位恩师是非常感激和尊敬的，即使到了晚年，身为高官重臣的他对恩师的感激之情仍未淡薄，而梁玠对自己的这位得意门生更是终生引以为荣。梁玠在临终之际，还念叨着戚继光，嘱咐长子梁任重在他死后北上蓟州，托戚继光为他撰写墓志铭。梁玠去世后，梁任重便遵父命来到蓟州面见戚继光。这时戚继光已经升任明朝最高军事机构五军都督府的左都督，他见了身穿孝服的梁任重，悲痛不已，含泪为恩师撰写墓志铭。铭文写毕，戚继光想起昔日师生之间相处的情景，百感交集，又执笔撰写了祭文《祭业师广文梁中谷先生》。戚继光与恩师情谊之深厚由此可见一斑！

　　梁玠对戚继光的影响是极为深远的，他不仅教给了戚继光丰富的知识，而且在潜移默化中塑造着戚继光的思想灵魂，培育着戚继光的英雄气质。戚继光曾这样评价梁玠对他的影响："光十三尝受书先生所，先生不以光为不肖，过督之。光今一字一句皆先生授也。"

第二章 崭露头角：大明军营升起的新星

嘉靖二十五年（1546年），十九岁的戚继光被朝廷委任为登州卫指挥佥事。步入仕途的他初露锋芒：整治军屯，革除弊端；横戈马上，戍守蓟州；主动请缨，保卫京城；备倭山东，整饬海防……戚继光这名年轻的军官，此时已经显示出了过人的胆识和足智多谋，成为大明军营中一颗耀眼的新星。

第一节 赴京袭职，从戎报国

光阴荏苒，不知不觉间，戚继光已经十六岁了。

这时，戚景通已经年逾古稀，他一生刚正清廉，年老时仍然家徒四壁，过着清贫的生活。周围有人私下议论："戚景通也太不善变通了，他这么清廉有什么用呢？到头来还不是一贫如洗，将来又能给自己的子孙留下些什么？"

戚景通听了这样的议论，十分不屑，他找来戚继光，对他说："他人皆言我不能给你留下什么财富，为父不以为然。我虽然没有什么像样的财产留给你，但是戚家的家风和德行就是无价之宝，比那些金银财宝价更高。若你能继承并将它发扬光大，将受益无穷，为父也就死而无憾了。"

戚继光闻言，"扑通"一声跪下，认认真真地回答道："父亲传授给我的，是一辈子都享用不完的财富，我一定不负父亲的厚望。"

戚景通听后，满意地笑了。

嘉靖二十三年（1544年），戚继光十七岁，按照明朝的规定，戚继光已经是成年人了，可以世袭官职了。这年六月，七十二岁的戚景通患上了重病，他感到自己将不久于人世，便叫来戚继光，让他即日赴京城到后部办理袭职手续，并将自己撰写的御边军事方略也一同带去上奏朝廷。

可登州到京城路途遥远，戚继光赴京袭职需要一笔不小的路费。为了凑足戚继光上京的路费，戚景通狠下心变卖了家里的一间大房子。戚继光临行前，父亲和亲朋好友在郊外陈设祭品，祭告祖先。

戚景通拉着戚继光的手，依依不舍、意味深长地说："祖先留下的东西，你不要轻易丢弃啊！"

戚继光坚定地答道："我只会努力增加先辈的遗产，怎么敢轻易浪费呢？"旁边送行的人们对父子两人的对话感到莫名其妙，父子俩却心有灵犀地相视一笑。

戚继光可不是随口敷衍父亲的话，而是牢记于心，努力践行，他后来所取得的成就、所建立的功勋，远远超过戚家的任何一位先祖，他一生的品格德行也成了后世的典范。戚继光含泪辞别了父亲，扬鞭策马，向京城方向奔去。戚继光没有想到，他和老父亲的这一别，竟然成了父子二人的永别。

一路上，湖光山色映入戚继光的眼帘。可戚继光没有停留观赏，他心中惦记着此去京城有要事待办，家里还有病重的父亲需要照料，戚继光晓行夜宿，一路风尘仆仆赶到了京城。

一进京城，戚继光顿时感到眼花缭乱，他从未见过这么大、这么繁华的地方，不禁感慨万千。街上人来人往，川流不息，楼房高耸，店铺林立，处处都是热闹的景象。紫禁城更是金碧辉煌、气势宏伟，透露着威严的皇家气派。

戚继光无心观赏京城的风景，牵着马四下向行人打听兵部的地址。经行人指路，他终于找到了兵部。

戚继光将马拴在衙门外，然后小心翼翼地走进兵部的值班大厅。这值班官员是个肥胖的中年人，正跷着二郎腿坐在桌前，心不在焉地翻看着办公桌上的公文簿。他一抬眼看见戚继光走进来，便眯着眼睛，从上到下打量着这位中等个头、体质瘦弱但双眼炯炯有神的年轻人，半晌不说一句话。

见值班官员半晌不说话，戚继光有点着急，于是先开口问道："大人，在下是来办理袭职手续的。"

涉世不深的戚继光根本不知道，此时的明朝官场上下贿赂成风，想在衙门办事，不花点银两送个"见面礼"是行不通的，更何况是办理袭职这样的喜事。以前那些两手空空来衙门办事的人，除了与衙门官吏沾亲带故的以外，大都吃了闭门羹。但是这些官场"潜规则"，戚继光并不知道，以前也从没有听父亲说过。在他看来，办理袭职这样的公事，是顺理成章的事。

那位官员听戚继光一说，便向后一仰，斜靠在椅上，阴阳怪气地说："你拿什么办啊？"言下之意，是让戚继光先给他送点"见面礼"。

不谙世事的戚继光，急忙递上明太祖朱元璋亲自授予戚家世袭登州卫指挥佥事的诏令，向这位官员解释道："禀大人，这是袭职诏令，家父戚景通因为年事已高，疾病缠身，行动不便，特让小人来京袭职，以便早日赴任，为国效力。"

那位官员见他不谙世事，便慢吞吞地说："先放这里吧，待我仔细审核一下，十日之后，还是我当值，你十日之后来取任职文书。"

戚继光惦记着家中生病的父亲，心急如焚，不要说十日，就是一日他也等不得。他恳求道："家父重病在身，我归心似箭，希望大人尽快办理！"

那位官员假装没听见，闭上双眼不再理会戚继光。戚继光无可奈何，只好怏怏离去。

十日之后，戚继光怀着忐忑不安的心情再次来到兵部。一见值班官员，戚继光就开门见山地说道："遵大人指令，今日来取袭职文书。"

那位官员一看戚继光又是双手空空而来，便爱理不理地回答："我还未审核好，你暂且先回去，再等十日来吧。"

戚继光本以为这次可以办理袭职手续了，谁知又碰了个钉子，他再次怏怏不乐地回到了住处。

好不容易熬过了十日，戚继光打起精神来到兵部衙门。那位官员心想：碰了两次钉子，这次这个年轻人应该"识时务"了，多少要带些见面礼来吧。他仔细一看，戚继光还是双手空空而来。这些日子，他也听说了戚景通的为人，碰上了戚家后人，只好自认倒霉，他很不情愿地给戚继光办理了袭职手续。戚继光道了声"谢大人"，便快步离开了兵部衙门。

望着戚继光离去的背影，值班官员摇了摇头，深有感触地说："真是有其父必有其子啊！"

第二节　慈父去世，一生隐痛

办完袭职手续，戚继光没敢在京城过多停留，快马加鞭、心急火燎地向家中赶去。

一路上，戚继光心绪不宁，心中不断地想着：父亲的病现在怎样了？是不是有所好转了？离家已经两个多月，父亲谆谆的教导犹在耳畔，父亲期盼的眼神难以忘怀。戚继光牵挂着父亲的身体状况，恨不得插上翅膀马上飞回家中。

离家越来越近了，戚继光隐隐感觉到了一种不祥的气氛。路上的熟人和他打招呼，表情异样，好像要说什么，但最后又都没说出口，只是匆匆与他道别，让他尽快赶回家去。戚继光心中的不安更重了。

他催马加快行进，来到家门口，将马拴好，然后三步并作两步迈进家中。

大母张氏一见戚继光，立刻哭出了声："孩子，你父亲已经故去了！"

戚继光一听，顿时如五雷轰顶，差点栽倒在地上。原来，就在戚继光去京城办理袭职手续的日子里，在一个阴风呼啸的夜晚，戚景通离世了。张氏向亲朋好友借了一笔钱，将戚景通的遗体安葬了。这位爱子情深的老父亲，在生命弥留之际还连连呼喊着戚继光的名字，希望能够见到儿子最后一面，将自己对他寄予的厚望再向他倾诉一番。

往事一件件涌上戚继光的心头：父亲一字一句地教自己认字读书，一招一式地教自己练剑、习拳。父亲严肃地教导自己，要清廉为官，报效国家，要俭朴勤劳，不要爱慕虚荣……戚继光更加思念父亲，伤痛不已。

第二天，戚继光来到父亲的坟前，在那里又大哭了一场。他哽咽着说："父亲，儿子一定会继承您的遗志，扬我戚家门风，为国尽忠，即使赴汤蹈火，也在所不辞！"

父亲与他阴阳两隔，戚继光只能用誓言来告慰父亲的在天之灵。悲痛之余，戚继光开始搜集资料，给父亲写了一篇传记，用来纪念他的功绩和高尚的品格。

戚景通戎马一生，建功立业，为报效国家，殚精竭虑，耗尽了自己的心血。他为官一生，两袖清风，年老时仍然家徒四壁，生活清贫。他没有给子孙留下什么产业，留下的只有祖传的老屋一幢，自用川扇一把和卧床一张。但是，戚景通给子孙留下了许多宝贵的精神财富，他廉洁自律、正直无私、光明磊落、一心为国的高尚品格，深深影响了戚继光和他的弟弟戚继美，为他们做出了表率，让他们受益终生。

　　戚景通去世后，戚家的生活更加艰难了。大母张氏年迈体弱，无力再做繁重的家务，弟弟、妹妹年幼，少不更事，于是戚继光自觉地承担起了家庭的生活重担。

　　第二年，戚继光按照父亲给他定下的婚约，将未婚妻王氏娶进家门。王氏并不介意此时戚继光家境贫寒，在他最困难的时候，她毅然决然地走进了他的生命。亲朋好友前来给戚继光贺喜，戚继光置办了一桌酒席热情地招待他们，虽然简单，但场面也算热闹。

　　婚后，夫妻俩非常恩爱。王氏不仅贤惠端庄，而且也是位理家能手，将家中生活操持得井井有条，一家人的生活总算有了起色。

第三节　赴任登州，誓平海患

　　戚继光袭职之后，朝廷没有马上委任他担任正式的职务，他在家闲住了一年。

第二年，也就是嘉靖二十五年（1546年），朝廷一纸诏书传到，委任戚继光为登州卫指挥佥事，负责管理登州卫的屯田事务。戚继光正式任职，这一年他十九岁，已经长成一个堂堂七尺男儿了，他漫长的军旅生涯从此揭开了序幕。

屯田是中国古代军队的一种自给自养的制度。明太祖朱元璋建立明朝后，开始在各个卫所推行屯田制，凡是卫所的兵丁，遇到战事就参加作战，战事停息后就地耕田。如此一来，国家既减轻了粮饷负担，又能保证有足够的兵力驻守边防。但是到了嘉靖年间，屯田制遭到破坏，已经名存实亡。

戚继光上任时，他所负责的卫所的屯田与全国其他地方的屯田一样，已经遭到了严重的破坏。原本用于屯田的土地，大多被将领和朝中权贵侵吞；卫所兵丁由于长期被豪强势力差遣役使，不堪忍受，纷纷逃亡，以致卫所的兵力还不到原先的五分之一，而且这少得可怜的兵力还包括了虚占的名额和老弱病残者。

戚继光上任后，很快就表现出了出众的治理能力。他深入兵丁中间了解情况，然后大刀阔斧、毫不留情地进行了清理整顿，革除了过去的很多弊端，整个卫所的面貌焕然一新。作为朝廷官员的戚继光与众不同，出淤泥而不染，没有受当时官场上贪污受贿、损公肥私恶习的影响，他克制私欲，不与世俗同流合污，赢得了上下级和老百姓的一致爱戴。兵丁们纷纷感谢戚继光，戚继光的上司也赞赏他。

那个时候，明朝官员的收入非常低，戚继光虽官至四品，生活却很清贫，但他依然廉洁奉公，对经手的钱粮毫不动心。在登州卫管理屯田事务期间，戚继光曾跟同僚们讲起：世间的一些"君子"都想成为圣贤，但要想成为圣贤，必须先过"困难拂郁"（处于困难境地时愤懑忧郁）这一关。如果没有这一关，那么人人都可以成为圣贤了。正是因为有了这一关，那些能抑制自己欲望的人跨过了这一关，从而成为"君子"；而那些放纵自己的欲望一味追求名利的人，过不了这一关，只能成为"小人"。他还感慨地说，世上小人多，想做君子，想真正做点有利于国家和百姓的事，实属不易。

此时，东南沿海地区不时遭受倭寇的侵袭，倭寇窜犯的地区主要在浙江、福建两省，山东很少受到倭寇的骚扰。所以，戚继光在担任登州卫指挥佥事期间，生活是比较平静的。不过，戚继光并没让自己闲着，而是积极进行着各种准备。除了训练士卒和处理日常公务外，他也很注意读书和练武。由于公务对他来说都比较容易处理，并没有花费他多少精力，所以他把大部分时间都放在提高自己能力、磨炼自己的意志上面。正如他自己所言："自觉二十岁上下，务索做好官，猛于进取，而他利害劳顿，皆不屑计也。"

戚继光时常有预感，上阵杀敌、为国效力的那一天即将到来，而要迎接那一天，自己必须做好一切准备。在担任登州卫指挥佥事的几年里，他夏练三伏，冬练三九，练就了一身好武艺，尤其是箭术、枪法与拳法，在当时的军中首屈一指。在苦练武艺的同时，戚继光还认真研究古代兵书，像《孙子兵法》《吴子》《三略》《六韬》这些著名的兵书，他读了一遍又一遍，对书中的内容烂熟于胸,深得书中的精髓,这些都为他日后带兵打仗、驰骋疆场奠定了坚实的理论基础。

戚继光非常向往古代英雄豪杰的丰功伟绩,不甘心在庸庸碌碌中度过一生,期望能轰轰烈烈地干一番大事业。一天,他在阅读一本兵书时,在兵书的空白处写下了一首题为《韬钤深处》的诗:

小筑暂高枕,忧时旧有盟。
呼樽来揖客,挥麈坐谈兵。
云护牙签满,星含宝剑横。
封侯非我意,但愿海波平。

诗的大意是:小楼生活暂时是高枕无忧的,但别忘了虎狼(倭寇)在侧。客人来了,好好招待,拿出酒杯斟满酒,掸净浮尘,然后坐下共同探讨抗敌大计。看兵书一直看到天黑,书上密密麻麻地写满了看兵书的感想,直到满天星辰,宝剑还横放在身边,随时准备上阵杀敌。升官封侯并非我的志向,但愿早日扫清倭寇,使我大明的沿海风平浪静。

这首诗虽是戚继光在闲暇中随意创作出来的,却真实地反映了他当时的心境,也寄托了他的抱负和理想。面对笼罩着战争乌云的海疆,戚继光敏锐地觉察到山雨欲来风满楼,内心充满着一种紧迫的责任感。这种责任感,不再是简单的实现光宗耀祖、扬名立万的愿望,而是保家卫国、抗击外敌、御敌于国门之外的强烈使命感。

第四节　南北驱驰，戍守蓟州

嘉靖二十七年（1548年），明朝廷正式把蓟州列为九边重镇之一，以防备蒙古部落的骑兵越过长城，侵袭京城。

一心向往着报效国家的戚继光，在登州军屯中度过了两个春秋后，终于迎来了他盼望已久的机会。这年春，戚继光接到了一个新命令，朝廷命他率领山东六府卫所的士兵开赴蓟州，戍边御敌。

明朝的边防，从一开始就面临着南北两个方向的威胁。南面是倭寇的侵扰，北面是蒙古骑兵的侵袭。明朝的都城北京离北方的蒙古部落非常近，受到蒙古部落的威胁也最大，因此，明朝廷一直视北方的蒙古部落为自己的心腹大患。为防止蒙古骑兵南下侵袭，朝廷除了加强北部边防、派遣重兵驻扎戍守外，还根据季节特点和蒙古骑兵南下侵袭的规律，每年春天至秋天从河南、山东等地的卫所中抽调军队前往蓟州戍守。1548年，轮到戚继光带领登州卫所的士兵前往蓟州戍边。

此时的戚继光年轻气盛、风华正茂，他向往那种大漠朔风、旌旗飘扬、铁骑十万、征尘滚滚的战争场面，也向往那种横戈马上、往来冲杀、所向披靡的英雄场景。他深知，军人的价值在于血染疆场，杀敌立功。对戚继光来说，这是他第一次奉命率军出征，他兴奋异常，将这次出征戍边视为自己建功立业的良机。

戚继光与弟弟戚继美自小一起玩耍、一起长大，兄弟二人感情极为深厚。戚继光放心不下戚继美，在出征前，与妻子王氏一起张罗着为戚继美娶了妻子。安排好了家事后，戚继光便率军北上，怀着满腔热血踏上了戍边的征程。

　　北上途中，戚继光一边率兵前进，一边抓紧时间整顿军纪，统一号令，严禁部队践踏庄稼、侵扰百姓。在戚继光的带领下，部队纪律严明，秩序井然，对百姓秋毫无犯，受到沿途百姓的欢迎和拥戴。有的地方的百姓还在路边摆上酒肉饭菜，犒劳戚继光的部队。

　　登州距蓟州有近两千里的路程，长途跋涉，千里行军，自然辛苦异常。为了激励士兵的斗志，戚继光总是全身披挂、精神抖擞地走在队伍的最前面。行军途中，他还多次吟诗赋词，表达自己对祖国大好河山的热爱之情，抒发自己为国戍边的豪情壮志。在他的鼓舞下，士兵们一个个精神振奋，加快步伐向蓟州迈进。

　　到达蓟州后，戚继光才发现，驻守这里的边兵纪律松弛，意志松懈，而且武器缺乏，装备陈旧。戚继光忧心忡忡，夜不能寐，唯恐边境有失。待部队安营扎寨后，戚继光就开始频繁外出考察周边形势，侦察敌情，了解边防设施状况。经过一番考察，戚继光深觉事态严重，蓟州边防问题重重，一旦蒙古骑兵进犯，这里的守备力量绝对不能与之抗衡，敌人将会轻易突破防线，长驱南下，后果不堪设想。蓟州与京城相距很近，两地唇齿相依，守卫蓟州责任重大，应当趁现在边境暂时安宁，预先做好应敌的准备。于是他奋笔疾书，将自己发现的问题和思考的御边方略写成《备俺答策》上奏朝廷。

兵部官员看了戚继光上呈的《备俺答策》，深感惊讶，慨叹戚继光是一位深谋远虑、精通兵法的将才，于是立即将《备俺答策》呈献给当政首辅严嵩。然而，严嵩不想多生事端，只想粉饰太平，向朝廷报喜不报忧，在边疆的防御上采取消极避让的策略，于是将戚继光的《备俺答策》搁置一旁。戚继光的建言未被采纳。尽管如此，这位年轻将领已经初步显露出了他的胆识和锋芒，得到了朝廷中一些正直大臣的赏识。这一挫折也促使戚继光更加发奋学习，更加努力地研究兵法思想。

在戚继光蓟州戍边期间，发生了一则有趣的故事。

一天，戚继光率一名亲兵到蓟州附近的一座山上考察地形，看见山上有座古寺，周围绿树环绕，环境幽静。戚继光和亲兵走累了，于是就想进去歇息一下。

他们刚刚坐定，就见一位僧人走上前来，对戚继光深施一礼说道："我看将军气度非凡，将来必定前途无量，位极人臣。不如随我学习长生不老之术，这样可保永远富贵。"

戚继光听后哈哈大笑，一脸严肃地说道："我身为军人，既食国家之禄，就当报效国家。舍身杀敌、保国安民是我们军人的天职，军人征战沙场，马革裹尸，哪里会想到什么长生不老！能为国守边，万死不辞，这就是我的长生之道！"

僧人听后，面红耳赤，惭愧得说不出话来，立即转身而退。

从嘉靖二十七年（1548年）开始，每年春季，戚继光都要率领本卫所的士兵，远程行军，来到蓟州戍边，秋天到期限后，再返回登州。前后一共五年，戚继光驰骋于山东半岛沿海和蓟州边塞之间，保卫着大明王朝的长城要塞和山东海防。虽然军务繁忙，但是戚继光毫无怨言，乐此不疲，全力以赴地投入戍边的工作中。这一经历，使戚继光熟悉了边疆的形势，也丰富了他的军事经验，增强了他保卫国土的信心。

在蓟州戍边期间，戚继光曾写下不少诗作，其中有两首写道：

马上作

南北驱驰报主情，江花边月笑平生。

一年三百六十日，多是横戈马上行。

辛亥年戍边有感

结束远从征，辞家已百程。

欲疲东海骑，渐老朔方兵。

井邑财应竭，藩篱势未成。

每经霜露候，报国眼常明。

这两首诗真切地表达了戚继光保国安民的愿望和杀敌报国的决心。五年间，戚继光南北奔驰，餐风饮露，鞍马劳顿，辛苦异常，他为的是报答国家、报答百姓，为的是兑现当年他对父亲的承诺。

第五节　进京赶考，初露锋芒

戚继光心怀报国之志，忧虑国事边防，渴望杀敌立功，当然不会满足于做一个登州卫指挥佥事。而且戚继光一直认为，自己袭职当上登州卫指挥佥事，是凭借祖上的荫功，不是凭借自己的真本事，并不是一件光彩的事。因此，戚继光决心靠自己的努力来求取功名，凭自己的真本事获得官职。他眼中唯一可行的求取功名的方法，是考武举。

明朝经过洪武、永乐两朝后，渐失伟烈雄风。"土木堡事变"后，明朝元气大伤，开始走下坡路。明宪宗朱见深执政时，开始重视军事，整顿军队，颁布了明朝第一部关于武子考试的法律——《武举法》，选拔天下武官。到了正德三年（1508年），兵部颁布了《武举条格》，进一步完善了《武举法》。明朝中期以后，外敌日益猖獗，边防局势日益紧张，而朝廷又缺乏能够独当一面、领兵杀敌的将领，所以也就更加重视武举，轻视世袭。这对于有志报国又有一身武艺的青壮年来说是一件好事，通过参加武举考试，他们可以凭自己的真本领博取功名，受封军职，然后立功晋级，直至升任高级将领。

正是在这种情况下，嘉靖二十八年（1549年），二十二岁的戚继光以普通人的身份参加了在山东举行的武举乡试。明朝武举乡试要考骑射、步射以及笔试策论，不仅考武艺，还要考谋略，策论不合格，也不能参加武试。多年来，戚继光苦练武艺，练就了一身过硬的功夫，在这次武举乡试中，他大显身手，从众多武生中脱颖而出，以娴熟的刀法、骑术和精妙的箭法中了武举。

戚继光考上武举后，仍继续戍守蓟门。第二年秋天，他又进京参加武举会试，却意外地碰上了一场大战事。

这年夏天，俺答又进犯大同。大同守将轻率出击，结果中伏阵亡。朝廷任命严嵩的义子仇鸾率军守卫大同。仇鸾不但不率军出战，反而与俺答私下勾结，派人以重金贿赂俺答换取和平，叫俺答进攻别处要塞。俺答得了仇鸾的贿赂，便放弃大同，改从东面进攻蓟州等地。

兵部尚书丁汝夔得到急报，赶紧调集边兵、京兵前往救援，阻击俺答。明朝时，边兵的职责是屯守要塞、捍卫国土；京兵的职责是护卫京城、保护皇室。到嘉靖年间，边兵还勉强能打仗，而京兵大多是市井无赖，根本不能上阵打仗。俺答骑兵一到古北口，京兵就纷纷丢盔弃甲，一溜烟地逃往山林中躲起来。俺答骑兵长驱直入，迅速逼近京城。

此时，在长城一线巡视的御史王忬发现情况紧急，一边亲率兵马到通州一带加强防御，一边派信使快马加鞭送急报到京城，要朝廷迅速发兵增援。

急报送到朝廷，京城上下震动，一片惊慌。朝廷紧急集合京兵备战，但是京兵一共只有四五万人，而且其中有一半是老弱残兵，情急之下，朝廷又从民间临时招募了四万义军。这时，正逢一千多名武举考生来到京城参加会试，这些人皆通武艺，于是他们派上了大用场——朝廷将他们分到京城九座城门中，参与卫戍作战。

这时戚继光已戍边两年，一直盼望有机会能亲临疆场和蒙古骑兵正面交锋，现在机会就在眼前，他岂能轻易放过，于是他主动请缨前往应战。戚继光深知蒙古骑兵勇猛剽悍，以明军现状难以打败蒙古骑兵，只能智取，不能强攻。一番深思熟虑之后，他向朝廷上书《御虏方略》，陈述御敌策略，主张面对强敌不应示弱，应采取虚实结合的方法迷惑敌人，迟滞敌人的进攻；对陆续赶来的各地援兵，要统一指挥、明确分工、加强合作；对于京兵，要抓紧训练、严格纪律，等等。戚继光的《御虏方略》得到兵部官员的高度评价，在奏请皇上之后，兵部将《御虏方略》刊印分发到京城各部队，供将士们学习参考。兵部还将戚继光提拔为传令总旗牌，让他负责监督京城九门的防卫工作。

与此同时，朝廷又征调各路边兵入京勤王。仇鸾捷足先登，抢在其他部队的前面率军到达京城外面，被拜为平虏大将军，统领各路勤王部队。很快，俺答就率鞑靼骑兵逼至北京城下，窜到附近的村落中大肆抢掠，焚烧房屋，残杀百姓。而仇鸾所率的各路勤王部队却龟缩在原地，不敢出击。

仇鸾为什么不率军出击呢？除了他畏敌如虎、不善统兵作战以外，他还听从了义父严嵩的训示。在仇鸾被拜为平虏大将军时，严嵩曾对他说："你在边防打了败仗，可以对朝廷隐瞒，若你在京郊打了败仗，就无法隐瞒。待俺答抢掠够了，自然会走，你只有以坚守为上策！"于是，仇鸾就按严嵩所说的行事，不仅按兵不动，还一次又一次向朝廷谎报军情，吹捧说自己率军出击敌人于某处，歼敌多少人。

驻军城外统率边兵的仇鸾按兵不动，统率京兵戍守京城的兵部尚书丁汝夔也不敢轻易出战。见此情景，老奸巨猾的严嵩又向这位兵部尚书鼓吹他的"寇饱自去"主张，丁汝夔果然不下出击令。结果，十几万明军坐视鞑靼骑兵掠夺男女、牲畜、金帛财物，然后满载而归。仇鸾带着兵马尾随在鞑靼骑兵后面，假装追击，一直把鞑靼骑兵"送"出长城以外！

为了向朝廷交差，仇鸾就把各地杀的零星鞑靼骑兵的首级凑起来，因为嫌数量少，又抓来一些无辜的老百姓砍了头充数，向朝廷报功。被蒙在鼓里的嘉靖皇帝，居然对仇鸾大加赏赐，还加封他为太子太保。嘉靖皇帝认为，这次鞑靼骑兵兵临京城，又大肆烧杀掠抢，这太失堂堂大明王朝的面子，必须诛杀一名大臣以示惩罚。他将怒火撒向了兵部尚书丁汝夔，派人去抓捕丁汝夔，要将他下狱问罪。

严嵩得知消息，唯恐丁汝夔讲出先前他们两人之间所说的话，便抢先去找了丁汝夔，骗他说自己会向皇帝求情，让他不要说出实情。丁汝夔相信了，刑部审问他的时候，他当真一句辩解话也没说，严嵩怕牵连自己，连半句求情话也没替他讲过，结果丁汝夔被刑部处斩。这时丁汝夔才明白自己被严嵩骗了，临刑时大呼："老贼严嵩误我！"可怜他不明不白地当了替罪羊，成了冤鬼。

这就是明朝历史上有名的"庚戌之变"，是继"土木堡之变"后明朝的第二大耻辱。

在这次事变中，戚继光由于表现出众，进入了朝中一班正直大臣的视野。一时间，举荐戚继光的奏疏接二连三地传到嘉靖皇帝那儿。兵部主事计士元称赞他是儒将；山东监察御史刘瑶说他胸中有甲兵百万，韬略过人，有其父戚景通的风范；山东巡抚王绩称赞他英勇和韬略在各将领之上，气节和志向更是超越流俗。

戚继光这位年轻的军官，此时已经显示出了过人的胆识和足智多谋，正发出越来越耀眼的光芒。

第六节　备倭山东，整饬海防

由于大臣们的举荐，嘉靖三十二年（1553年）六月，二十六岁的戚继光被朝廷提升为都指挥佥事①，总督山东备倭，管理登州、文登、即墨三营二十四卫所，专门负责山东沿海倭寇防备事宜，备倭公署设在蓬莱。

山东沿海海岸线漫长，沿海岛屿、暗礁星罗棋布，防守如此辽阔的海疆，对于年仅二十六岁的戚继光来说，犹如肩挑千斤重担，任务是非常艰巨繁重的。好在戚继光出身将门，他的父亲曾长期戍守海疆，他本人也担任过多年的登州卫指挥佥事，而且因为从小在海边生长，对潮汐、海况极为熟悉，对于如何从海上防御倭寇，他已经具备了相当多的知识。所以，对于总督山东备倭

---

① 都指挥佥事：明代军事指挥职务，都指挥使属官，与都指挥同知分管屯田、训练、司务等事，官级正三品。

这样的重任，戚继光并不畏惧，而且胸有成竹，他没有迟疑，立刻走马上任。从此，他正式踏上了抗倭征程。

戚继光上任之后，就经常外出巡视海防，考察沿海地形特征和各卫所的防御状况。在考察的同时，戚继光还去了一些遭受倭寇洗劫的村庄进行调查，和幸存的老百姓们交谈，了解倭寇的情况，另外又向参加过浙江、福建等地抗倭战争的老兵求教，了解倭寇的活动规律和作战特点。经过一段时间的考察和调查，戚继光对于如何防御倭寇入侵心中也就有了底，他按时按地段派兵设防，加强战备，但他心中依然充满了不安。

使戚继光仍感到忧虑的，是沿海各卫所防御力量非常薄弱这一事实。

和当时全国其他沿海地区一样，山东的海防力量十分薄弱。按照规定，山东沿海三营二十四卫所的总兵额应当有三万多人，但实际兵额只有四千多人，而且多是老弱病残者。用区区四千多人来防守几千里的漫长海岸线，简直是痴人说梦。更让戚继光感到吃惊的是，有许多沿海的岛屿竟然没有设防，岸上的守军又纪律松弛、麻痹大意，防务上存在许多漏洞，倭寇随时都有可能乘虚而入。卫所残破、年久失修，军无训练、防守松懈，人员减少、兵备废弛，摆在戚继光面前的，就是这样一个烂摊子。戚继光深感事不宜迟，立即着手改革，在各卫所烧起了"三把火"。

第一把"火"：严肃军纪，整饬风气。

当时，各卫所有一些官兵勾结地方不法之徒，私下设立赌场，聚众赌博，严重败坏了社会风气。戚继光命令巡捕严厉查办,指示"如有豪强有势之家,该卫难于拿处者,即便速呈有司拿缉",从而刹住了这种聚赌风气。

对于卫所一些官员私自挪用银两的事情,戚继光也认真加以整治,将官员挪用的款项从其俸禄中扣除,并视情节轻重分别处理。在戚继光的监督下,登州卫在十天之内将千户李武臣等十人历年所挪用的银两部分追回,以此保证了卫所的正常开支。

第二把"火":整顿卫所领导机构,撤换不称职的官员,提拔、重用年轻有才干的人。

登州卫官吏刘希奉玩忽职守,工作中出现重大过失,戚继光毫不留情,处罚了他。戚继光先后提拔栾煦、王泮等人为千户,并告诫他们"不许推病拖延,致误军务未便",要为士兵们起表率带头作用。

戚继光唯才是举,选择人才重能力而不重资历。登州卫千户所官员马纲,因患左背寒湿等病,不能任事,要求辞职,戚继光立即批准,并亲自考察了登州卫推荐接替马纲职务的三人,选择了最年轻但在官兵中有威望的蒋经为千户,收到了不错的效果。

第三把"火":出海巡逻,视察各卫所。

戚继光在担任山东备倭署都指挥佥事的两年多时间里,频繁地率船队出海巡逻,监视倭寇的动静,威慑倭寇。巡海之余,他亲临各个卫所视察,足迹踏遍山东沿海各地。每到一个卫所,戚继光都要仔细检查防倭设施,发现有损坏的地方,就组织兵丁及时修补。如果发现卫所官兵在训练、生活、纪律中出现了问题,戚继光就会对官兵们提出严厉的批评,责令他们纠正错误。

第七节 整肃军纪，棍打舅舅

雄心壮志的戚继光，希望通过一番改革，从头到尾改变各卫所的面貌，革除军队中的陋习，提升军队的战斗力。但是他的改革并不是一帆风顺的，受到了一些人的阻拦和刁难。

由于戚继光年纪很轻，又是新官上任，而各卫所的士兵大多是服役多年的老兵，他们倚老卖老，对戚继光口服心不服，不仅在暗地里议论他，还在某些事上故意跟他过不去，使他难堪。营中有个军官，论辈分还算是戚继光的舅舅，仗着这点身份和关系，平日里就松散懈怠的他就更不愿意服从军令了。

一天，戚继光升帐，交给这个舅舅一个任务，让他带上一队士兵到附近的一个海岛整修一座损坏的哨所。

舅舅将头伸出帐外，瞧了瞧天，然后慢吞吞地说："今儿个风大，就不去了吧。"

戚继光见舅舅不听命令，心中不悦，但他还是尽量用平缓的语气说："风并不大，再说，海岛离海岸也不过二三里，风真大了，你们回来就是了。"

舅舅争辩道："驶来驶去的，也太麻烦了！反正那哨所坏了也不止一天了，明天、后天，哪天去整修都行，为什么非得要今天去？"

这分明是在寻找借口违抗命令，戚继光沉下了脸："此乃军令,你去还是不去?"

舅舅听到"军令"两个字,知道外甥认真了,非常不情愿地表示服从。他一边召集士兵,一边嘟嘟囔囔地说:"有什么大不了的,才吃过几年皇粮,就这么耀武扬威。"

太阳下山时分,舅舅回营向戚继光交令。

"哨所是否已修复?"戚继光问。

"没有。那哨所破烂不堪,活儿太多,过两天再去。"舅舅漫不经心地回答。

戚继光感到很奇怪:那海岛上的哨所,他曾亲自去看过,地方本来不大,要修的部位也不多,一队士兵用不了半天就可以完工,怎能修一整天还没修好呢?他不再说什么,立刻出了营,悄悄地去问一个跟随舅舅到海岛上干活的士兵。这士兵胆小怕事,害怕戚继光拿他问罪,就将实情抖了出来。原来,舅舅压根儿就没到那座海岛上去,只是躲在一家小酒店里,和士兵们一起饮酒作乐。

"军纪懈怠如此,如何能上阵作战,又怎么打得了倭寇!"戚继光十分恼怒,决心抓住此事,严加惩处。当然,要惩处就必须惩处将官以警示其他士兵,即使将官就是自己的舅舅。

戚继光下定决心:将不威,令不行,不处分舅舅,以后别的士兵违反了军纪该如何处置?必须令出如山,不徇私、不枉法,不问亲疏,一视同仁,该怎么处罚,就怎么处罚。

第二天,戚继光升帐,当面指出了舅舅的错误,然后按照军法,下令责打舅舅二十军棍。舅舅知道自己犯了军纪,没话可以辩解，一五一十地挨完了二十军棍，最后一瘸一拐地由士兵扶出帐外。

舅舅心里对戚继光怨恨透了：这军营里谁不知道我是你的舅舅，叫我今后怎么见人，还怎么在军营里混下去！回到住所，他嘴里还骂骂咧咧个没完。

天黑下来了，舅舅白天挨了军棍，身上疼得难受，于是想早早熄灯上床睡觉。忽然，门口响起了敲门声，舅舅开门一看，来人竟是他的外甥戚继光！舅舅气不打一处来，愤愤地说道："好你这个小子，你嫌打我还不够狠啊，现在又来做什么？"

舅舅正要关门，戚继光开口说道："舅舅息怒，我是来向您赔礼的。"

戚继光脱去头冠，坦率而诚恳地对舅舅说："白天处分舅舅，是例行公事；此刻向舅舅道歉，是尽私礼。外甥身为朝廷将领，军中事务不得不秉公办理。再说，部下将士全都瞧着我们，如果我不责罚舅舅，如何服众？今后军纪如何执行？万望舅舅能谅解、宽恕我。"

舅舅听着，低下了头，他已经有点懊悔自己的行为了。

戚继光见舅舅有所悔悟，进一步说："现在倭寇四处横行抢掠，我心急如焚，希望您多给我指点帮助。况且，军中好多人都瞧着您，倘若舅舅支持我，在军中做个表率，我将对舅舅感激不尽！"

舅舅听后大为感动，向戚继光认了错。

这件事传了开来，官兵们纷纷议论：

"戚将军令出必行，铁面无私，不徇私情，往后大家得小心些才是！"

"对舅舅尚且不讲情面，何况其他部下呢！咱们可别以身试法，自讨没趣！"

"是啊，谁再冒犯法令，只能是咎由自取！"

从此以后，官兵们对戚继光的印象发生了很大的变化，军营中不论是将官还是士兵，再也不敢瞧不起他，再也不敢违反军纪，军营的风气彻底变了样。老百姓见此情景，都觉得有戚继光这样的将领带兵，一定能够打败倭寇，老百姓也就有救了。

在山东备倭期间，戚继光重点开展了沿海卫所官兵的军事训练、军屯及沿海防倭设施的兴建工作。戚继光还积极组建和训练当地民兵队伍，民兵在农忙季节参加农业生产，平时进行军事训练，一遇敌情便立即投入战斗，从而加强了沿海各卫所的防御力量。戚继光也投入了许多精力，组织人力、物力加强沿海防御设施的建设。他要求各卫所在沿海三十里设一铺（即驿站），十里设一墩（即烽火台），以便各卫所之间加强联络，防备倭寇从海上偷袭。

戚继光的努力取得了成效，山东沿海的海防成为当时沿海各省中最牢固、倭寇最难逾越的防线。戚继光在山东防倭任上的一系列活动，为他后来驰骋闽浙沿海、平定倭患提供了宝贵的经验。

一次，戚继光路过文登营，他远眺那广阔无边的海洋，心潮澎湃，诗兴大发，随口吟出一首诗——《过文登营》：

冉冉双幡渡海涯，晓烟低护野人家。
谁将春色来残堞？独有天风送短笳。
水落尚存秦代石，潮来不见汉时槎。
遥知百国微茫外，未敢忘危负岁华。

戚继光在山东备倭两年多，政绩卓著，显示出了卓越的治军才能和军事韬略，因此他深受朝廷的赞赏和器重。

第三章 虎威初试：驰骋浙江抗倭第一线

嘉靖三十五年（1556年）七月，戚继光被朝廷任命为参将，镇守宁波、绍兴、台州三府。从此，戚继光走上了抗倭的第一线，开始实现他"封侯非我意，但愿海波平"的宏伟志向。在短短两个月的时间里，他率军驰骋在浙江抗倭的最前线，两战龙山所，驰援台州、温州，奋战岑港，解围桃渚，屡建奇功，声名大振。

第一节 抗倭前线，临危受命

嘉靖三十四年（1555年），戚继光渴望已久的杀敌报国的机会终于来到了。这年秋天，朝廷调他到倭患严重的浙江任职。这是戚继光一生中的一个重要节点，是他扫荡倭寇、建立奇功的开端。这一年，戚继光二十八岁。

九月，天气开始转凉。戚继光身背包裹，腰悬宝剑，牵着战马，就要离开他生活了二十多年的故乡，赶往浙江去赴任。弟弟戚继美赶来为他送行。

长兄如父，这些年，戚继光一直无微不至地照顾着弟弟，指导弟弟读书练武，关心弟弟的衣食住行，还亲自为弟弟操办了婚事，因此戚继美非常感激和敬重自己的兄长。这次兄长要远离家乡去浙江赴任，戚继美心中非常不舍，也替兄长担忧。戚继美早就听说，近两年里，新任浙江总督胡宗宪从两广、四川、湖南、山东、河南等地调来不少军队抗倭，浙江的明军人数陡然增加至二十多万，却屡遭惨败，抗倭形势依然很严峻。戚继美认为，浙江战事激烈，倭寇异常猖獗，兄长此去可谓凶多吉少。

戚继美将自己的忧虑告诉了戚继光。戚继光听后，神色变得庄重起来，情绪激昂地对弟弟说："自先祖戚详开始，我们戚家六世沐浴皇恩，如今外敌入侵，国难当头，生灵涂炭，吾辈自当替国出力，为国分忧，为民解难。今日我奉命抗倭，既是祖辈的期望，也是我多年的夙愿，即便战死，亦无所惜！"

戚继光还告诉弟弟说，抗倭战争才刚刚开始，任务还很艰巨，道路还很漫长，希望弟弟在家好好练习武艺，做好赴前线杀敌的准备。之后，他翻身上马，扬鞭策马往浙江方向赶去。

早在戚继光在山东积极备倭之际，浙江境内的抗倭战争也在时断时续地进行着。早年在长城古北口抵御俺答骑兵的御史王忬，被朝廷任命为浙江巡抚，负责指挥浙江的抗倭战争。王忬知人善任,指挥得当,任用俞大猷、汤克宽等将领,于嘉靖三十二年(1553年)春在普陀大破倭寇。但由于严嵩等当权奸佞的排挤,次年王忬被朝廷调离浙江,沿海倭寇又开始猖獗起来。朝廷于是改命兵部尚书张经为浙江总督①,李天宠为浙江巡抚②,前往浙江灭倭。

张经曾任两广总督,认为两广一带的土司兵③骁勇善战,便奏请朝廷调集两广的土司兵到浙江,协助明军抵抗倭寇。然而张经上任后,迟迟不见两广的土司兵到来。嘉靖三十四年(1555年)二月,朝廷又派严嵩亲信、工部侍郎赵文华到浙江祭祀东海海神,企图依靠神灵来镇服倭寇,真是荒唐到极点!

赵文华是严嵩的义子,既无真才实学,又无管理才能,靠巴结严嵩才当上官。他到达浙江之后,只会作威作福、搜刮钱财。张经、李天宠看不起赵文华,不愿与他来往,只有浙江巡按御史④胡宗宪暗中巴结赵文华。

胡宗宪善于见风使舵、溜须拍马,他巴结严嵩,讨好嘉靖皇帝,在官场上左右逢源、扶摇直上,后来做到兵部尚书。但他担任浙江总督时,也做了不少好事。嘉靖三十四年(1555年)五

---

① 总督:明初在用兵时派往地方巡视监察的官员。

② 巡抚:明代巡抚拥有一省行政、军事、监察、司法等各项权力,与总督同为地方最高长官。

③ 土司兵:元、明、清前期,以耕种土司占有的兵田为生,以向土司服兵役换取田地耕种权并依附于土司的农奴。

④ 巡按御史:简称"巡按",明清两代都察院专差御史之一。巡按御史虽官仅七品,但权力很大,在地方考察民情、监督吏治,大事奏裁、小事立断。

月，张经率副总兵俞大猷和参将卢镗、汤克宽抗倭，取得了王江泾大捷，胡宗宪也在谋划之列。

因为张经、李天宠不愿趋附赵文华，就在王江泾大捷前夕，赵文华密奏嘉靖皇帝，诬陷张经、李天宠"糜饷殃民""畏贼失机""嗜酒废事"，嘉靖皇帝听信谗言，将二人逮捕下狱，未加审讯就将二人处死。张经死后，赵文华便向朝廷推荐胡宗宪担任浙江总督。

胡宗宪上任后，开始从各地调集军队到浙江抗倭，总兵力达到二十多万。但是，尽管手下兵多将广，胡宗宪却畏敌如虎，不敢同倭寇正面作战。不仅如此，他还借职务之便贪污受贿、侵吞军饷，因此被人称为"总督银山"；他还常常虚报战功，甚至泄漏军情，因此又被人讥讽为"军门倭主"。于是，浙江倭寇更加猖獗，倭患愈演愈烈，沿海城乡百姓的房屋被焚、财物被掳，死尸遍野，惨不忍睹。

戚继光就是在这样的形势下来到浙江抗倭前线的。他满怀希望而来，认为朝廷这次一定能够对他委以重任，实现自己杀敌报国的夙愿。然而，现实却给他泼了一盆凉水——朝廷任命他担任都司佥书①一职，依旧让他管理屯田事务。

戚继光有些失望，但是他并没有过多地抱怨。他认为对于朝廷安排的事务，不论轻重都要认真对待，尽责做好。于是他埋下头来，一心一意地处理本职工作。和之前一样，戚继光在这里依

---

① 都司佥书：明朝都指挥使司官职，分管司内练兵、屯田事务，官级正三品。

然整顿军纪，废除了许多陈规陋习，办了许多有利于军队的事，将浙江的屯田事务管理得井井有条，戚继光的名声逐渐在军中流传开来。胡宗宪也早就听说过戚家的名声，毕竟瞒报军功终有一天会东窗事发，此时他也想找到一位可靠的将领，做些真实的成绩出来，于是他私下见了戚继光。两人会面后，胡宗宪单刀直入，要戚继光谈谈有没有什么可行的抗倭对策。

年轻热血的戚继光放开思路，将自己最近在军中发现的问题做了总结，侃侃而谈："卑职以为，倭寇长期为害，屡伐不止，有三个原因。第一个原因，是我军只强调被动防守，不强调主动进攻，这样倭寇会认为我军惧怕，气焰更嚣张。所以应当在强调防御的同时，主动出击倭寇，甚至一举捣毁敌巢，斩草除根。

"第二个原因，是我军兵力分散，并未完全发挥出优势。倭寇将队伍分成二三十人的小队，各队之间分散作战，同时互相之间保持着良好的联络。我军战斗力并不强，但优势是兵力庞大。因此我们要做的是集中兵力，快速出击，这样一定能灭掉倭寇的锐气。

"第三个原因，是我们并未充分发动老百姓。要知道，沿海的老百姓们对倭寇的痛恨深入骨髓，相比于庞大的军队，民间组织的武装更为灵活，也常常取胜。比如，常熟知县王铁率领民众打退了倭寇的进攻，这是一股不应被忽视的力量。"

戚继光一席话说得胡宗宪频频点头，他连声称赞戚继光："高论，实在是高论。"这次短暂的会见，胡宗宪已初步看到了戚继光的聪明才智，更可贵的是，戚继光的言谈收放自如，举止彬彬有礼，他不禁对这个年轻人刮目眼相看，欣赏有加。

嘉靖三十五年（1556年）七月，经胡宗宪推荐，戚继光被朝廷委任为参将，镇守宁波、绍兴、台州三府。从此，戚继光走上了抗倭的第一线，揭开了他指挥抗倭战争生涯的序幕。

第二节　一战龙山所，三箭破敌胆

戚继光担任参将不久，嘉靖三十五年（1556年）九月，他就接到警报，有八百名倭寇窜入慈溪，正向龙山所逼近。

龙山所属于宁波府，恰好在戚继光的管辖范围之内。它北面临海，东面是烈港和伏龙山，是通往杭州的交通要道，也是倭寇船只往来的必经之道。戚继光得知后，立刻向胡宗宪建议，调集优势兵力，围歼这股敌人。胡宗宪采纳了他的建议，除调给戚继光三千人马外，还命令参将卢镗、副使许东望和王询、把总①卢锜各率兵两千人，游击②尹秉衡率兵三千人，协同参战。明军兵力总数到达一万多，而倭寇只有区区八百人。双方兵力相差悬殊，明军在数量上占有绝对优势，获胜似乎是板上钉钉的事。

戚继光率军向龙山所前进。快到龙山所时，前方探马来报：倭寇已杀到不远处的高家楼。戚继光抬眼远望高家楼方向，只见那

---

① 把总：明代及清代前中期陆军基层军官名。

② 游击：明代及清代前中期陆军基层军官名。

里火光冲天。戚继光等此机会已经多时，他催促本部人马，加快行军速度赶往高家楼。

戚继光的部队一到高家楼，就迎面撞上了倭寇的队伍。这八百名倭寇见明军人多势众，却一点也不畏惧，分成左、中、右三路，在三名身穿红衣、身材矮壮的倭酋率领下，挥舞倭刀，狂叫着向戚继光的队伍猛扑过来。

情况紧急，戚继光来不及同左右两路明军取得联系，当即下令部队迎战。令戚继光感到意外的是，前锋部队一看见倭寇逼近，竟纷纷扔下武器，扭头向后逃跑。后面的士兵见前面的士兵溃退下来，也跟着向后退却。一时间，兵败如山倒，三千明军如潮水般往后退却。

戚继光见状，急忙跳下马，拔出宝剑，站在路中间，挡住逃兵的去路，大吼道："都给我站住，再退却者斩！"

可是士兵们谁也不听戚继光的指挥，只顾四散逃命。明军以往的惯例就是这样：碰上了倭寇，先鼓噪呐喊，壮壮声势，能把倭寇吓跑是最好不过，这样他们可以趁势追杀一阵，不仅可以驱敌出境，还能杀个别跑得慢的倭寇回营报功；如果倭寇不跑，反而冲杀过来，明军就进行象征性的抵抗，甚至和今日一样，溃不成军。倭寇越来越近，形势万分危急，戚继光当机立断，命亲兵将他的铁胎强弓取来，然后持弓跃上一块高地，像一座铁塔一样屹立在上面。

中路倭寇看见戚继光孤身一人站在高地上，便蜂拥着向他扑来。戚继光怒目圆睁，屏气凝神，从容不迫地开弓搭箭，瞄准冲在前面的倭酋,"嗖"地一箭,正中那倭酋的头颅,倭酋还没明白是怎么回事,便直挺挺地被射倒在地。

左路的倭酋吓了一跳,正在张望间,戚继光的第二支箭又到了,正中他的咽喉。接着,戚继光又瞄准右路的倭酋,用力射出了第三支利箭,那倭酋应声倒地,临死时还发出一声长长的嚎叫。

先前溃逃的明军,也意识到这位主将和之前的那些不同,他毫无惧色,三射三中,顿使三路倭寇都乱了阵脚。

这时,戚继光在高处大喊道:"将士们,此时不杀倭贼,更待何时?"说着,他身先士卒,挥舞着军刀,奋不顾身地冲向倭寇,犹如狼入羊群,左砍右劈,杀得倭寇难以招架。

明军将士们随即也都振奋了起来,回过身来,一起冲向倭寇。倭寇难以招架,便吹号撤退了。戚继光率领着将士们追杀了一阵,然后才收兵回营。

战斗结束后,当地百姓把戚继光站立的那块高地称为"苦战岭",戚继光"三箭射三酋,三箭镇倭寇"的故事也在民间传开了。

第三节 二战龙山所,三将首聚首

经过这次战斗,戚继光再次意识到了明军存在的问题:士气低落、军心不稳、战斗力极差。但是他还没来得及整顿军队,仅仅过了一个月,倭寇就卷土重来,再度侵犯龙山所。

这一次，来犯的倭寇人数更多。浙江巡抚阮鹗得知消息，督令浙江总兵俞大猷、台州知府谭纶和戚继光等人，各自率领部队出战。

戚继光接到命令，立即率领部队飞速赶向龙山所。还没到龙山所，就迎面遇上了倭寇。由于有了上次龙山所战斗的经验，更主要的是有戚继光这样一位智勇双全的将领带领，这次士兵们没有临阵退却，而是跟着戚继光勇敢地冲向倭寇，奋勇杀敌，取得了三战三捷的战果。

倭寇遭到了从未有过的沉重打击，他们意识到对面的明军与别的明军不一样，自己碰到了强劲的对手，于是趁着夜幕降临，他们向南仓皇撤退。戚继光哪肯放过倭寇，迅速集结队伍，乘胜追击，在缙云追上了倭寇。倭寇只得回身勉强应战，又被杀得大败而逃，逃到了桐岭。戚继光率部队随后追到，打算将他们一网打尽。

倭寇眼看难以逃脱，于是狗急跳墙，反身冲向明军，准备拼死一战。正在这时，一旁的斜道里传来震耳的喊杀声，又一队明军赶到，队伍中间的将旗上绣着一个大大的"俞"字！

"俞将军的部队到了！"戚继光脱口而出，士兵们也欢呼雀跃起来。随即，戚继光率领士兵们奋力杀向倭寇。这时，俞大猷也看到了戚继光的将旗，跟着率领部下向倭寇发起了冲锋。

在两路明军的夹攻下，倭寇只有招架之功，并无还手之力，瞬间倒下一大片。倭酋见势不妙，赶忙吹起了螺号，剩余的倭寇分成几个小队，翻山越岭从小路逃跑。戚继光、俞大猷并不熟悉这一带的地形，担心遭到倭寇的埋伏，没有率兵追击。

就在岭下，明朝抗倭战争中两位著名的爱国将领相遇了。俞大猷对于戚继光了解得还不多，戚继光对于俞大猷却是仰慕已久。

俞大猷是泉州晋江人，从小爱好读书、练剑，三十一岁中武举时就上书朝廷建议御倭。俞大猷比戚继光大二十四岁，当戚继光在山东整顿海防、积极备倭时，他已经在普陀山、王江泾等抗倭战役中大显身手，立下了赫赫战功。可是他的功劳却被赵文华、胡宗宪抢夺了，而且还被贬了官，直到前几个月，他才因浙江抗倭战事紧迫被朝廷升任为浙江总兵，前来救火。

戚继光很想向俞大猷请教一番，可是此刻正在战场上，没有时间容两人细谈。因此，两人只是互相匆匆问候，大略商定了如何分头追击倭寇，最后在何处会合后，就各自率军追击逃跑的倭寇了。

然而，此时倭寇已经逃到了雁门岭，并且利用明军短暂停歇的空档，重新组织队伍，借助地势地形设下了埋伏。很快，戚继光就率领部队追至雁门岭山脚下。这时，台州知府谭纶和其他几位明军将领也各率本部人马到达雁门岭。

谭纶是宜黄县人。早年饱览诗书，满怀治国安邦抱负。嘉靖二十三年（1544年）中进士，后被授为南京礼部主事、南京兵部郎中。当时，有一小股倭寇袭扰南京，全城明军不敢出战，任由倭寇在城外烧杀抢掠。当时谭纶身为一名小小的文吏，眼看明军如此懦弱，心中十分气愤，于是振臂一呼，聚集五百名青壮男丁，组成敢死队杀出城去，打得倭寇落荒而逃，谭纶也因此闻名。

戚继光也素知谭纶大名，对他也很尊敬。这回出战，戚继光竟能在同一天遇到俞大猷和谭纶这两员抗倭将领，他感到十分高兴。

明军开始向雁门岭发起进攻。前锋部队冲入山谷，不料闯进了倭寇的埋伏圈。倭寇从山谷两边杀出，挥舞着寒光闪闪的倭刀向明军前锋部队冲来。和在龙山所时一样，明军由于平时缺乏训练，久不上阵，遇到袭击不免惊慌失措，纷纷溃逃。将领们拔刀挥剑，大声呼叫，想用军纪军法制止士兵们溃退。

然而士兵们根本就不顾将领们的阻拦，如同一群受了惊吓的马蜂，没命地到处乱逃，军纪军法哪里还起得了作用？受败兵影响，其他几支明军也开始向后退却。但是明军中有两支部队始终保持着阵形，既没有混乱，也没有后退。这两支部队的将领，一位是戚继光，一位是谭纶。

倭寇原以为可以趁着明军溃退之际出击，将明军打个落花流水，没想到遇上了戚继光和谭纶的部队。倭寇虽多，但是看到戚继光、谭纶的部队队形整肃，将士们手持兵器，严阵以待，也就不敢轻易上前进攻。只听得雁门岭上响起一阵螺号声，倭寇闻声集合一处，然后向乐清方向快速退去。

这一战，幸亏戚继光、谭纶的部队临敌坚定，处变不惊，才使倭寇不敢轻易进攻，从而避免了大队明军全军覆没。但是，此时疲惫的明军再也没有力量继续追击倭寇了。当俞大猷的军队从另一方向赶到时，倭寇已从乐清以东乘船出海逃走了。

戚继光写下一篇祭文《祭龙山所阵亡兵》，以哀悼在龙山所战斗中阵亡的明军士兵。祭文的最后几句写道：

> 惨惨风云，过客下群猿之泪；
> 悠悠气烈，汗青扬万古之芳。

俞大猷、谭纶和戚继光三人都为这一仗没能全歼倭寇而感到遗憾，但他们又都为彼此相识于战场并肩剿倭而高兴。谭纶比戚继光大八岁，比俞大猷小十六岁，三人见面后，相谈甚欢，又纷纷叹息军务繁忙，不能尽兴，各自马上就要回到卫所，不得不匆匆告辞。

在这次战斗中，戚继光、俞大猷、谭纶三人一见如故，建立起了深厚的战斗友谊，而且随着后来协同作战次数的增多，他们的友谊也不断加深。三人以"安社稷、济苍生"为共同愿景，相互激励劝勉，约定誓将倭寇消灭干净，永保大明万里海疆平安。

第四节　两度上书，提议练兵

通过两次龙山所战斗，戚继光深感明军素质低下、纪律松弛、作战怯懦，依靠这样的军队是无法打败倭寇的。于是他决定整顿军纪，加紧练兵，训练出一支纪律严明、战斗力强大的部队。

倭寇在龙山所两次受到打击奔逃出海后，浙江出现了短暂的和平。戚继光利用这一空闲时机，开始思考练兵的方法和步骤。

嘉靖三十五年（1556年）十二月十六日，经过一番思考，戚继光起草了一份题名为《任临观请创立兵营公移》的折子，向上司第一次正式提出了自己练兵的建议。

在这份折子里，戚继光一一指出了当时浙江军队中所存在的问题，诸如作战没有统一号令，士兵们缺少盔甲，平时不练武，行军没有给养，做饭没有炊具，围守不建营壁，等等。针对这些问题，他提出了初步的改进办法。

第一步，建立兵营。兵营中要准备好帐篷、干粮和各种炊事用具，安排专门人员管理伙食，做到"退则后有可恃以更番，进则对垒可恃以无虞"。

第二步，选兵。先统计守卫各府、州、县、卫、所、港、寨的兵丁数目，然后将年老体弱的人尽数淘汰，选取身强力壮的人作为新兵。选中的士兵，要让乡亲邻居保结，才能填写花名册，发给腰牌悬带。

第三步，练兵。选兵完毕后，要对所选士兵进行严格的训练。经过训练后，每个士兵的武艺要强过敌人的士兵，每个军官的组织、指挥能力要超过敌人的头目。士兵们要听从督抚、参将的指挥，在本地攻击、截杀倭寇。

戚继光满怀希望地将折子呈给了上司，但是一连几天都没有音讯。他内心焦急，也就顾不得什么"越级上告"，直接去找了总督浙江平倭事务的胡宗宪。

戚继光来到胡宗宪的衙署，行过礼后向他询问折子的情况。胡宗宪坐在椅子上，从桌上的案卷中翻出戚继光写的《任临观请创立兵营公移》，不紧不慢地说："你写的这份折子，我已经看过，有些地方还要调整一下。我再仔细看看，今日需找几名要员一起商议，等考虑妥当，自然会给你答复的。"

戚继光只好告辞，回到住处。打这以后，他天天盼望得到胡宗宪的答复。一天过去了，两天过去了……一直到过了年、开了春，还是没有音讯，胡宗宪好像把这事给忘记了。

戚继光关于选兵、练兵的主张是切实可行的，而且对于抗倭极为有利。但是，他调任浙江才一年多，新任参将才两个月，胡宗宪认为他虽然有些天赋，但年轻、资历浅，并没有把他的提议放在眼里。再说，训练士兵、创立军营要花费许多银钱，胡宗宪平时常克扣军饷、贪污受贿，他所搜刮来的钱财，要么装入自己的腰包，要么献给了严嵩、赵文华，他不愿意把银钱交给戚继光去置办营垒、兵器等军用物资。

第一次上呈练兵奏折受挫，戚继光没有灰心。嘉靖三十六年（1557年）春，戚继光又写了一份折子《练兵议》，再次提出了练兵的建议。这次建议不仅比上次建议内容更为详细、具体，而且还提出了新的见解，更能令人信服。

在第二次上书中，戚继光初步提出了自己的募兵设想。针对一些人所持的"南方人柔弱，浙兵不堪重任，不能抵御倭寇"的成见，戚继光提出了相反的观点，大胆地指出："十室之邑，必有忠信；堂堂全浙，岂无材勇！"他还进一步指出：不是浙兵战斗力不行，而是将领们轻慢士兵、训练无方、指挥不力，如果将领们爱护士兵，训练有方、指挥得当，不用客兵（外省的军队),浙兵也能够战胜倭寇。他在《练兵议》中这样说道:"诚得浙士三千,亲行训练,比及三年,足堪御敌,可省客兵岁费数倍矣!"

可见戚继光已经下定了决心要改变军队羸弱的现状,所以他决定再一次去见胡宗宪。

戚继光来到胡宗宪的衙署,施过礼后,呈上《练兵议》。胡宗宪见戚继光又来提练兵的事,显得很不耐烦。他心中暗想:当年我初任浙江巡抚时,也曾招募过一千多名士兵,亲自训练,但是最终没有练成。戚继光年纪轻轻,区区一个参将,虽然对战事有些看法,但只怕也是纸上谈兵。想到这,胡宗宪从戚继光手中接过那份《练兵议》,看也不愿看,只是淡淡地说:"你先等着吧,我看过后,会告诉你怎么处置的。"

戚继光心中"咯噔"一下,他想:上次呈上那份建议,这位总督大人也是敷衍了事,说是要仔细看看,结果到现在都没有回音,这次是不是又要借故拖延?戚继光决定不再含糊,他上前一步,用坚定的语气说道:"大人,末将写的这篇《练兵议》,篇幅虽然不长,但是还请大人务必一看,如果有什么疑义,末将可以当面陈述。"

胡宗宪拗不过戚继光,只好打开《练兵议》翻看起来。但他只是草草地浏览了一下,便随手将折子掷于一旁,轻蔑地说:"哼,浙江兵要是可堪重用,我怎能不练,我看你这文章,皆是纸上谈兵之词!"

戚继光怎么也没想到,这位堂堂总督大人竟是如此草率地对待部将关于练兵的提议，他一时愣住了，居然不知说什么才好。

胡宗宪毕竟是个圆滑之人，过了一会儿，他仿佛醒悟过来，心中思量：戚继光提出练兵的事，恐怕大家都已知道了，我这么明着反对，如果传到朝廷可不好说话了。既然他要练，不妨让他试试，到时练不成，他自会知难而退；如果练出一支像样的军队，也算自己的功劳一件。

想到这，他对站在面前的戚继光说："你的决心固然可嘉，但是练兵是件大事，并非你想象的那么简单。这样吧，过几日，我调一支人马给你，你且训练看看。"

戚继光原本打算自己募兵训练，听胡宗宪这么一说，顿时有些失望。但他转念一想：招募不成，调一支兵马练练也好，如果练出了成效，胡总督就会改变想法，重视练兵工作，到时我再向他提出招募新兵训练，他自然会同意的。于是，戚继光向胡宗宪道过谢，就告辞回到住处，着手准备练兵事宜。

但是，由于当时明朝官府办事效率极低，加上胡宗宪实际上并不真正重视练兵，戚继光的练兵建议虽然得到批准，却未能及早实现，拖了将近一年。直到嘉靖三十七年（1558年）春，胡宗宪才把兵备佥事[①]曹天佑部下的三千士兵拨给戚继光，让他训练。

[①] 兵备佥事：明代官名，负有监督军队、屯操卫所兵马、维护地区治安的职责。

第五节　言传身教，练兵有方

戚继光向上司提出要自己募兵训练，不是一时心血来潮，而是经过深思熟虑的，也是胸有成竹的。戚继光自小就在父亲的熏陶下研读兵书，已经掌握了系统的军事知识；长大后他承袭祖职，转战几处，也具有一定的治军经验。当三千名士兵拨到他手下后，他便紧锣密鼓地训练起来。

戚继光的练兵方法既继承了经典兵书中的智慧，又结合明军的实际情况，加入了许多新的内容。他的练兵步骤主要分五步。

第一步，练阵法。训练士兵的服从、配合意识，让士兵们知道，行军打仗，万人行动须如一人，这样部队才有战斗力和灵活性。

第二步，练胆气。要求士兵能临阵不乱，勇往直前。

第三步，练耳目。要求士兵能熟悉各种旗鼓号令。

第四步，练手足。要求士兵能熟悉各种杀敌技艺。

第五步，练营阵。首先教士兵练习马兵、步兵各种队形；其次教士兵练习行军队形，学习行军规则、野营布置和宿营规则；最后向士兵们强调作战纪律和战争中需注意的事项。

在与倭寇作战时，明军表现出的最大问题就是临阵怯敌、不攻自乱。而倭寇利用明军的这一弱点，惯使这样的手段：夜晚作战时，在盔甲上装饰金银牛角或者各种颜色的丝线，扮成鬼怪模样，手执明镜和雪亮的刀枪，制造恐怖的气氛，以此来挫败明军的士气。戚继光深知明军的这一弱点，对倭寇的这种做法更是十分警惕，于是他开始有针对性地训练士兵们的胆气。

一次，在一个漆黑的夜晚，空气沉闷，雷声轰鸣，一场倾盆大雨即将来临。

戚继光秘密找来三名身材高大的士兵，让他们假扮成鬼怪，然后又悄声嘱咐他们几句让他们潜到山中坟地，三名士兵领命而去。

接着，戚继光命人吹响集合的号角。士兵们很不情愿地从床上爬起来，但是军命难违，他们只好打起精神来到教场上。不一会，教场上站满了满脸不悦的士兵。

将台上几支火把正在燃烧着，火光照在戚继光威严的脸上："今晚军中有特殊的侦察任务要执行，勇敢前进者重赏，怯懦后退者重罚，违令者斩。"戚继光开口说道，声音洪亮，犹如惊雷。说完，他带着士兵们向山中开去。

这时，一道闪电划过天空，前方赫然出现一片坟地。

"正前方坟地里似有一丝火光，恐怕有敌情，谁愿前往察看？"戚继光面向队伍问道。

队伍中传出一阵窃窃私语，过了好久，还没一个人站出来。

"荣望！"戚继光喝道。

"到！"一个身材魁梧的士兵站出来。他的腿有点抖，说话时声音也有点颤抖。

"命你前去侦察，速速回报。"戚继光下令。

荣望心中一惊，暗暗叫苦，但是没有办法，只好硬着头皮向前走。五十米，四十米，三十米……荣望的心都快跳出来了。他隐隐约约听到坟地里传来阴森森的声音，不禁头皮发麻，毛骨悚然。他蹑手蹑脚地一步一步地向前走去，目不转睛地盯着前方的坟堆。忽然他脚下一绊，差点摔倒。就在这时，一个黑乎乎的像"鬼怪"一样的东西向他扑过来。他"啊"的一声，吓昏过去，当场倒在地上。

好久不见荣望回来，戚继光料到他必然已经惊吓过度，昏死在那里了，就派去第二名、第三名士兵，他们也都像第一名士兵一样，有去无回。

"浦拔思！"戚继光继续喊道。

"到！"队伍中跨出一名身材高大、虎背熊腰的士兵。

"命你前去。"戚继光说道。

这浦拔思心想：去也是死，不去违抗军令也是死，还不如放手一搏，或许还有一线生机呢！想到这里，他振作精神，大着胆子向前走去。他脑瓜比较灵活，从地上捡起一块石头握在手中，一边走，一边不停地扫视四周，注意是否有异常情况发生。

离坟堆越来越近了。突然，从一棵大树后面传出一阵怪异、恐怖的声音，浦拔思便将手中的石头冲发声处使劲扔去。只听"啊"的一声，传出一个人的惨叫声。浦拔思随即抢步上前，扯住了那人，"鬼怪"露了原形。

一会儿，浦拔思和三个假扮鬼怪的士兵回来了。

于是，戚继光说出了真相："那几个'鬼怪'都是人假扮的，这便是倭寇惯用的伎俩。我这样做的目的，是训练大家的胆气。身为军人,岂能惧怕鬼神之物?即便来的是恶鬼,你们也要把他们的头斩下来!"

接着,戚继光又对浦拔思说道:"浦拔思,你此番表现上佳,我提拔你为旗官,望你再接再厉,今后多杀倭寇,多立军功,我必不吝惜提拔你等。"

在戚继光的精心指导和严密组织下,这些浙江士兵的胆气越来越壮,部队的军容、军纪有了很大的改观,战斗力也逐渐增强。整支部队与过去相比,已经不可同日而语。

不久,倭寇又开始进犯浙江,浙江沿海的形势又紧张起来,练兵一事就暂时停止了。

第六节 驰援台温,小试牛刀

胡宗宪之所以不怎么赞成戚继光练兵,除了他自己曾经练过兵没有收到成效外,更重要的原因是他害怕同倭寇作战,企图通过"招抚"的办法来平息倭患。

当时,大海盗王直纠集徐海、陈东等人,勾结倭寇,在舟山群岛一带为虎作伥,无恶不作,犯下滔天罪行。明朝廷早就想除去王直,于是再三命令胡宗宪尽早抓捕王直。起初,胡宗宪把王直的母亲、妻子、儿子统统抓进监狱,打算逼王直投降。但是王直不吃他这一套,他自恃兵强马壮,依然到处烧杀抢掠。胡宗宪见硬的不行,于是改变策略,把王直一家老小都从监狱中放出来，用好饭好菜招待他们，并派人直接和王直联络，又许下诸多好处，劝他投降。接着，胡宗宪又采取分化瓦解的策略，活捉了陈东，徐海被逼跳海，溺水而死。

嘉靖三十六年（1557年）冬，因形势所迫，王直投降了。次年二月，他在杭州西湖游玩期间，被杭州按察御史王本固诱捕下狱。嘉靖三十八年（1559年）十二月，王直被斩首于杭州官巷口。王直死后，他的义子王激（原名毛海峰）纠集党羽三千多人，声称要为王直报仇雪恨。他们奴役抢来的百姓，在岑港修造堡垒、栅栏，准备死守。

岑港在舟山岛的西面，周围散布着许多大大小小的岛屿、港湾，河汊纵横交错，地形非常复杂。为防止明军进攻，倭寇把通向岑港的要道——堵塞，只留下一条狭窄难走的小路，以便出入。他们倚仗人多势众、地势险峻，不把明军放在眼里，气焰十分嚣张。

嘉靖三十七年（1558年）春，胡宗宪将所部兵马分成北、中、左、右四路，水陆并进，直捣岑港倭寇巢穴。其中左路兵马由戚继光指挥。

战斗打响后，倭寇居高临下，据险死守，明军拼死进攻，双方伤亡都很惨重。不久，雨季到来，山洪暴发。倭寇趁机在高处筑起大堤，等到明军进攻时便将大堤掘开，顿时洪水直泻而下，冲得明军人仰马翻，战斗更难进行。明军一时进退维谷，苦不堪言。

五月，正当岑港战斗陷入相持不下的状态时，海上又有大批倭寇在台州登陆。胡宗宪得知消息，担心台州有失，急忙命令戚继光率领本部人马驰援台州,与留守当地的谭纶配合,共同抗倭。

戚继光率军直奔台州。正在行军途中,探马来报,说倭寇正在攻打温州。戚继光当即改变行军路线,率军火速赶往温州。当部队到达乐清时,正赶上天降大雨,戚继光严令军队不可侵扰百姓,他与士兵们一起在空地处淋着雨。此时,有地方绅士邀请戚继光进屋避雨,但是戚继光婉言谢绝了。他说:"你们的好意我心领了,但你们来看,几千名士兵都在屋外淋雨,我作为统帅,自然应当和士兵们同甘共苦,既是军令,我自当做出表率,怎能独自一人进屋避雨呢?"等雨停了以后,戚继光才和士兵们到一座寺庙中埋锅造饭,喂养马匹,短暂休整。

次日清晨,戚继光的部队来到瓯江北岸盘石卫的乌牛时,与倭寇迎面遭遇。戚继光立即将部队分成左、中、右三路,齐头并进,合围倭寇。倭寇见这支明军盔甲闪亮、号令统一、队列严整、步伐整齐,不敢正面迎战,急忙退到瓯江对岸,抢筑工事,与明军隔江对峙。

戚继光命令部将汤加一、王良忠等人为先锋,率领部分士兵抢渡瓯江,突破倭寇设在江边的防线。随着戚继光一声令下,汤加一、王良忠率领士兵登上船只,冒着倭寇的箭矢拼死冲向对岸,与倭寇厮杀起来。一时间杀声震天,倭寇抵挡不住,纷纷抱头鼠窜,有的逃进深山,有的躲进密林,还有的跌入瓯江中淹死。

战斗从清晨持续到中午,明军五战五胜,消灭了几百名倭寇,救出被掳掠的男丁、妇女三百多人,而己方只阵亡汤加一等三人。

乌牛战斗后，倭寇又纠集起四千多人，乘坐八十余艘大小船只，沿瓯江向明军发动了进攻，企图消灭这支"来历不明"的明军。戚继光料定倭寇必会反扑，早已沿瓯江布置了长达十多里的防线，亲临第一线指挥士兵们坚守防线，抵御倭寇进攻。倭寇见明军严阵以待、守备森严，无机可乘，便调转船头向东驶去，将船停泊在乐清县南一带，上岸大肆抢掠。

见倭寇向东逃去，戚继光立即调整部署，一面命令士兵们沿江加紧防守，一面命令把总邢镇、梅奎等人率兵乘坐渔船，从水路进攻倭寇，自己则亲率大军沿江东下进剿倭寇。明军水陆并进，向倭寇发起了猛烈进攻，倭寇抵挡不住，一部分躲进小船中偷偷逃走，一部分登上一艘大船迎战明军的渔船。

明军所乘的渔船虽然灵巧方便，却抵不住倭寇大船的进攻。倭寇大船直向明军渔船冲来，明军一时落于下风。倭寇大船在江面上横冲直撞，明军渔船纷纷躲避。戚继光见状，再次施展神射的本领，一箭射中倭船舵手。与此同时，材官[①]刘意也射死了倭船上的橹工。敌船顿时失去了控制，在江面上直打转转。明军渔船乘势围攻倭船，并向倭船投掷火把，倭船燃起了熊熊大火，倭寇有的被烧死，有的跳江溺死，全部被歼。停泊于黄华一带的倭寇，远远听到明军的喊杀声，又看到江面上空升起滚滚浓烟，见势不妙，慌忙挂帆驶向海上，逃之夭夭。

[①] 材官：古时武卒或供差遣的低级武职。

这次战斗，戚继光率领部队打了一个漂亮的歼灭战，他卓越的军事才能开始显现。与此同时，谭纶也率领自己的部队在台州取得了多次胜利。在戚继光、谭纶领导的部队的进攻下，倭寇遭到了沉重的打击，台州、温州一带的威胁暂时解除。

随后，戚继光又率领部队日夜兼程向岑港赶来，继续参加围攻岑港的战斗。

第七节　无辜蒙冤，岑港战倭

此时，岑港之战已经历时半年，依然没有丝毫进展，明军损失惨重，进退两难。

作为岑港之战总指挥的胡宗宪，害怕嘉靖皇帝怪罪于他，向嘉靖皇帝献上在舟山捕获的白鹿，说这是国家祥瑞、天子寿兆。他还虚报战功，并向嘉靖皇帝保证，不需多日就可以结束岑港之战。

谎话终归是谎话。不久，嘉靖皇帝责问胡宗宪，为何岑港至今还未攻下。一贯处事圆滑的胡宗宪将责任全部下推，说是将领们作战不力，自己也很无奈。于是，嘉靖皇帝下诏革去俞大猷、戚继光等将领的官职，限他们一个月内攻克岑港，否则就要将他们逮捕下狱问罪。

这对戚继光来说无疑是极不公平的。戚继光在参加岑港战斗之初，就奉胡宗宪之命率军奔赴台州、温州剿倭，在扫除了这两地的倭寇后，才回师参加岑港之战，这中间一段时间戚继光并没有在岑港与倭寇作战。因此，岑港久攻不克，戚继光是不应承担责任，更不应受到革职处分的。可是嘉靖皇帝不问青红皂白，将怒火都撒到前方将领的头上，使得戚继光无辜蒙冤。

尽管受到了不公的对待，戚继光并没有消沉、抱怨，而是率领部下全力投入攻打岑港的战斗。

岑港久攻不下，胡宗宪在嘉靖皇帝面前的日子也不好过。他督促各路明军从几个方向协同夹攻，速战速决，攻下岑港。于是明军开始不分昼夜，轮流向倭寨发起攻击。戚继光和俞大猷率领士兵，身先士卒，舍生忘死地冲杀。可是，有好几次眼看马上就可以攻下岑港，部队又被倭寇的炮火矢石打退下来。

转眼一个月的期限快到了。战斗更加激烈，明军拼命进攻，倭寇拼死反抗，双方反复进行拉锯战，打得难解难分。戚继光依旧冲锋在前，眼睛布满了血丝，嗓子也喊哑了，身上多处负伤，但他全然不顾，只管一次又一次地向前冲锋，一心只想着拿下岑港，以洗刷自己的冤屈，为朝廷去掉这一块心病。

在大批明军的拼命进攻下，倭寇死伤无数，阵脚大乱，终于抵挡不住，于是放火焚烧大寨，打算趁乱逃跑。明军砍倒倭寨前的栅栏，一拥而入，斩首百余人，其余倭寇乘小船逃往舟山北面的柯梅。岑港之战至此结束。

逃到柯梅的倭寇，因为没有大船不能渡海远航，只好暂时盘踞在那里。他们一面不时地外出抢掠，一面暗地里打造大船，准备逃跑。

其实，这些倭寇因为在岑港遭到沉重打击，已经如丧家之犬，没有什么斗志，明军只要乘胜追击，就可以将他们一举歼灭。可是胡宗宪只以攻下岑港为目标，并不想再冒险派兵追击，从而白白丧失了战机。柯梅的倭寇因此得到了喘息的机会，不久便把大船造好，乘船向南逃去了。

俞大猷发觉柯梅的倭寇南逃，一边派人向胡宗宪报告情况，一边率领军士们乘船追击倭寇。可是胡宗宪一心只想减轻自己管辖地盘内的压力，希望倭寇早点离开浙江，接到报告后没有做出任何反应。尽管如此，俞大猷还是追上了倭寇，并打沉了一艘倭船，其余的倭寇仓皇南逃，最后窜到福建沿海附近，开始大肆劫掠福建沿海州县。

福建沿海本来就有倭寇频繁活动，如今又涌来了从柯梅逃来的大群倭寇，福建的形势一下子变得严峻起来。天下没有不透风的墙，胡宗宪"只扫门前雪"，纵敌逃跑的事情传到了福建境内，福建的官员和百姓怒不可遏，纷纷指责胡宗宪。消息最后传到了朝廷，福建籍御史李瑚上疏弹劾胡宗宪，请求朝廷追究他的责任。

胡宗宪害怕了，于是再次嫁祸于人，将责任全部推到俞大猷的身上。他向朝廷上了一道疏，诬陷俞大猷说："岑港的残余倭寇逃往柯梅，已经势单力竭，很容易被擒杀。可就因为总兵俞大猷追击不力，致使这些倭寇流窜至福建，为祸福建。对俞大猷如此纵敌罪行，须加严惩。"

嘉靖皇帝听信了胡宗宪的诬告，下诏将俞大猷逮捕，押至京城问罪。朝廷中一些正直的大臣知道俞大猷一向忠勇报国，绝不会做出纵敌逃跑的事情，明白他是代人受过，无辜蒙冤。大家凑了几千两银子送给严嵩父子，请他们在皇帝面前为俞大猷说好话。在严嵩的干预下，嘉靖皇帝总算没有处死俞大猷，但是罢去了他的所有军职，将他发配到大同边境，让他立功赎罪。

俞大猷忠心报国，却遭到陷害，从有功之臣变成有罪之人，虽然逃过一死，但还是落得个被发配充军的结局，难免让人唏嘘。比较起来，戚继光的遭遇要稍微好一些。虽说他先前也同俞大猷一起被革去军职，戴罪参战，限期破敌，但是好在岑港在规定期限内被攻克，戚继光也就官复原职了。现在俞大猷要被发配到北方充军，戚继光无法为他送行，当面安慰他，只能在心里默默祝愿俞大猷此行平安无事，并期待有朝一日能够再与俞大猷并肩作战，共同杀敌。

戚继光深知，尽管拔除了岑港这个倭寇的据点，但是倭寇的势力还很强大，抗倭形势还很严峻，抗倭的道路还很漫长，自己要与将士们更加努力地抗击倭寇，直至将倭寇全部消灭，彻底解除倭患。

第八节　神机妙算，解围桃渚

岑港之战后，倭寇意识到宁波、绍兴一带的明军不仅兵力雄厚，而且作战勇猛，于是不敢再侵扰这一带，转而向南侵犯。嘉靖三十八年（1559年）春末，数千名倭寇在台州、温州登陆，一路烧杀抢劫，台州一府六县同时告急，浙东沿海形势又紧张起来。

当时，临海县的桃渚已经被倭寇包围了一个多月，对外交通全部断绝。在千户翟铨的指挥下，守城军民艰难地抵抗着倭寇的进攻，倭寇日夜加紧围攻，桃渚城随时都有被攻破的危险。胡宗宪得知消息，督令谭纶和戚继光率军前往救援。

此时，谭纶已经升任浙江按察司副使，按职务而论，是戚继光的上级。有了谭纶的支持，戚继光就可以充分发挥自己的才能了。在以后的岁月中，谭纶和戚继光成了一对配合默契的文武搭档，两人在平定南倭北虏的战争中联手建立了赫赫功勋。

嘉靖三十八年（1559年）五月，谭纶和戚继光自宁波冒雨带兵启程，急行军三百余里赶到了桃渚。桃渚始筑于明洪武二十年（1387年），为防御倭寇的入侵而建。它位于临海县海门卫东北五十里处，城高两丈有余，围城一周也不过二三里，但它三面靠山，一面临海，地势非常险要。

谭纶和戚继光率军到达桃渚城外后，在附近安营扎寨。戚继光仔细观察了桃渚附近的地形，选择要害地段，设下了三路埋伏，然后派出几十名鸟铳手，面授机宜，让他们见机行事。鸟铳手按戚继光的指令，穿上老百姓的衣服，扮作出城砍柴者的模样，于傍晚时分挑着柴捆进城联络守军——柴捆里暗藏着兵器、旗帜等物，以此骗过倭寇的侦察。

第二天清晨，倭寇吃饱喝足，气势汹汹地向桃渚城发起进攻。他们袒胸露背，目露凶光，手握倭刀和盾牌，架起云梯，争先恐后地向城上攀登。

正当守城官兵抵挡不住的时候，城上突然鼓声大作，事先潜入城中的几十名鸟铳手犹如从天而降，在城头一字排开。

鸟铳手使用的火器可以发射霰弹轰击敌人，杀伤力极大，施放时发出的声音也极为响亮。鸟铳手将火器对准了倭寇，"咚""咚""咚"，刹那间，弹药齐发，几十名倭寇顿时跌下云梯，命丧黄泉。

倭酋见此情景，大吃一惊，心想：这种火器只有明朝的正规军队才有，这守城的军队怎么会有呢？他再一抬头，只见城头旌旗飘扬，喊杀声震天，心想情况不妙，于是大叫一声："撤退！"

攻城的倭寇被鸟铳打得心惊胆战，已经失去刚攻城时的凶猛气势，一听到头目喊"撤退"，立即放弃攻城，如潮水一般退了回去。这时，城头上战鼓如雷鸣一般响起来，撤退中的倭寇以为明军大队人马从城里追杀出来了，个个如惊弓之鸟，没命地逃跑，直到跑到很远发现没有追兵时，才气喘吁吁地停下来。

倭酋气急败坏，领着部下到附近村庄大肆抢掠，以发泄怒火。正当倭寇如狼似虎地在村庄中抢劫时，四周传来了一阵阵喊杀声，并且越来越近。就在倭寇惊恐迟疑之际，明军官兵从四面八方如潮水般涌来。

原来，戚继光早已窥破倭寇的行踪，掌握了倭寇进退的路线，事先在此设下了伏兵，就等着倭寇来钻入伏击圈。戚继光亲自击鼓督阵，指挥将士们冲杀。将士们从宁波行军到达桃渚，还没痛痛快快打过一仗，现在见到倭寇，人人奋勇，个个争先，与倭寇短兵相接。

倭寇本就惊魂未定，此时又累又饿，已无心再战。明军官兵以逸待劳，气势大盛，拦住倭寇又砍又杀。士兵胡元伦手持大刀，闯入倭寇群中奋勇砍杀，一连杀死数名倭寇，自己也被倭寇砍伤多处。他浑身上下鲜血淋漓，仍然挥舞大刀不停地与倭寇肉搏，直至最后力竭而死。

一场血战下来，倭寇死伤无数，残余倭寇拼命杀出一条血路，一半逃向灵江北岸的山区，一半渡江向南逃窜。向南逃窜的这股倭寇又被明军伏兵冲为两段，一部分逃脱，另一部分被明军消灭在黄焦山。

战斗结束后，戚继光来到胡元伦的遗体旁，脱下身上的战袍盖在胡元伦的遗体上，下令亲兵厚葬。在场的将士们深受感动，无不失声痛哭。

倭寇在桃渚遭到明军的痛击，气急败坏地妄图报复，不久又纠集了更多的人马，从四面八方向明军扑来。一时间，烽烟四起，台州、温州仿佛遍地都是倭寇。

这么多的倭寇，主力在哪里？什么地方的敌情最紧急？戚继光通过综合分析从各处得来的情报，判定围攻桃渚的倭寇最猖狂，抢劫栅浦、葭沚的次之，骚扰温州一带的又次之。根据这一判断，戚继光向胡宗宪提出了全面作战的方案，自己则率军马不停蹄地向桃渚赶去。

五月三十日，戚继光率军再度逼近桃渚。倭寇已经尝到了戚继光的厉害，当绣有"戚"字的大旗在桃渚附近出现时，他们就立即奔逃至葛埠，妄图依据山势死守。戚继光率军紧追而至，将倭寇团团包围起来。

六月一日，戚继光率军向葛埠发起猛攻，士兵们攻入倭寇巢穴，纵火焚烧，倭寇大乱，烧死、溺死者难以计数。当天夜里，天降大雨，残余倭寇趁着夜色掩护，冒雨乘船逃往栅浦。

这样，桃渚之围被彻底解除了，原先逃难在外的百姓们纷纷返回家园，又过上了安宁的生活。

第九节　兄弟携手，大战海门

解除桃渚之围后，戚继光率兵南下海门卫，计划和谭纶会师，商议扫平栅浦倭寇之策。

海门卫位于台州东南九十里处，离大海仅一里左右，卫所的北边就是灵江的入海口海门港。它三面临水，横扼灵江，地理位置十分重要。当戚继光率军快要到达海门卫时，正好有一股倭寇从西南方向侵犯海门卫。谭纶估计戚继光很快就会到达，便向海门守将叮嘱一番，然后率军出击西南那股倭寇去了。

戚继光刚到海门卫，就接到探马的报告，说有三千名倭寇正从栅浦向海门卫扑来。戚继光急忙召集海门卫守将商讨对策。戚继光对海门卫守将说，自己的军队刚刚与倭寇进行了好几场战斗，现在又经过急行军，已是人困马乏，需要休息调整一下，然后才能投入战斗,守卫城池的任务就由原驻海门卫的士兵先承担起来。海门卫守将听后,满口答应,并拍着胸脯对戚继光说,他的部队的任务本来就是守城,请戚继光尽管放心,保证不会让倭寇踏入海门卫半步。戚继光见守将说得这么自信,也就放下心来,命令部队安营歇息。

六月六日傍晚,乌云密集,几道雷电过后,天下起了大雨。在城墙上负责警戒的几名明军士兵见天色已晚,又下着大雨,心想倭寇不会来偷袭了,于是放松了警惕,一个个打起盹来。

半夜时分,狡猾的倭寇倾巢出动,他们趁着天黑和雷雨声,悄悄爬上了城墙。直到三十多名倭寇已经爬上城头时,守军才发觉,吓得大呼乱叫起来。

戚继光从睡梦中惊醒,见情势危急,顾不上集合队伍,立即披挂上马,上舞宝剑,纵马直奔城门而去。亲兵见状,急忙大声呼喊:"主帅冲上去了!主帅冲上去了!"

这时,戚继光的部下已经全部惊醒,听到卫士在呼喊,方才知道主帅戚继光已经孤身一人冲上去与倭寇厮杀了。他们受到极大的鼓舞,一个个精神大振,手执兵器奔向城头。经过激烈的战斗,倭寇被打退了。

海门卫保住了,城中的形势逐渐安定下来。为了严肃军纪,戚继光将负责守城的几名士兵斩首。

这时,谭纶已经率军赶回海门卫。两军会合,守城的力量增强了。戚继光和谭纶一起分析了敌情,认为倭寇将会从金清闸渡新河南逃,于是派人在新河中打下木桩,系上船只,再以铁链将船串连起来,形成一道屏障,堵塞倭寇的退路。

接着,一连几天阴雨绵绵,地上到处都是积水,倭寇们心中恐慌,打算乘船逃走。可是到了新河岸边一看,入海的路已经被堵塞了。倭寇只好将船停泊在牛桥,爬上附近的一座山修筑堡垒,企图顽抗到底。

六月十五日清晨,雨过天晴。戚继光将全部精锐兵马分成三路,埋伏在城南,布好阵势。戚继光先派出一小队明军前去挑战,倭寇见明军人少,便放开胆子一齐喊叫着杀上前去。双方交战没几个回合,明军假装不敌,往城南败退而去,倭寇在后面紧追不舍。当倭寇追到城南时,戚继光一声令下,明军三路伏兵一起冲了出来,以排山倒海之势向倭寇压去。倭寇一看不妙,掉头就跑,躲在停泊在牛桥的船中,隔水与明军对抗。戚继光指挥明军向倭船发射鸟铳弹,炸毁两艘倭船,倭寇慌忙登岸迎战,又遭到明军的迎头痛击,只好退回船中。明军鸟铳齐发,枪弹横飞,倭寇进退不得,纷纷弃船登岸逃走。明军纵火烧船,焚毁倭寇双桅巨船三十余艘,倭寇被烧死、淹死一千多人。

幸存的倭寇没命地向南奔逃,戚继光与谭纶率军紧追不舍,十七日终于在南湾追上了倭寇。倭寇眼看难以逃脱,便分成五路占据海边的一座高山,凭险固守,又抢劫了数十艘渔舟,准备随时出海逃走。

戚继光仔细观察了一下倭寇占据的高山,先命卢镗率军从山背后袭击倭寇的后路,然后兵分五路从正面攻击倭寇,同时故意在朝海的一面留下一道缺口,设下埋伏,等着倭寇自投罗网。

布置完毕后，戚继光命人将弟弟戚继美叫来，神情严肃地对他说："处于绝境的敌人是最危险的，这次由你带头杀敌，要多加小心。"

戚继美大声说道："请兄长放心，我一定不会让你失望。"

戚继美不久前接到兄长的书信，前来投军，成为戚继光军中的一员。戚继光并没有因为他是自己的弟弟就对他格外照顾，对他的要求和军中其他士兵没有区别，此时，更是将如此凶险的任务交给了自己的兄弟。

戚继光亲率将士从正面向倭寇发起了攻击。戚继美挥舞兵器，率先向山上冲去。倭寇居高临下，箭矢如飞蝗般朝明军射来，明军一连发起几次进攻，都未能得手，死伤了不少士兵。戚继美腿部中箭负伤，他只是简单地包扎了一下，仍然坚持战斗。

戚继光见山上有两名倭酋在挥舞令旗指挥倭寇抵抗明军，于是将戚继美叫到身边，俯耳对他低语了一番。明军又一次发起进攻了，倭寇的箭矢依然密集如蝗。过了一会儿，两个手执令旗的倭酋露了头。戚继光和戚继美冲上前去，张弓搭箭，一人一箭，两个倭酋应声倒地，手中的令旗也应声而倒。倭寇阵营顿时大乱，戚继光和戚继美乘机率军猛攻。

正在这时，倭寇阵地背后杀声震天，原来卢镗已率兵从山后杀来。明军前后夹击，倭寇溃不成军，从海路逃跑，正中明军的埋伏。各路明军四面出击，将倭寇围困在海边一顿狠打，一部分倭寇溺水而亡，一部分倭寇缴械投降，战斗很快结束。这一战，明军生擒勾结倭寇的贼首两人，斩首二百七十九颗，俘获器械一百五十余副,解救被掳百姓三百余人,而明军只有四人受伤,无一人阵亡。

紧接着,戚继光又会合其他各路明军,进剿逃窜到温州一带的倭寇,以秋风扫落叶之势,平定了浙江沿海的倭患。

在短短两个月的时间里,戚继光驰骋浙江抗倭前线,屡建奇功,声名大振。

第四章 打造铁军：戚家军横空出世

戚继光奉命赴浙江抗击倭寇，但他接管的部队是一群军纪败坏、贪生怕死的乌合之众。戚继光深感这支部队难以完成抗倭灭倭的重任，于是另起炉灶，亲自选拔、招募了四千名义乌兵。经过严格的训练，一支纪律严明、作战勇敢、以一当百的劲旅——戚家军诞生了。

第一节 舍弃旧军，欲创新军

练出一支军纪严明、作战勇敢，能够担当抗倭重任的劲旅，是戚继光心中多年以来的夙愿。

戚继光率领的三千名士兵是胡宗宪从曹天佑那里拨给他的。两年多以来，这支队伍在戚继光的带领下转战浙东抗倭前线，打了不少胜仗。戚继光对这支队伍还是比较满意的,但是他也看出这支队伍仍然存在很多问题。

一个明显的问题是军纪不整、作风败坏。

有一次战斗结束,一名士兵提着一颗血淋淋的人头来到戚继光的大帐中,向他请功。

正在这时,一名老兵连喊带哭地匆匆跑过来,手指着那名士兵,伤心欲绝地对戚继光说:"将军,这人是杀我弟弟的凶手。您不要听他的胡言乱语,我弟弟只是在战斗中受了伤,性命还无忧,可是这个丧尽天良的人竟然砍下我弟弟的头来向您请功。请将军明察,还我弟弟一个公道啊!"

戚继光一听,怒不可遏,厉声问那名士兵:"他说的可是真的?"

那名士兵见事情败露,急忙跪下,连声向戚继光求饶。戚继光当然不能留情,叫刀斧手把他推出大帐外斩首。

一天,又有一名士兵提着一颗人头来向戚继光邀功请赏。戚继光一看,被杀的竟是一个十五六岁的少年,感到愕然。有了上次的先例,戚继光留了个心眼,没有听信这名士兵的话,立即派人去查验,结果查出这名少年也是无辜被杀的。震惊之余,戚继光集合全体将士,激愤地对他们说:"我们既然为军,就是要保护一方父老乡亲的安宁。如果军队非但不能保境安民,反而还祸害百姓,那与倭寇有何区别?"

停了片刻,戚继光又说道:"国有国法,军有军规,如果哪个士兵胆敢违反军纪,即使他是我的亲儿子,我也会依法处罚,绝不轻饶！"

随后，戚继光令人再次宣读军法，按军法将那名杀人冒功的士兵斩首。

虽然这两个伤天害理的恶徒最后都受到了制裁，但是零星的类似事件还在军中继续发生。

戚继光经过分析，认为这些士兵大都来自市井巷陌，他们只是把当兵作为一种混饭吃的手段，根本没有树立杀敌立功、保家卫国的信念。相比之下，谭纶在南京召集的五百名对倭寇怀有深仇大恨的壮士，虽然没有受过训练，但是凭着心中的那股愤怒，首次上阵就击败了凶恶的倭寇。

戚继光清楚地看到，自己这支部队出现的问题在明军中是普遍存在的，他们沾染了很多恶习，有这些恶习的军队会成事不足、败事有余，想要把他们带回正路是很难的。目前沿海的形势很严峻，倭寇如狼似虎，气焰嚣张，今后抗倭的任务还很艰巨，荡平倭寇的道路还很长，指望这么一支旧军队来完成荡平倭寇的使命是不大可能的，要依靠他们完成捍卫海疆、保境安民的任务，也是不切实际的。

戚继光痛定思痛，认为要组建一支铁军、一支尖兵部队，就必须亲自选兵、亲自练兵、亲自指挥，从源头上保证这支军队的素质和战斗力。为了改变这种状况，戚继光决定重新招募、训练一支既英勇善战，又能恪守军纪、作风优良的新军队。

第二节 招兵买马,义乌募兵

万事开头难,组建新军,该从浙江哪个地方招募新兵呢?戚继光一时犯了难,他苦苦思索起来。忽然,几年前的一幕往事浮现在他的脑海中。

那是嘉靖三十七年(1558年)的冬天,也就是岑港之战结束后没多久,公务在身的戚继光带着几名亲兵经过一处山谷,恰巧遇到了一场民间械斗。

一个名叫施文六的永康盐商,听说义乌有一座八宝山,便猜想山里一定有金矿、银矿,便带着一百多人前去勘察。义乌的百姓听到这个消息后,为保卫家乡山水,在陈大成、宋廿六的率领下,上山将施文六等人团团围住。

见情况不妙,施文六等人撒腿就跑。可几个月后,施文六又带了一千多人来强行开采。义乌百姓在陈大成的率领下前去与施文六谈判,谈判不成,双方发生了械斗,施文六等三十多人被杀死,义乌百姓守住了八宝山。

施文六的亲人知道后,纠集了三千多人前去义乌为施文六报仇,义乌百姓毫无惧色,手拿棍棒、农具,不论男女老幼一同上阵,父亲伤了儿子替,哥哥死了弟弟上。这场械斗从夏天一直打到冬天,义乌方圆几百里的百姓都卷进了这场斗争,双方死伤无数。

那场历时几个月的械斗，给戚继光留下了深刻印象，义乌百姓誓死保卫家乡的精神，极大震撼了戚继光。戚继光心想，这种野蛮恶斗的行为固然不能提倡，但是他们身上所体现的那种勇往直前、一呼百应、同仇敌忾的品质，不正是一支强大军队所需要的吗？想到这，戚继光心中有了主意。

嘉靖三十八年（1559年）八月，戚继光第三次向胡宗宪上书建议练兵。他在《议练义乌兵》中指出："无兵而议战，亦犹无臂指而格干将。闻义乌露金穴括徒，递陈兵于疆邑，人奋荆棘御之，暴骨盈野，其气敌忾，其习惯而自轻，其俗力本无他，宜可鼓舞。及今简练训习，即一旅可当三军，何患无兵？"

这次胡宗宪没有为难戚继光，他看到戚继光对军队的训练确实是有效的，在接到戚继光的上书后立即批准了他的请求，同意他解散自己的旧军队，前往义乌招募新兵。于是胡宗宪下令，由义乌县令赵大河协助戚继光共同招募新兵。

九月，戚继光来到义乌县城，同赵大河商量一番后，便在城墙上张贴募兵告示，开始募兵。但是让戚继光感到奇怪的是，告示贴出后几天，看热闹的人很多，应征的却一个也没有。戚继光心中疑惑，于是去找赵大河询问原因。

赵大河听后说道："是在下疏忽了，将军可曾找过陈大成商量此事？"

"没有，他是何人？"戚继光不解。

"将军有所不知，这陈大成是义乌陈氏家族首领，不仅在族人中一呼百应，在全县百姓中也很有威望，无人报名恐怕与他有关。"赵大河思忖一会，又说，"陈大成这个人正直豪爽，义薄云天，他阻拦你募兵恐怕是担心自己的家族壮丁投军后，家族势力受到削弱，容易遭到外族欺侮。恐怕将军要亲自前去解释一番了。"

戚继光向赵大河表达谢意，又连忙赶到陈大成家拜见，向他说明了来意。

陈大成三十多岁，稍长于戚继光，长得高大魁梧，一副威风凛凛的模样。多年来他目睹大明朝廷的腐败，他既痛恨无恶不作的倭寇，又痛恨残害百姓的官军，一向对官府募兵很不支持。但他早就听说过戚继光的大名，现在又看到戚继光亲自登门拜访，内心感动不已。

戚继光诚恳地说："陈兄，当前倭寇猖獗，侵占我们的土地，残害我们手无寸铁的同胞，我们身为大明堂堂男儿，不能坐视不管，任由倭寇在我们的国土上横行。外寇不除，国家无有太平，百姓无有安宁，虽义乌受倭寇侵扰不似沿海之地，但唇亡而齿寒的道理兄长自然明白。这次我来找兄长，就是恳求你支持我在此募兵，保家卫国，万望兄长成全。"

戚继光的一番话，说得陈大成热血沸腾。他激动地说："倭寇侵我国土，杀我同胞，我早就想投军到前线去，与倭寇拼个你死我活。只是不瞒将军，我已经对明军失望了，所以也就打消了投军的念头，也不愿意自家的子弟去投军，怕的是他们去时是个忠厚老实之人，回来时却沾染了匪徒之气，为害乡里，有损祖宗颜面。与其如此，还不如待在家中，安守本分，开荒种地，自食其力。之前听闻将军为人事迹，尚不敢轻信。如今将军一番话大义凛然，果然为大义而募兵。将军品性高洁，我自然一切听将军安排，我义乌老少愿随将军平寇安民，死而无憾。"

戚继光十分感动，给陈大成深施一礼，说道："兄长深明大义，令继光惭愧万分，我必不负兄长厚望！"说完，两人的手紧紧地握在了一起。

第二天，陈大成率领许多农民前来县衙报名投军，不少矿工也加入投军行列。在他们的带动下，附近的农民、矿工纷纷前来应募。一连几天，县衙被应募的人围得水泄不通，义乌出现了一股投军的热潮。

看到义乌人踊跃前来投军，戚继光打心眼里感动、高兴。但是他为了保证兵源质量，也不是来者不拒，而是制定了一套异常严格而且独特的募兵标准——"四要"和"四不要"。

"四要"如下：

一、要标准的农民。农民本分朴实、吃苦耐劳、任劳任怨，对其他百姓的感情更深，对敌人的仇恨也更直接。

二、要粗壮结实。体格健壮、肌肉结实、体力充沛，上阵格斗可以一抵三。

三、要目光有神。精气神上佳，这种人不易生病，且可连续作战，打仗时不会拖部队的后腿。

四、要对官府心存敬畏。能坚决服从指挥，不惹是生非。

"四不要"如下：

一、久居城中之人不要。他们见过世面，不如乡村人本分，想法较多，不容易服从上司的命令，不适合做军人。

二、曾在官府任职的不要。这些人熟悉官府的运作体系，容易投机取巧，败坏军队风气。

三、四十岁以上和皮肤白净的不要。四十岁以上的人容易体力不支，不适合长期行军作战。皮肤白净的人说明他们缺乏体力劳动，耐力较差，同样不适合当军人。

四、胆子特别小和特别大的不要。胆子太小的人贪生怕死，打仗时容易临阵退缩；胆子太大的人容易冒进，也可能酿成大祸。

经过几天的严格挑选，戚继光一共募得合格的士兵四千余人。这些士兵多出身农民或矿工，不仅忠实质朴、身体强壮，而且对倭寇怀有刻骨的仇恨，这样就保证了军队的素质和战斗力。戚继光终于如愿地招到了理想的新兵，"戚家军"初步形成。

第三节　严格训练，打造劲旅

嘉靖三十八年（1559年）十一月，戚继光率领在义乌招募的四千名士兵返回绍兴，一边加强御倭，一边积极训练新军。

戚继光首先对新军进行了编排：以十二人为一队，指挥官为队长；每四队为一哨，指挥官为哨长；每四哨为一官，指挥官为哨官；每四官为一总，指挥官为把总；每四总为一营，指挥官为大把总；总与营都设有辅助兵和军官随从；营以上由主将亲自指挥。

被戚继光任命为把总、哨官的，除了陈大成，还有矿工首领王如龙，武举出身的吴惟忠、叶大正。义乌知县赵大河担任戚继光的监军。

编队结束后，戚继光让士兵们在花名册上登记自己的姓名、年龄、住址、身高、面貌特征等信息，然后记录自己具体编入了哪一官、哪一哨、哪一队，最后给士兵们分发武器。至此，这支由四千余名农民和矿工组成的戚家军正式编成了。

训练开始了。戚继光不仅是一位精于指挥作战的将领，也是一位善于开展思想工作的军事指挥员。戚继光站在指挥台上，看着下面这些精壮的士兵，心里十分欣喜：自己多年来的心愿终于实现，终于有机会打造一支令自己满意的军队。戚继光将士兵们集合在训练场上，高声对他们说：

"弟兄们，从现在起，你们就是一名真正的大明士兵了！你们在家时，或是种田的农民，或是辛勤的矿工，可是这天下不太平啊！这帮倭寇，在我大明沿海作威作福，烧杀掳掠，无恶不作，不能让我们安心谋生计。我戚继光成立此军，就是为了剿灭这等贼人，还老百姓一个安宁。你们既曾为百姓，自然知道其中的苦楚艰难，辛辛苦苦种田耕地或者靠出卖体力赚来的微薄钱财，还需缴粮纳税，养活国家、养活军队。如今，你们既然成了军人，吃上了皇粮，就要保障他们的安全，在战场下与民秋毫无犯，在战场上多杀敌人，这才对得起这些父老乡亲，对得起自己的良心。如果连这点都做不到，请你趁早退出！"

接下来，戚继光当众宣布了严格的纪律："凡砍人树木、作践田产、烧毁房屋、奸淫作盗，或割取死亡兵首级，甚至妄杀平民假充贼人首级的，均属天理不容、王法不宥者。如有冒犯，必依军法处置，绝不姑息。"

接着，戚继光亲自组织训练。他手持令旗，站在训练场的高台上指挥士兵操练各种项目。这些训练项目，戚继光以前在练兵时就用过，然而这一次训练时戚继光又加进了很多新的内容。

训练的第一个项目是"练伍法"。

所谓"练伍法"，就是训练士兵熟悉并自如地变换各种队形。这项训练的目的是让士兵能够看懂旗令，可以依照令旗的指挥变换不同的队形，最后达到"一军如一人"的效果。

第二项是"练胆气"，训练士兵誓死杀敌的勇气。戚继光要求士兵听到击鼓声立即发起进攻，只要鼓声不止，前面就是有水有火，也要继续进攻；听到鸣锣声立刻收兵，只要锣声不止，前面就是有金有银，也要依令退回。

第三项是"练耳目"，训练士兵辨别、听从、执行号令的能力。戚继光把军中各种金鼓、旗帜、竹筒、灯笼、号炮所代表的号令，分别向士兵们做了详细的说明，同时还把各种紧要号令编印成册，散发给士兵们学习熟记，要求他们必须准确掌握。

第四项是"练手足"，主要是练习武艺，训练士兵与敌人厮杀的本领。戚继光认为，士兵平日里不想受训练之苦，疏于练习武艺，在战场上就会付出生命的代价，只有在平时练就一身的好武艺，上阵时才能减少伤亡，打败敌人。他要求全军上下，从士兵到各级将领，都要刻苦练习杀敌防身的真本领，还将自己所掌握的武艺毫无保留地传授给士兵，亲自教导他们练习武艺。

戚继光主张练习武艺要注重实际功效，反对那些花拳绣腿和生搬硬套。他告诫士兵说："练武之事关系到你们的性命，需要刻苦认真，不可懈怠，更不能应付差事。在战场上你们既要杀敌立功，又要保护自己，不刻苦练武，就是不珍惜自己的生命！"为了督促士兵练武，戚继光还对士兵的武艺进行考核，先是考核一系列分解动作，如手法、步法、身法、进退之法，然后考核两人对打。如果士兵有进步，就给予奖励，如果考核不合格且无长进，上司要连同一起受惩罚。

在训练士兵掌握武艺时，戚继光还十分重视他们的体格锻炼。平时训练时，士兵要穿厚重的铠甲，背着粮袋等重物，这叫"练体力"；操练时使用的兵器要比上阵交锋用的兵器沉重，这叫"练手力"；士兵常在腿上绑着沙袋练习跑、跳、腾、跃等动作，一口气跑一里路，练得不再气喘便是合格，这叫"练足力"。练惯了，到打仗时，身上负担不那么重，手中兵器不那么沉，双腿又去掉了沙袋，便顿感"身轻如燕"，动作自然轻快敏捷，让敌人难以招架。

戚继光推行的很多练兵方法，在当时都是首创，这既来源于他自小练武受父亲的教导，也是他在行军打仗时，时时观察思考后的创造。

同时戚继光很重视军民关系，严禁部下骚扰百姓，对侵犯百姓的行为零容忍。他常向士兵提起"岳家军"，说"岳家军"对百姓秋毫无犯，"冻死不拆屋，饿死不掳掠"，应该以这样的军队为榜样,以"德"为立军之本。

戚继光还十分重视将帅的表率作用,要求各级将领以身作则,与士兵们同甘苦、共患难。戚继光不仅要求各级将领这样做,自己更是身体力行。他平易近人,爱兵如子,时常到士兵们中间,和士兵们一块聊天,问寒问暖,了解士兵们的近况。士兵生病了,他亲自端着汤药去喂士兵,安慰他们好好养病;士兵家里有困难,他慷慨解囊,拿出自己的私人积蓄接济他们。戚继光的士兵多是同乡,本来就情谊深厚,又有戚继光这样一位好领导带领,因此戚家军中官兵关系非常融洽,上下团结一致,亲如一家人。经过不长时间的训练,一支纪律严明、作战勇敢、以一当百的劲旅已经初露锋芒。

第四节 制定铁纪,从严治军

在过去的抗倭战斗中,明军士兵贪生怕死、未战先逃的现象十分严重。每遇到倭寇疯狂进攻,常常是兵不顾将、将不顾兵,庞大的军队顷刻之间作鸟兽散。因此明军虽然人数众多,实际上却是一盘散沙、一群乌合之众,难得打一回胜仗,而倭寇正是看到了这一点,所以屡次以小搏大,几百人,甚至几十人的队伍,就敢在大明境内作威作福。戚继光对此感到痛心疾首,除了训练士兵们的本领和勇气,他决心严明军纪,将之前的规定具体化、书面化,以杜绝部队中畏敌怯战、临阵后退的现象。

对于那些临战退缩、败坏军纪的士兵,戚继光制定了一套惩罚措施,其中最严厉的处罚就是斩首。他在其制定的军纪中,明确规定了会被斩首的情形。

临阵诈称疾病者,斩首。

临阵抛弃军器者,斩首。

不服上司者,斩首。

奸淫妇女者,斩首。

有扰民行为者,斩首。

杀平民冒功者,斩首。

临阵退缩者,斩首。

埋伏作战,遇到敌人不起及早起者,斩队长,士兵捆打。

鸟铳手开枪开早了的,斩首;队长若发现不报告的,斩首。

负责保护鸟铳手的近战兵在鸟铳手阵亡后,近战兵斩首。

……

此外,戚继光还规定:行军途中,擅自离队者,割耳;喧哗说话者,捆打;训练考核成绩在中下的,捆打;一队中有士兵逃走,同队的其他士兵都要捆打。

为了进一步严明军纪,戚继光还制定了严酷的"连坐法"。这种"连坐法"与古代刑法中的"连坐"有相似之处。戚继光制定的"连坐法"主要包括"申连坐"和"详责成"两部分。

所谓"申连坐",就让各级武将和士兵之间建立起层层关联的责任制,一名士兵临阵脱逃,他的上司和同伴都会受到牵连,是专为防止临阵脱逃现象而定制的。

"申连坐"的具体内容有两条：

一是从下至上，"一伍同退，只杀伍长；一队同退，只杀队总；一旗同退，只杀旗总；一局同退，只杀百总；一司同退，只杀把总；一部同退，只杀千总"。

二是从上至下，把总抛弃千总临阵逃脱，导致千总战死，杀把总偿命。百总抛弃把总临阵逃脱，导致把总阵亡，杀百总偿命。以此类推，士兵抛弃伍长临阵逃脱，导致伍长战死，杀该伍长下属的士兵偿命。

"详责成"规定，部队中出现的所有违犯军法的行为都要连坐军官。管五人以上的，属下有一人违犯军法，连坐；管二十人以上的，属下有二人违犯军法，连坐；管六十人以上的，属下有六人违犯军法，连坐；管一百人以上的，属下有十人违犯军法，连坐；管三百人以上的，属下有二十人违犯军法，连坐；管万人的，属下有五百人违犯军法，连坐。属下出现逃跑、奸淫妇女、偷盗等行为不告发，属下生病或生活有困难而不报，责罚队总与同队其他士兵；兵器、器械损坏或是不充足，责罚旗总；士兵武艺不精通，责罚百总；队伍号令不明，责罚千总、把总。

为了有效贯彻"申连坐"和"详责成"，戚继光还制定了一条严酷的"连坐担保法"，作为严明纪律的核心。"连坐担保法"主要包括四条，各条之间环环相扣，上至军官下至士兵都要对"连坐担保法"负责，谁也不能例外。

一是上级军官为下级军官连坐担保。所谓"兵熊熊一个，将熊熊一窝"，军官是一支队伍的指挥员，也是士兵的榜样，军官的能力直接影响着这支队伍的战斗力,甚至决定了这支队伍的生死。戚继光规定军中每一级军官都要为下属军官写担保书,参将为属下游击写担保书,游击为属下千总写担保书,以此类推。担保书的内容是:"今当处保结本部下某人,并非怯懦不堪,如虚及有逃走,甘罪。"担保下属军官不是贪生怕死的庸才,如下属军官临阵脱逃,上级军官与其同罪。如此一来,平庸无能的军官就再也不能依靠贿赂上级而在军中混日子了,上级军官为了保住自己的性命,也会对下级军官严加训练和管理,并及时撤换平庸无能之辈。

二是下级军官为上级军官连坐担保。下级军官也要为上级军官出具担保书,内容是:"今当处实保,领过本营将官某,前去上阵,并不致临阵疏失。如有疏失各甘死偿命。"也就是说,下级军官要为上级军官的生命负责,如果下级军官抛弃上级军官而自行逃跑,导致上级军官阵亡,则死亡军官的下属一级军官全部处死。

三是士兵为上级军官连坐担保。每个士兵也要为上级军官写担保书。临阵之时,士兵必须保证直接上级军官的生命安全,如果作战不力或者临阵脱逃导致上级军官阵亡,则全队士兵全部处死。

四是士兵与士兵之间实行连坐担保。同一小队的士兵之间实行连坐担保。如果某小队中出现一名逃兵,则其他士兵要受到严厉处罚,一半人坐牢,一半人扣发粮饷,直到逃兵被抓回为止。如此一来,士兵们为了避免自己受到牵累,相互之间就会日夜互相监督,不敢有疏忽。

戚继光制定的"连坐法",如同一条长长的纽带,把部队中每个军官与士兵都连接在一起,只要其中一人临阵逃跑,那么同队中的其他士兵、军官都将会受到严厉的处罚。在今天看来,这种"连坐法"非常残酷,但治乱世必用重典,戚继光为了保证这支军队的战力,这样规定也是迫不得已。从事实来看,戚继光的"连坐法"并没有杀几个人,但靠其强大的威慑力,军队的纪律性与士气有了根本性改变,这支新建的军队有了一股强大的团结力,鼓舞着他们在抗击南倭北虏、保家卫国的战争中屡建功勋。

接下来,戚继光根据东南沿海丘陵地带沟壑纵横、河渠密布、道路窄小的地形特征,以及倭寇单兵能力较强,但不善成队作战的特点,为戚家军量身打造了一种独特的战阵——鸳鸯阵。

鸳鸯阵以十二人为一队,除了十一名作战队员外,还有一名专门负责做饭的伙头兵。

最前面的一名为队长,执旗带刀,主要负责指挥全队士兵何时以及如何进攻、防守。同时还根据战场情况的变化,及时变换鸳鸯阵的阵形,以便迅速有效打击倭寇。

队长的后面,是两名手持盾牌的士兵。一人持长盾牌居左,负责防御倭寇的箭矢和长枪攻击,掩护后面的士兵前进;另一人持圆藤牌、标枪两支、腰刀一把居右,交战时匍匐前进,并在圆藤牌后投掷标枪攻击倭寇,迫使倭寇离开有利的防御位置。

盾牌手的后面,是两名手持狼筅的士兵,分居左右。狼筅兵利用狼筅前端的利刃刺杀倭寇,以掩护盾牌手的推进和后面长枪手的进击。一般选择身强力壮、老成持重者担当。

狼筅兵后面，是四名手持长枪的士兵，左右各两名，主要负责进攻和侧翼的保护。在前面盾牌兵和狼筅兵的防护下，长枪兵可以利用距离优势，放手击杀倭寇，不必担心倭寇的箭矢和倭刀的攻击。长枪兵一般选择勇武、精悍、敏捷者担当。

长枪兵的后面，是两名手持镋钯的士兵。他们担任警戒任务，有时参与作战，捕杀漏网的倭寇，为前面的队友提供支援。

最后面的一名是伙头兵，负责砍柴、做饭等事情，选择老实有力而武艺稍欠者担任。

这种由十二人组成的阵形，因为左右人数、武器都一致，长短兼具，攻防兼备，恰似一对鸳鸯形影不离，彼此配合天衣无缝，因此得名"鸳鸯阵"。

当然，鸳鸯阵也不是一成不变的。它可以根据情况和作战需要，随时变换队形。既可以将纵队变成横队，也可以将鸳鸯阵拆开，变成左、右两小阵或左、中、右三小阵。

当变成两个小阵时称为"两才阵"，这时左、右盾牌手分别跟随在左、右狼筅手和长枪手、镋钯手的身旁，护卫他们进攻。当变成三个小阵时称为"三才阵"，这时狼筅手、长枪手和镋钯手居于阵的中央，盾牌手在左右两侧护卫他们进攻。这种变化了的阵法又称"变鸳鸯阵"。

鸳鸯阵结构紧密，如同一座无懈可击的堡垒，进可攻，退可守，而且灵活机动，大大发挥了团体协同作战的优势，有效地抑制了倭寇强悍的单兵攻势，弥补了明军武器和近战上的劣势。明代文学家冯梦龙曾对这种阵法大加赞赏:"其法二牌平列,狼筅各跟随牌,每牌用长枪二枝夹之,短兵居后,戚继光每以鸳鸯阵取胜,痛歼倭寇。"

嘉靖四十年(1561年),戚家军在宁海首次使用鸳鸯阵便大展神威,倭寇精锐尽数被歼,而戚家军只有一名士兵受伤。光是在这一年,戚家军就凭借鸳鸯阵重创倭寇,取得了十三战十三捷的辉煌战绩,让骄横狂妄的倭寇在戚家军面前变得不堪一击,以至于倭寇一见到这种奇特的阵形,就吓得魂飞魄散,脚底像抹了油似的掉头就跑。

戚继光虽然制定了严厉的军纪,惩罚违反军纪的将士时毫不手软,但也不是一味地惩罚将士。为了鼓舞士气,激励将士们奋勇杀敌,他也非常注重对将士们进行奖励。戚继光规定,每个战斗小组(十二人)斩杀敌人一名,发三十两赏银。其中,二名藤牌手、二名狼筅手、四名长枪手可以分得二十两,二名镋钯手可以分得二至三两,伙夫可以分得半两,剩下的都归队长。如果有鸟铳手配合全队作战,鸟铳手也要参与分享。在浙江抗倭期间,戚继光甚至还动用自己的薪俸奖赏有功的将士。史载明朝万历年间一两银子可以购买普通质量的大米两石,当时的一石约九十四公斤,也就是一两银子可以买约一百八十八公斤的米。也就是说,戚家军的一场战斗下来,士兵们只要奋勇杀敌,靠军功换取几年的衣食无忧是不成问题的。

而且每次战斗后,戚继光都会将立有战功的将士的名单列在战功簿上,向朝廷上报,为将士们请功。除此之外,戚继光还大力向朝廷举荐战功突出的将领。整个嘉靖、万历两朝，经戚继光一手举荐出来的将领无数。就义乌人而言，自嘉靖三十七年（1558年）到万历年间，有据可查的任千总以上的义乌将领有一百四十多名。

正是由于奖罚兼施、恩威并重，戚继光才打造出一支纪律严明、士气高昂、齐心协力、骁勇善战的无敌军队。

第五节　督造战船，创建水师

在练阵的同时，针对倭寇与明军作战时，一旦吃了败仗，就乘船逃往海中，而明军只能"望海兴叹"的情况，戚继光在训练步兵的同时，也着手水师的建设。

戚继光在台州建立了造船场，招募当地工匠，在练兵的同时，亲自筹划、督造船只。造船的木材都取自东皋的乌桕，乌桕木质坚韧耐用，纹理细致，不翘不裂，能经得住海水腐蚀，而且传闻这些树木曾经多次遭到雷击，但始终屹立不倒，当地的百姓认为这些木材是上天所赐，预示着浙江的倭患将会被平定。

戚继光所造的战船主要分为福船、海沧、艨艟三种。

福船船身高大，就像一座漂浮在海上的堡垒，可以容纳一百多人。这种船船身宽，底部尖窄，头部向上，尾部向上高高耸起。船的周身都有防护板，上面插着锐利厚实的毛竹，护卫着船体。船身上设有三层舵楼、两道桅帆。中间分为四层：最下面一层装满了土,以确保船的平衡性,在行驶时不致倾覆;上一层为士兵睡觉的地方;再上一层是升帆、做饭的地方;最上面一层是露台,周边设有护栏。

福船吃水一丈多,人力无法驱动,全靠风力在海上航行,它体积大,船体结实,能够撞沉敌船,行驶十分平稳。这是它的长处。但是它吃水深,不能在浅海航行,无风时便成了"摆设",所以敌船一入浅海,福船就无用武之地了,这是它的缺点。

海沧又叫"海苍""苍山船",体型比福船稍小,吃水七八尺,每条船上有船工、士兵五十余人。海沧吃水浅,能在浅海行驶,风小的时候也能航行,这方面它比福船强。但是它对敌船的威胁远远比不上福船,战斗力也相对较弱,假如遇上多艘敌船同时将海沧包围,便十分危险,这方面它比福船差。

不管是福船,还是海沧,都只能冲撞、碾压敌船,但是不便进一步击杀落入水中的倭寇,也不便捞取敌船翻沉后漂浮于水面的战利品,所以戚继光又监造了"艨艟"。

艨艟吃水六七尺,每艘船有船工、士兵三十七人。如果敌船驶入浅海,艨艟既可以进攻,也可以追逐,还可以捞取倭寇漂浮于水面的首级和战利品,十分方便。

此外,戚继光还监造了更小的开浪船、网船等哨船,作为巡逻、放哨与侦察之用。

开浪船的船头尖窄,吃水只有三四尺,配有四把桨、一支橹,船上可住三五十人。这种船不受海风和浪潮的限制,顺风、逆风都可以行驶,来去自如,行驶如飞。

网船形似织布用的梭，船体更小，吃水七八寸，只能容纳几个人。这种船最适合在水浅的港汊地带行驶，适用于往来传递军情。

嘉靖四十年（1561年）三月，戚继光监造的四十四艘各类战船陆续竣工下水。戚继光又在浙江沿海和钱塘江、富春江等处招募了许多渔民作为水兵，并将两艘福船、一艘海沧、两艘艨艟以及若干开浪船、网船，合编为一哨；两哨为一营，每营又分为左营、右营、中营、前营、后营等。戚继光对水师各营的任务做了明确分工：右营、后营守卫松门，前营、左营守卫海门，各营平时一艘船出海，一艘船留港，中营四艘战船则守卫港口；在海上如遇小股倭寇，各营可根据情况前往截杀，如遇大股倭寇，则需各营协力夹攻。

这样，戚继光就组建了一支分工明确、功能完备的庞大水师，浙江的海防力量大大增强。在后来的抗击倭寇的战斗中，这支水师屡建奇功，发挥了无可替代的作用。

第五章 台州连捷：横扫倭寇如卷席

嘉靖四十年（1561年）四月二十二日至五月二十七日，戚继光率领戚家军，对阵两万倭寇，在无友军配合的情况下，经历了大小十三次战斗，全部获胜，歼灭倭寇五千五百余人，解救被掳百姓无数，而自身伤亡却不过二十人，史称"台州大捷"。台州大捷打掉了倭寇的嚣张气焰，奠定了浙江战事胜局，从此浙江少有倭寇扰境，戚家军的威名也传遍天下。

第一节 宁海大战，鸳鸯阵显神威

嘉靖三十九年（1560年）三月，朝廷改派戚继光任台州、金华、严州三府参将，另派兵备佥事唐尧臣协助戚继光佐理军务。

戚继光一面加紧训练部队，一面积极整治海防，加强自己所管辖地区内的御倭力量。经过近一年的努力，浙江的防务状况得到极大的改善，沿海一带出现了难得的和平局面。

然而仅仅一年后，这种和平的局面就被打破了。

嘉靖四十年（1561年）四月，两万多名倭寇乘数百艘船只登陆浙江沿海，浩浩荡荡地向台州、温州杀来。一时间，象山、奉化、宁海、瑞安、乐清诸县，以及大嵩、桃渚、新河、楚门、健跳等卫所警报频传，浙江沿海风声鹤唳，人人自危。

四月十九日，一股倭寇窜至宁海县。戚继光审时度势，命令楼楠、刘意留守台州，胡守仁、张元勋留守海门，另派任锦率水师驻守宁海外洋，同时派人告知宁波驻军进行水陆会剿，自己则亲率主力部队直奔宁海。

行军路上，戚继光接连收到战报，"桃渚告急，速来增援！""新河告急，速派救兵！""海门、松门发现倭寇，请求支援！"告急文书像雪片一样，接连不断地飞到戚继光的手中。

原来，狡猾的倭寇得知戚家军主力已经开赴宁海，台州一带空虚，便乘机兵分三路直扑台州。一路扑向台州以东的桃渚，一路扑向台州东南的新河，一路扑向台州东北的健跳。

多处告急，该怎么应对？戚继光一向沉着镇静，这次却有些慌乱。他努力稳住自己的情绪，迅速分析了战斗形势，他认为入侵桃渚的倭寇威胁并不大，而且之前他已经在此地精心布防，坚持些时间不成问题；而入侵新河的倭寇在数量上要多于明军，必须迅速支援。于是他叫来传令官，吩咐他派人前去告知胡守仁和楼楠，让他们火速回兵，增援新河。接着他又把唐尧臣单独留下，在他耳边低语一番，唐尧臣会意地领命而去。

戚继光率军继续向宁海前进，行至龙山时，与一千多名倭寇迎面相遇。仇人相见，分外眼红。这场战斗，是戚家军组建以来与倭寇对阵的第一战，是对戚家军素质和战斗力的考验。义乌军面对如狼似虎的倭寇，是否敢于上前拼杀呢？经过近一年的训练，戚家军各方面表现都不错，现在真刀真枪地与倭寇厮杀，他们能打赢倭寇吗？

再看这帮倭寇，因为以前接触过的明军皆一战即溃，此时他们根本不把眼前的这支明军放在眼里，继续嚣张跋扈，纷纷挥舞着倭刀，张牙舞爪地向戚继光的部队猛扑过来。

再看戚家军这边，好像被倭寇的凶猛攻势吓呆了，看着倭寇猛冲上来，竟然纹丝不动。等到倭寇离戚家军只有几十步时，突然，戚继光令旗一挥，戚家军队伍立刻动了起来，原本整整齐齐的队伍突然变得零散，士兵们三三两两、一团一团地分开来站着。

还没开战队形就乱了？倭寇们十分得意，在他们看来，这些明军士兵是因为感到害怕，才你推我搡地挤在一起，只要再冲到他们面前，他们就会不战而退，而接下来上演的又将是一场猫追老鼠的游戏了。

不过，倭寇们只顾得意，却根本没留意到，这每一队明军的人数都是相同的，而且队形也不乱。

当倭寇看到士兵们的脸上没有任何惊慌失措的神情，反而慌了，一边向后撤去，一边向明军射箭，千百支羽箭如飞蝗一般射出，直飞向对面的明军士兵。对面的明军士兵没有慌乱，前面的士兵们迅速举起了盾牌，及时挡住了箭雨。倭寇射出的箭都插在了盾牌上。

一看射箭未奏效，倭寇们就举刀向对面的明军士兵冲来。还没到近前，明军队伍中就"呼啦啦"地飞出几十支标枪，十几名倭寇应声倒地。后面的倭寇愣了愣神，紧接着又举刀向明军冲过来。突然，明军阵中伸出了十几根长长的"竹竿"。倭寇不明所以，还以为明军已经这般落魄，举刀砍向那些"竹竿"。倭寇的长刀十分锋利，别说是竹竿，就连铁棍都挡不住，然而他们却拿这"竹竿"没办法。倭寇的长刀砍在"竹竿"上，居然冒出了火星！原来，明军士兵手中所握的"竹竿"就是狼筅，上面密密麻麻地布满了铁钩和倒刺。明军士兵挥舞着狼筅来回横扫，几个倭寇一不留神，被勾倒在地。正当他们在地上翻滚挣扎准备起身时，明军阵中冲出几名手持长枪的士兵，愤怒地将这些平日不可一世的倭寇全部刺死。这时，明军阵中又飞出几十支标枪，在没被狼筅勾倒的倭寇身上戳出了几个血窟窿，倭寇还没伤到明军丝毫，自己这边已经折损了许多人。

这些倭寇们被彻底打怕了。自从入侵大明沿海以来，他们从没见过明军这种打法。他们拿这一支奇特的明军毫无办法，只能丢下几百具尸体，仓皇逃跑。

明军阵中爆发出了长久的欢呼声。戚家军出师的第一次战斗，竟赢得这样干脆利落！宁海之战，是戚家军在历史上的第一次出场，也是鸳鸯阵在历史上的第一次亮相。整场战斗只打了半个时辰，戚家军杀敌三百，自己无一阵亡，只有一个狼筅手因为武器使用不当而受了点轻伤。宁海之战以戚家军的完胜而告终，戚家军所向披靡、战无不胜的神话也由此开始。

第二节　新河之战，夫人摆空城计

在宁海之战中残存的七百余名倭寇逃到了雁门岭，戚继光率军也一直追到了雁门岭。倭寇眼看难以逃脱，于是在雁门岭上筑起高垒，据险死守，等待援军到来。

雁门岭位于温州正西、青田东南，此地山岭重叠，路径崎岖，岭口异常狭窄，地势非常险要，有"一夫当关，万夫莫开"之势。五年前，戚继光镇守宁波、绍兴、台州三府初期，明军与倭寇在龙山所发生激战，后来倭寇就是退到雁门岭设下埋伏，使明军遭到惨败。

这次，倭寇故伎重演，想再次寻找机会反败为胜。然而，这一次与五年前大不相同了，倭寇面对的是训练有素、同仇敌忾、士气旺盛的戚家军。戚继光也不给倭寇任何喘息的时间，乘胜率领部队向雁门岭发起了猛攻。戚家军顺利攻下了雁门岭，全歼逃脱的七百余名倭寇，一雪当年明军二败龙山所的耻辱。

解决了雁门岭的倭寇后，戚继光集合队伍，马不停蹄地向新河赶来。

此时，倭寇已经杀到新河城外，形势十分紧张。城内的精壮士兵都被征调出战，住在城内的都是老弱妇孺，大敌当前，人心惶惶。

千钧一发之际,城内有一人挺身而出,主动担负起保护城池的重任。这个人并不是什么力敌万夫的勇士,而是一名巾帼不让须眉的女豪杰,她就是戚继光的夫人王氏。

戚继光在开始训练戚家军时,将王氏接到了军中,此时她正住在新河城内。

王氏出身官宦之家,自幼习武,善用刀剑,不仅胆识过人,也练得一身好武艺。这时她看到新河形势危急,便自告奋勇,组织城内百姓抵抗倭寇侵犯。她先安抚了城内的百姓,稳定了人心,然后带着一群百姓匆匆向军械库赶来。城中百姓手无寸铁,要想抵挡倭寇,只有拿出库中的武器武装老百姓,坚持到援兵到来。

王氏来到军械库,将自己的来意和看守说明了一下,然后命令他打开军械库。

军械库看守是个死脑筋,很为难地对王氏说:"没有戚将军的命令,不敢擅自打开库房。"

王氏一听,不禁大怒,厉声说道:"你只知戚将军令,难道不知现在倭寇就在城外吗?难道你要眼睁睁地看着倭寇杀死手无寸铁的城中百姓吗?"

看守听了,也害怕起来,但他还是担心擅自打开军械库,戚继光回来后会处罚他。

王氏大喝道:"快开库门!等戚继光回来,让他只管来找我,与你无关!"

看守也知形势紧迫，于是立刻打开了库门，将武器分发到百姓们的手中。

王氏又发动妇女，让她们穿上军服，排列在城墙上，密布旌旗，放铳呐喊。她自己也穿上家传的盔甲，登上城头，准备指挥作战。这时，之前受戚继光指派的唐尧臣也已经悄悄地赶到新河城内，按照戚继光的吩咐迅速行动起来。

城外的倭寇们一个个手举倭刀，张牙舞爪地杀到城下。他们已经探知新河城内兵力空虚，守城的都是些不中用的老弱妇孺，认为这次不费吹灰之力就可以拿下新河城。

当他们冲到新河城下时，却惊奇地发现，城墙上竟然插满了旗帜，士兵们个个身披鲜亮的盔甲，手持耀眼的大刀，整齐地排列在城墙上。城门楼上竖立的大旗上写着一个大大的"戚"字，大旗下稳稳地端坐着一个身披重铠的军官，卫兵侍立两旁，威风凛凛。离这名将军不远处一字排着十几面大战鼓，鼓手们奋力擂鼓，鼓声震天响。整座城池透着一股浓重的杀气。

倭酋见城中如此阵势，顿时心生疑惑：难道戚继光没去宁海，这又是他的诡计吗？如果戚继光在城中，那可不能轻举妄动。

倭酋一时拿不定主意，又观察了许久。正在他寻思是继续攻城还是撤退时，城头上的"将军"突然站起来，大喊一声："放箭！"霎时，城上杀声震天，密集的箭矢向倭寇们飞来，鸟铳也纷纷开火，"咚、咚、咚"地响个不停。倭酋一看情势不妙，慌忙喊道："快撤！"倭寇们也害怕戚继光，很快便如潮水一般退去，在离城不远的地方安营扎寨，商量对策。

第二天清晨，倭寇派出的探子回报，说戚继光和他的主力的确已赶往宁海，新河城内并没有明军的主力，城内很有可能是在虚张声势。这头目知道自己受骗，恼羞成怒，立刻下令攻城。

这次倭寇的攻势很猛，他们争先恐后地沿着梯子向城头攀爬，城中守军显露颓势。正在危急时刻，城外烟尘滚滚，人喊马嘶，两支人马旋风一般杀来。赶来的正是戚继光安排的援军：一支是胡守仁的军队，一支是楼楠的军队。

倭寇猝不及防，被两支队伍夹攻，顿时阵脚大乱。城中王氏见援兵已到，不觉松了一口气，她立即下令打开城门，率领城中剩余的军士、百姓们杀了出来。倭寇见势不妙，慌忙败逃，逃至一户大院内负隅顽抗。戚家军随即改变策略，改用鸟铳轰击，击毙倭寇上百人，但仍有一部分逃走。楼楠等将领率兵穷追不舍，追击倭寇至温岭大麦坑，烧死倭寇百余人。温岭知县徐钺也率领乡兵前来助阵，大创倭寇，残余倭寇逃往温州。

嘉靖四十年（1561年）四月二十六日，新河战斗结束，倭寇死伤二百八十余人，戚家军仅阵亡三人，戚家军再次取得了一场大胜。

第三节　花街之战，开巷战之先河

新河之战正酣时，戚继光也率领部队向新河急匆匆赶来，准备与城内守军共同夹击倭寇。行军途中，传来了新河之战胜利结束的消息，戚继光当机立断，分兵一半继续赶往新河，协助新河守军守城，自己则率领另一半戚家军转战梁王铺，增援桃渚。

这时，倭寇已经自桃渚登岸，进兵精进寺，打算进犯台州府城。此时的台州城，危机四伏。早先的几场大雨，将台州城的城墙冲塌了好几处；台州城守将因为打算趁修城之机改建瞭望台，又拆掉了十几段城墙；潜伏在城里的倭寇奸细，更是在城中四处散布谣言，制造混乱。一时间，台州城内气氛异常紧张，人心惊惶，好多百姓都做好了弃家逃难的准备。

戚继光得知消息，决定立刻挥师南进，回援台州。嘉靖四十年（1561年）四月二十六日夜，戚家军急行军至桐岩岭。戚家军二十二日赶往宁海时，只带了三天的干粮，这时干粮已经吃光了。全军将士忍着饥饿，紧急行军一百余里，于中午时分赶到台州城内。正当戚家军将士准备埋锅造饭时，传来消息，说三千名倭寇已经前进至距台州城只有几里的花街。戚继光知道此时士兵们又累又饿，但是军情紧急，稍有耽搁，后果将会不堪设想！于是他对士兵们说："亟须灭贼，而后会食。"鼓励士兵们先去打败倭寇，然后再回城吃饭。士兵们看到戚继光也和大家一样久未进食，又看到他那坚定的目光，于是纷纷打起精神，做好了战斗的准备。

戚继光率领戚家军将迅速赶至花街，准备拦截倭寇。倭寇一见戚家军，立即排成一字长蛇阵冲杀过来，戚家军排成一组组的鸳鸯阵，严阵以待。戚继光亲自点燃号炮，指挥鸟铳手向倭寇发射鸟铳。顿时，鸟铳弹像密雨一样向倭寇飞去，冲在前面的倭寇倒下一大片。随即，戚家军也发起了冲锋。冲在最前的一组鸳鸯阵的队长名叫朱钰，一名倭酋举刀嚷着向他扑过来，朱钰奋不顾身，冲上前去，手起刀落，将这名倭酋砍倒在地。倭寇失去了头目，队伍立时变得混乱起来，戚继光乘势指挥戚家军全力掩杀上去。朱钰又一连斩杀七名倭寇。戚家军气势大振，个个如下山猛虎，倭寇哪里见过这种阵势，自己在对方眼中，仿佛就是一只只待宰的羊，一下子被冲得七零八落，溃不成军，纷纷退向花街村内。

渐渐地，倭寇又稳住了阵局，依托村中有利地形抵抗戚家军的追击，戚家军的攻势一时受到了阻碍，战斗陷入胶着状态。

鸳鸯阵虽然杀伤力巨大，但是花街之地胡同小、巷道多，没有足够的施展空间。而倭寇一向讲究单兵作战，依托有利地形与戚家军开展巷战，一时间支撑了下来。再加上倭寇人数众多，所以只要抗得住戚家军的几轮攻击，就有可能挽回颓势。而且此时饥肠辘辘的戚家军已经渐显体力不支。

戚继光见此情景，立即将手中的令旗一挥，命令中军传令："变阵。"

瞬间，那些由十二人组成的鸳鸯阵立即变化成众多人数更少的战斗小组，有六人一组的两才阵，也有四人一组的三才阵。可以说，戚家军是世界上第一个专为巷战而进行过特殊训练的部队。而这场花街之战，成了戚家军一试身手的好机会，倭寇的厄运也随着戚继光的一声"变阵"到来了。

变阵后的戚家军奋勇冲杀，越战越勇。这下倭寇顶不住了，只见花街到处都是倭寇的尸体。勉强支撑了小半个时辰后，倭寇全线溃散，拼命逃窜。戚家军在倭寇的后面赶着杀、追着杀，一直把倭寇追到瓜邻江边。左翼的倭寇全部被戚家军赶到江中，溺死无数；右翼的倭寇仅仅逃跑了大约十里路，就被戚家军追上，全部被歼。

这场战斗，戚家军大获全胜，歼灭倭寇一千余人，斩首三百零八颗，俘获倭酋两名，溺死的倭寇无数，救出被掳百姓五千余人，而自己仅阵亡哨长陈文清等三人，这种悬殊的战损比例，在历史上是难见的。整场战斗历时不过半个多时辰，从开战到胜利回师台州城内，戚家军的午饭刚刚做好。

戚继光收兵回到台州城内后，嘉奖了众将士。他想到将士们连日来行军作战，却时常吃不上饭，非常辛苦，于是亲自试着用面粉做成饼，加进油、盐、酒等佐料，将面饼烤熟焙干后在中间挖出一个小圆孔，然后用细线绳将饼子一个个串起来。将士们吃后纷纷啧口称赞，夸奖戚继光手艺好。这种饼不仅吃起来香甜可口，而且携带方便，从此，将士们再不用为吃不上饭而发愁了。后人为了纪念戚继光，就将这种饼称为"光饼"。

花街之战，充分体现了戚家军过硬的军事素质和强大的作战能力。经过这场恶战的洗礼，戚继光对他的这支部队彻底放心了，他完全有理由相信，自己可以带着这支名叫"戚家军"的铁军横扫天下、保国卫民了。

第四节 设伏上峰岭，奇兵歼倭寇

花街大捷后，倭寇的气焰并没有减弱，台州城仍然面临着危险。

花街大捷后的第四天，又有两千名倭寇窜到台州东北的大田，打算进攻台州城。

为加强台州城的防务，戚继光留下二百名士兵协助城内守军布防，自己带领一千余名戚家军士兵迅速赶往大田。这一带丛林密布，地形复杂，狡猾的倭寇已经在这里设下了埋伏，准备打戚家军一个措手不及。久经沙场的戚继光已经想到了倭寇可能会用的诡计，也做好了相应准备。正逢一连三天大雨倾盆，埋伏在这里的倭寇支撑不住了，放弃了进攻台州城的计划，冒雨穿过后山，沿小路撤走，打算偷袭处州府城。

戚继光料定倭寇必定取道仙居附近的上峰岭，便急忙率领部队冒雨走小路，提前赶到上峰岭。上峰岭群山连绵，山上松林密布，山南是一条狭长的谷地，地势险要，非常便于打伏击战。戚继光命令士兵们每人手持一束松枝，隐蔽身体，进入上峰岭埋伏。

果然不出戚继光所料，这日清晨，两千名倭寇排成一字长蛇阵，冒着雨向上峰岭袭来。倭寇的前锋和后卫都是最强的精兵，中间还夹杂着掳掠来的大明百姓，队伍拖拖拉拉长达二十里。中午时分，倭寇前队到达上峰岭南侧的谷地，远远望去，只见岭上松林密布，路途崎岖，倭酋派出探子前去探路。不一会，探子回报，说两边山上并没有人迹，应当安全。倭酋一阵得意，随后命令部队沿着谷地继续向山中前进。

当半数倭寇进入伏击圈后，等候多时的戚继光令旗一挥，发出了进攻的命令。霎时，寂静的山林响起一声号炮，埋伏在山道两边的戚家军士抛下身上的松枝，迅速冲杀出来，将倭寇队伍拦腰切成两截。前锋陈大成、右翼王如龙、后应童子明也各率本部人马从两路包抄敌人。原先静谧的上峰岭，瞬间成了双方激烈交锋的战场，鸟铳声、鼓声和士兵们的喊杀声响彻群山。倭寇前队遭到伏击后，赶忙后撤，想与后队精锐合兵，不料被戚家军打得丢盔弃甲，难以行动。后队想救援前队，也遭到戚家军的猛烈冲杀，溃不成军。

戚继光决定一鼓作气消灭这群倭寇，他下令战鼓齐鸣，激励士兵们奋勇杀敌。士兵们闻听鼓声，精神大振，组成一队队的鸳鸯阵，向倭寇发起猛烈的冲击。倭寇的队伍被冲得七零八落，其中最大的一伙退到对面的小山坡上，苦苦地抵抗着。正在这时，山背后也响起喊杀声，早已埋伏在那儿的另一支伏兵冲杀过来，如饿虎一般扑向倭寇，转眼之间，这群倭寇便被尽数歼灭。

另外一支数百人的倭寇队伍，趁前队拼杀之际，爬上了上界岭。上界岭山峰险峻，两旁尽是陡岩峭壁，只有一条小路可以攀登。倭寇占据上界岭，凭借险要地形，拼命顽抗。

戚家军强攻数次，仍没有得手。戚继光见状，命令部队暂停进攻，部队原地休整。他经过认真的勘察研究，因地制宜地制定了攻山战术：挑选数十名身强体壮的士兵，以两人为一组，一人持盾牌，另一人持长枪，轮番向山上进攻。

攻击开始了，盾牌兵手持盾牌，弯腰护住自己和同伴，冒着倭寇射来的箭矢向山上仰攻。快要接近倭寇时，手持长枪的士兵如闪电般一跃而出，用长枪奋力刺向最前面的倭寇。刺死这名倭寇后，他又迅速躲到盾牌兵的盾牌后面，和盾牌兵一起继续前进。用这种办法，戚家军战士消灭了扼守登山关口的倭寇，随即大部队开始向据守在山顶的倭寇发动了最后的攻击。

戚继光的部将娄子和拿起一支狼筅，首先冲上山顶。山顶的一名倭寇慌忙举刀迎战，只斗了几个回合，就被娄子和用狼筅扫倒在地，翻滚着摔下悬崖。随后，娄信一、娄虎等人也相继冲上山顶，后队朱钰也带着士兵从侧面围攻困守山顶的倭寇，很快上界岭就被戚家军占领了。倭寇争相逃命，拥挤推搡中，许多倭寇失足坠落谷底，大部分摔死，侥幸没摔死的也跌得头破血流、腿断手残，躺在地上哀号不止。

戚继光命令一名士兵在山北竖起一面大白旗，招降倭寇。几百名正处于绝望中的倭寇看到有活路，立刻扔掉武器，跑到旗下跪地投降。残余的倭寇仓皇逃到仙居与临海两县交界处的白水洋，躲进一座深宅内，企图以高墙大屋作屏障，负隅顽抗。戚家军紧追而至，迅速将这座大院团团包围起来。

几名戚家军士兵搭起人梯，迅速登上墙头。正当他们要跳入院内时，突然几声火铳响，几名士兵中弹，负伤跌落下来。原来，一些倭寇已爬上房顶，居高临下地用火铳向戚家军射击。看到士兵们负伤，戚继光怒从心头起，下令发起火攻，要把这帮倭寇烧得片甲不留。戚家军士兵点燃火把，将火把猛地投向院中和房顶。霎时间，倭寇据守的大院变成了一片火海。院中的倭寇被烧得哭爹叫娘，大多被烧死，剩下的倭寇有的头发被烧焦，有的衣服被烧得破烂不堪，有的被烧成残废，一个个人不像人、鬼不像鬼，都成了戚家军的俘虏。至此，上峰岭战斗胜利结束。

上峰岭战斗，戚家军再歼两千名倭寇，斩首三百四十四颗，己方仅阵亡陈四等三人。第二天，戚家军自上峰岭班师回到台州城，台州城内百姓倾城而出，夹道相迎，欢声雷动。此时，戚继光在百姓心中已然成了英雄，戚家军已然成了比长城更可靠的保障。

第五节　激战长沙，平定浙东倭患

上峰岭战斗后，戚继光又率军接连取得楚门、大小藤岭等战斗的胜利，击沉、烧残倭船十余艘，杀死倭寇近百人。倭寇虽然遭到了重创，但是仍然不甘心失败，图谋反扑。

嘉靖四十年（1561年）五月十一日，大海上又泛起波浪。十余艘倭船停泊在楚门外，其中一艘船上的二十名倭寇偷偷登岸，进犯梅岛。戚继光得知消息，当即下令：把总楼楠率领一支部队前去剿灭这股倭寇；松门关领兵指挥胡震督领水师，潜伏外洋随时听从调遣。楼楠率部击破这小股敌人，斩杀十一名倭寇，其余的倭寇奔逃到船上企图逃走，又被胡震的水师截杀，损失惨重。战到夜里，幸存的倭寇拖出几支残船，打算趁黑乘船出海溜走，再次被胡震的水师发现，船只全部葬身大海，倭寇的尸体漂浮在海面上，戚家军的水师在海上大显神威。

五月十七日，三千余名从浙江各地逃遁的倭寇汇聚在一起，带着抢掠来的大批金银财物和百姓，乘坐十八艘大船，准备从海上逃窜。率军驻扎在新河的戚继光得到了消息，一面飞速传令沿海各处卫所加强防御，一面命令戚家军水师在海上布置一道严密的封锁线，拦住倭寇出海的各个通道，准备"关门打狗"。倭寇看到所有退路均被堵死，只好改变路线，在长沙（今浙江台州市温岭东南）登陆。他们在当地砍伐树木，建造营垒，并将掳掠的百姓关押在船上充当人质，企图南攻隘顽，北袭太平县城。

这也太猖狂了！戚继光获悉倭寇的动态后，立即与赵大河及通判吴成器等商议对策。大家一致认为，长沙地势险要，而隘顽岭孤立无援，随时可能遭到倭寇入侵，应当立即出兵，解救出那些被倭寇拘押的浙江百姓。

五月十八日，戚继光率领戚家军行进至温岭东北铁场。正值盛夏，大雨说来就来。只听天空响起一声闷雷，几道闪电过后，大雨倾盆而下。戚继光不敢停留歇息，为了迅速救出百姓，他下令戚家军继续轻装急行军。除少数将领外，士兵们都没带雨具，戚继光扔掉了自己的伞盖，与士兵们一道冒雨前进。士兵们看到主帅与自己同甘共苦，都感动得流下了热泪。虽然天公不作美，但是戚家军依然斗志昂扬。

第二天清晨，雨停了，戚继光命令部队就地休息，生火做饭，等烤干衣服后再继续前进。这时，有个从倭寇手中逃出的百姓辗转到了戚继光军中，向戚继光汇报说："戚将军，被掠的千余百姓被倭寇关押在十几艘大船中，受尽了折磨，日夜盼望您带兵前去解救啊！"

戚继光听后，义愤填膺，立即召集将士们开会，告诫他们说："被掳的百姓，都是我大明子民，这次与倭寇厮杀，应当更为谨慎，以免误伤这些百姓。记住，绝对不能用火攻！我们宁可没有斩俘敌军的功劳，也要将百姓们全部救出来。"

戚家军将士见主帅如此爱护百姓，深为感动，纷纷表示要救出同胞，杀灭倭寇。接着，戚家军继续前进，于十九日夜半进抵长沙。由于戚家军沿途偃旗息鼓，隐蔽行踪，倭寇根本没发现戚家军已经到来。

戚继光仔细观察了一下倭寇营垒周围的地形，然后做出了战前部署：命把总陈大成率部从正面进攻，向北面突击；把总丁邦彦率部作为左翼，向东侧突击；把总楼楠率部作为右翼，向西侧突击；通判吴成器率部作为奇兵，迂回至长沙东南，救出百姓，摧毁倭船，切断倭寇通往海上的道路；指挥胡震率水师泊于松门西南海面，与陈濠部构成掎角之势；哨官赵记率游兵巡视，侦察警戒。

二十日拂晓，戚家军按照戚继光的部署，兵分三路进军至小岭，向倭寇的营垒发起猛攻。倭寇做梦也想不到，戚家军会突然从天而降,仓促之下,只好硬着头皮应战。但是他们根本不是戚家军的对手,在戚家军鸳鸯阵的反复冲击下,他们伤亡惨重。残存的倭寇慌忙逃到海边,企图乘船出海逃跑。但是他们的希望落空了,吴成器早已悄悄把百姓从船中救出,他们的船只已经被戚家军烧毁。倭寇们惊恐万状,只得跳海游泳而逃。恰在此时,海面刮起一阵狂风,水浪滔天。真是恶有恶报,这些倭寇在巨浪中拼命地挣扎,不一会儿就没了踪影,全部被海浪卷入海底。

从四月到五月,戚继光率领戚家军经宁海、雁门岭、新河、花街、上峰岭、楚门、小藤岭、长沙、外洋海面等战斗,十三战十三捷,大破倭寇于台州一带,史称"台州大捷"。戚继光和戚家军的威名也因此传遍天下,倭寇们"谈戚色变",称戚继光为"戚老虎",老百姓则尊称戚继光为"戚爷"。直浙总督胡宗宪为戚继光向嘉靖皇帝请功,称戚继光"台民共倚为长城,东浙实资其保障,功当首论"。

这年秋,戚继光因平倭有功,被朝廷升任为都指挥使,负责浙江全省卫所的防卫工作。不久,戚继光又增募了义乌兵两千余人,戚家军兵力增至六千多人。

当年九月,倭寇避开戚家军的锋芒,北犯宁波,南侵温州,明军总兵卢镗、参将牛天赐等将士在戚家军胜利的鼓舞下,率军与倭寇水陆交战十余次,斩获倭首一千多颗。第二年,嘉靖四十一年(1562年)春,又有一小股倭寇死灰复燃,窜扰温州、台州,再次遭到戚家军的迎头痛击。戚家军七战七捷,杀死倭寇一百七十余人,葬身海底的倭寇也不在少数,缴获兵器、铠甲等六百余副,获得了全歼倭寇的胜利。

  在戚继光等爱国将士的浴血奋战和浙江人民的支持配合下,浙江的海防日渐巩固,倭寇再也不敢大规模进犯浙江沿海了,浙江倭患遂告平息。戚继光初步实现了自己的理想,保卫了一方百姓。

第六章 移师福建:"戚老虎"名震四方

浙江倭患逐渐平息,但是与浙江毗邻的福建依然深受其害。戚继光临危受命,率领戚家军赶赴福建剿倭。在近两个月的时间里,戚继光率领戚家军奋勇作战,一连摧毁福建倭寇的三大巢穴横屿、牛田、林墩,打得倭寇心惊胆战、四散逃窜,他们对戚继光和戚家军的惧怕到了闻风丧胆的地步。

第一节 福建告急,率军入闽

就在戚继光率领戚家军转战浙江、荡平倭寇的几年中,福建一带的倭寇也十分猖獗,与浙江相比,可以说是有过之而无不及。

早在嘉靖二十七年(1548年),福建就出现了倭患。嘉靖三十六年（1557年），倭寇自连江登陆，一度逼近福建省会福州。福州四郊被倭寇焚毁，火光冲天，死亡枕藉。之后倭寇又进犯长乐、连江，沿途大肆焚烧抢掠。

嘉靖三十七年（1558年）夏，原来据守浙江岑港的倭寇突围南逃，窜入福建，攻破福清，福清知县叶宗文被俘。接着倭寇又进攻惠安，知县林咸率领守城士兵出击倭寇，在鸭山遭到倭寇的伏击，林咸力战而死。倭寇乘机进逼惠安城下，由于惠安军民防守严密，城没有被攻破，但附近村民没能躲过此劫。另外，倭寇还进犯了泉州及其附近的同安、福清北面的长乐和浯屿以西的漳州。

第二年夏，又有大批倭寇涌入福建，接连攻打福宁、连江等地，沿途劫掠乡村，随后又进攻福州，依然没有得手，于是转而进攻福安，福安城陷。另外，流窜于广东的倭寇则往来于诏安、漳浦之间，不时地骚扰、抢掠百姓。

嘉靖三十九年（1560年）以后，盘踞浙江的倭寇由于受到戚家军的沉重打击，所剩无几，残存的倭寇不得不收缩战线，退出浙江，将巢穴移向福建、广东。加上此前从其他地方窜入的倭寇，福建倭寇势力急剧膨胀，倭寇的活动也更加频繁，北至福安、宁德，南至漳州、泉州，沿海千里广阔的范围内，一时间无地无倭寇、无海无倭船。倭寇所到之处，房屋被焚毁，百姓被屠戮，财物被掳掠一空，福建百姓生活在水深火热之中，社会经济遭到了严重的破坏。

加上福建的文武官员耽于享乐，军务废弛，沿海的防御系统长年缺乏建设，卫所空虚，军队严重缺员，整个军队如同一盘散沙，不堪一击。面对倭寇的进攻，福建明军长年坐守城中，能保城池不失已是万幸，根本不敢出击倭寇，任由他们四处抢劫、耀武扬威。福建的形势，已是岌岌可危。

看到福建的形势如此危急，担任福建巡抚的游震得再也坐不住了，他担心再这样下去，福建局势将无法收拾，到时皇帝怪罪下来，自己可承担不起。经过一番深思熟虑，他写了一份奏折上奏朝廷，请求朝廷派兵增援福建。

他在奏折中说："闽自福清陷后，宁德、永宁、福安诸邑同难者无宁岁，岂尽执役诸臣无一忠谋哉？坐兵食之不足也。往倭据七团八团三四载，以浙之富疆尚借强于闽，况闽壤偏小乎？八郡财赋不足当浙一郡乎！固不敢求多于浙，敢乞偿闽旧赋，且令能将提劲兵来援，庶剿贼有期；不然，虽有司马穰苴，莫能图也！"

大意是说，福建自从福清沦陷后，宁德、永宁、福安等县连年遭受灾难，并不是福建的军士对朝廷不忠，而是因为兵饷匮乏。以前倭寇侵犯浙江，浙江如此富庶之地，尚且还向福建借款筹饷，何况福建不仅地方小，而且人口也稀少，财力有限，福建八郡的财富还抵不上浙江的一郡！我不敢向浙江请求什么帮助，只不过希望浙江方面将往年从福建所借的款归还，同时希望朝廷派遣有能力的将领率领精兵来救援，这样或许还能够剿灭倭寇。否则的话，就是司马穰苴再生，也无计可施了。

嘉靖皇帝接到游震得的奏折后，召开了朝会，与一班文武大臣商议了一番，最终决定让浙江总督胡宗宪火速发兵救援福建。胡宗宪接到命令，不敢怠慢，立即派戚继光为上将军，副使王春泽为护军，率六千名戚家军将士，增援福建；督府中军都司戴冲霄率一千六百名士兵，辅佐戚继光作战。

嘉靖四十一年（1562年）七月，接受新任命的戚继光动员全军将士集结，整装出发。大队人马威武雄壮、浩浩荡荡地开往福建。浙江民众得知戚家军将远征福建，携老扶幼相送，一送就是数十里。

七月二十一日，戚继光率军从温州乘船，走水路向福建进发，二十五日抵达平阳，次日由山间小道入闽。将士们风餐露宿，跋山涉水，日夜兼程行军，每天休息不过三个时辰，仅仅用了几天时间就抵达目的地。

当戚继光率军进入福建时，发现了一个奇怪的现象——沿途既看不到百姓们箪食壶浆、夹道欢迎，也没有地方乡绅出面犒赏军队。相反，人们见到部队都唯恐避之不及，脸上还表现出惶恐不安的神色。

戚继光心中感到纳闷，于是派人暗中打听了一番，方才明白事情的真相。

原来，多年来福建百姓一直深受倭患之苦，而驻守这里的明军不仅不去打倭寇，反而趁火打劫，时常骚扰百姓。往往是倭寇还没来，官军就借除奸细、防倭寇之名，骚扰家家户户。等倭寇抢够了溜走了，官军又以搜索倭寇的名义，进入百姓家中翻箱倒柜，比倭寇更加仔细地寻找值钱的东西。百姓们苦不堪言，怨声载道，以致流传着这样两句民谣："贼来如梳，兵至如篦。"意思是倭寇的劫掠就如梳子梳过头发一样，尚有一丝空余；而官军的劫掠，简直就像篦子一样，更加过分，不给百姓丝毫活路。

因此，戚家军初到福建，百姓们也认为他们和从前的官军是一路货色，不会给百姓带来什么好处，反而是新添的祸患，又怎么会欢迎这些新来的官军呢？

戚继光率军入闽，本来想不声不响、悄无声息地行动，这样可以避免打草惊蛇，对倭寇发起突然袭击，打倭寇一个措手不及。但是当看到百姓们对戚家军非常冷淡时，戚继光又改变了主意。戚继光认为，这里的百姓对官府、军队已经极不信任，想要赢得百姓们的信任，就必须大张旗鼓地打掉倭寇的嚣张气焰，让百姓们意识到戚家军和之前的那帮匪兵是不一样的，所以还是公开行动为好。于是，他亲自拟写了安民告示，派几名士兵抄写了许多份，到附近各个村中去张贴，大张旗鼓地进行宣传，以便让百姓们知道戚家军是一支不同于官军的纪律严明的部队，是为消灭倭寇、保护百姓而来的。

告示贴出去了，百姓们还是半信半疑的，对待戚家军的态度和以前没什么两样，有的甚至还说："那还不是官样文章，摆摆样子给人看啊！"

戚继光非常理解老百姓为什么那么想、那么说，他没有再做过多解释，而是向将士们一再重申纪律，要求将士们严格约束自己的行为，对百姓要做到秋毫无犯，要以自己的实际行动取得百姓们的信任；如有违反军纪者，从严处理。

又过了些日子,百姓们见这些新来的官军军容严整、纪律严明、号令统一,从不骚扰他们,像是真正军队的样子,也就改变了态度,戚家军所到之处,百姓们箪食壶浆,争相赠送食物。然而士兵们不敢随便拿百姓的食物,都说道:"戚将军有令,我们不可侵扰百姓,更不能私受百姓馈赠。我们追随戚将军为国效力,杀敌安民,即使劳累、饥饿也心甘情愿!"

百姓们听了,纷纷感动落泪,心悦诚服地说:"戚将军是真英雄,戚家军是真正的仁义之师!"

第二节 削枝弱干,轻取张湾

八月一日中午,戚继光率军抵达宁德县城,将军队驻扎在这里。

福建监军副使汪道昆专程前来迎接戚继光。汪道昆是徽州府歙县西溪南松明山人,六岁入私塾读书,聪慧异常,所读之书过目不忘。明嘉靖二十六年(1547年)与张居正同中进士。嘉靖四十年(1561年)被提升为福建按察司使。汪道昆和戚继光一见如故,与戚继光相谈甚为融洽,两人都很赏识和敬佩对方,大有相见恨晚之感。在日后的抗倭战争中,汪道昆和戚继光互相配合、互相勉励,结下了深厚的友谊。正是因为有了汪道昆的鼎力支持,戚继光在福建的抗倭事业才得以顺利开展。

稍事休息后,戚继光就去拜见福建巡抚游震得。

游震得早就听说过戚继光的大名，十分欣赏戚继光卓越的军事指挥才能，因此一见戚继光就客套话不断。戚继光却急于想了解倭寇巢穴的情况和兵力情况，他问游震得："巡抚大人，横屿此地有多少倭寇？"

游震得想了想说："约有八九十人。"

"八九十人？"戚继光感到十分惊讶，"只八九十人，那你……"

戚继光欲言又止，他是想说：八九十人，就能让福建明军束手无策吗？

游震得当然知道戚继光要说什么，可他也有自己的难处：福建明军腐败无能、军纪败坏、不听调遣，更重要的是，横屿地势险要、易守难攻，军队久疏战阵，拿这区区八九十人根本没有办法。他为难地对戚继光说："戚将军，你有所不知，这横屿实在不好打啊！"

早在浙江率军与倭寇作战期间，戚继光就密切关注福建倭寇的动态，对福建的倭患形势已有所了解。因此，当他率领大军进入福建境内时，便对诸将说明了进军的路线："听闻倭寇坚守福清，与官军相持不下，其他的倭寇都进驻横屿，以海岛为基地。当前宁德形势危急，每天都在告急，我们应当先攻横屿，之后直下福清，这样攻陷倭寇巢穴就如同摧枯拉朽一般容易。"

在行军途中，戚继光又对横屿的地形特征以及倭寇的兵力部署等情况做了一番了解，但他还想听听游震得的意见，便诚心向他请教说："还请游大人细说一二。"

游震得取出宁德县（今宁德市）地图，放在桌上打开，然后在地图上指点着说："这个距县城东北二十多里的海岛，就是横屿。它离海岸大约有十里，中间是一片浅滩，进攻横屿，最困难的就是渡过这片浅滩。"

"这个浅滩，步兵可以涉水而过吗？"戚继光问。

"不能。这片浅滩尽是淤泥，士兵如果从这里进攻，会陷入其中，不但会影响行军作战，甚至还有性命之危。"游震得回答。

"如果铺上竹木、芦苇、稻草之类的东西，士兵在上面行走是否可行？"戚继光又问。

"倒是可行，只是十里宽的浅滩如果都要铺上竹木、芦苇、稻草，至少也得二三个时辰，怕是贻误了战机，而且……"游震得欲言又止。

戚继光家乡离海边不远，自己又多年在沿海地区率军抗击倭寇，所以对于海水涨潮落潮的规律了如指掌。于是他接游震得的话茬说："而且海潮一涨，先前的功夫就全白费了！"

"是啊，所以这片浅滩步兵是很难通过的。而且这浅滩，涨潮时水也不深，船只从这里进攻有搁浅的危险，水师也不便出动。"他接着说："如果用小船进攻，恐怕连滩头都难以攻上去。倭寇盘踞岛上多年，沿着岛的周围修筑了一道坚固的防御工事，防备很严，很难找到突破口！"游震得摇了摇头。

"潮涨时海水阻隔，潮退后泥淖一片。步兵涉滩进攻，有陷入泥淖的危险；水师用舟船进攻，舟船又有搁浅的危险。"戚继光紧锁眉头，自言自语道。

蓦地，戚继光将手伸向地图上的横屿，在上面画了一个圈，问游震得："先派水师将横屿封锁起来，隔断横屿与陆上其他倭寇据点的联络，然后派步兵全力剿灭陆上的倭寇，这样如何？"

"那当然好。横屿附近的倭寇加起来也就百来人。"游震得回道。

"当真只有百来人？"戚继光反问道。

"差不多是这个数，我也是听底下的士兵们说的。"游震得也有些不敢肯定了。

"那可不行，打仗绝非儿戏，怎能拿士兵的性命开玩笑！不瞒大人，据我得到的情报，现在盘踞横屿的倭寇的总数不下一千！"

"竟有如此之多？"游震得不由大吃一惊。

"是的，在下将从百姓处得来的消息和抓到的倭寇俘虏的口供做了对比，得出了这个数字。"见游震得将信将疑，戚继光加强语气说："实际上，不仅横屿倭寇的力量不应低估，而且还应考虑到分散盘踞在宁德本县与邻近县乡的倭寇。他们与横屿倭寇互为犄角，遥相呼应，一旦我们进攻横屿倭寇，其他地方的倭寇就会前来救援，我军将陷入绝境啊！"

说罢，戚继光又仔细观看了一下宁德县（今宁德市）地图，并询问游震得陆上倭寇分布的情况。然后他对游震得说："目前横屿的倭寇情况还未真正搞清楚，不宜贸然发起进攻。依我看，不如采用'削枝弱干'的策略，先剪除横屿倭寇的羽翼，然后直捣横屿倭巢。这就好比要连根挖起一棵大树,先将所有的树枝削去,之后再挖树干,这样就容易多了。"

"戚将军所言甚是!"游震得连连点头,"有将军在此,真乃福建百姓之福啊!"

军队休整几天后,戚继光就开始动员全军将士,准备收复横屿。戚继光分析了一下横屿周围的地形,决定先攻取与横屿隔海相望的张湾。

张湾是一个小村子,离海岸二十多里,也是倭寇在陆上的一个重要联络点。村中原本住着一千多名百姓,如今大部分都被倭寇胁迫,做了倭寇的向导和哨探,明军一有风吹草动,倭寇很快就会得知。

在长期的战斗实践中,戚继光十分清楚"上兵伐谋"的道理,他决定采用招抚的办法收服这些村民。于是他叫来几名士兵,在他们耳边低语了一番。当天夜晚,几名士兵悄悄潜入张湾村中。

第二天,张湾的主要街道的墙上出现了许多告示。村民们感到好奇,于是纷纷走到告示前看起来。原来墙上的告示是一张署名为"戚继光"的安民榜,上面的大意是:村中父老乡亲,本将军奉朝廷之命前来剿灭倭寇,为国杀敌,为民除害。你们本为大明的子民,只是受了倭寇的胁迫,才跟随倭寇。只要你们愿意归顺,所犯之罪都可免除,不再追究。我军绝不食言,绝不滥杀无辜。

村民们本来就不想跟朝廷作对,但是他们又不知道戚继光说话算不算数，是否真的不再追究他们。于是，村民们一致推举李十板、张十一两人去拜见戚继光。

李十板、张十一两人一见戚继光，就双膝跪倒在地，连说自己有罪，并表示所有的村民和自己一样，都愿意悔过自新，为朝廷效力，帮助明军消灭倭寇。戚继光俯身扶起他们，亲切地说："我自知百姓之苦，与倭寇为伍，实在是身不由己，我不怪罪你们。你们回去告诉村民，我戚继光说话算数，只要你们与倭寇决裂，我自会向朝廷说情，绝不为难你们。"

李十板和张十一回去将戚继光的话传达给了村民们。村民们都很感动，纷纷表示愿意归顺朝廷。周围一些村庄中与倭寇有联系的村民，听说此事也都归顺了明军，前后归顺的有两千多人。

安抚了村民后，戚继光带着李十板、张十一和一些卫兵，到海边勘探地形。戚继光又找来一些有经验的老渔民，仔细询问此地潮汐规律和气候、风向变化等情况，了解到海潮大概是卯时（早上五点至七点）退潮，未时（下午一点至三点）涨潮，这样戚家军从登陆到进攻岛屿，一共只有四个时辰的时间。对横屿一带的地形有了深入的了解后，戚继光破敌的计策也在心中形成了。

第三节 涉泥作战，攻克横屿

几天后，戚继光再一次去拜见游震得。

一见游震得，戚继光开门见山地说："巡抚大人，我需要十万斤稻草,不知大人能否帮忙解决?"

游震得听后愣了一下,带着些质疑问戚继光:"戚将军难道真的要涉水攻岛?之前已将情况说与将军,莫非将军已有良策?"

戚继光走上前,附在游震得耳边低语儿句,游震得脸上露出了微笑。

得到游震得的支持后,戚继光开始紧锣密鼓地部署部队行动。从八月初四到八月初七,戚继光用四天时间把部队推进到宁德附近,并进行了一系列战前准备。

八月初八,是小潮的日子。

这天凌晨,戚继光集合大队人马,兵分两路向横屿进发。戴冲宵部,以李十板做向导,由山东铺向横屿开进;戚继光亲率王如龙、吴惟忠等部,以张十一为向导,由兰田渡向横屿挺进。不久,戚家军到达了海边,每个士兵身上都背着一捆早就准备好的芦苇或稻草。戚继光命令王如龙率兵据守海滩,截杀可能因败退而逃往陆上的倭寇。

一切准备就绪,一场恶战就要开始了!戚继光转身看了看远处的横屿岛,又转身看了看面前精神抖擞、整装待发的将士们,心情有些激动。他在心中暗暗自勉:这可是戚家军入闽第一仗,一定要打出威风!

戚继光召集陈大成、吴惟忠、陈子銮、童子明等几位将领,做了最后一次动员。他说:"今天这场战斗将是一场恶战。这些天我已经摸清楚了潮汐的状况,我现在很肯定地告诉你们,一旦战斗开始,我们只有四个时辰的时间!若是四个时辰没有消灭倭寇，那么我们便会身陷绝地，进退不得，必死无疑！如果谁没有决心和胆量，就留守营地。"

将领们群情激奋，齐声说道："我们千里迢迢从家乡赶来，就是为了消灭倭寇，现在倭寇就在眼前，我们岂能后退！"

戚继光故意摇摇头，说道："你们有这样的胆量当然好，可我就怕大家心有余而力不足啊！"

将领们更加激动，个个摩拳擦掌，跃跃欲试，齐声回答："有进无退，有我无敌。不杀倭寇，誓不罢兵！"

戚继光眼见火候差不多了，当即说道："好！这才是我戚家军！传我将令，我为将士们击鼓助威，不破此岛，誓不收兵！"

戚继光一声令下，戚家军将士们立即列成鸳鸯阵，迅速冲向浅滩。

将士们浑身充满了杀敌的力量，踏着泥泞的浅滩，坚定地向前迈进。他们一边行进，一边把芦苇、稻草铺在软泥上。这浅滩确实是难走，深深浅浅，每走一步都要用上比平时多上好几倍的精力。渐渐地，将士们体力开始下降，一个个趔趔趄趄、东倒西歪地行走在浅滩上。

正在这时，从岸上传来"隆隆"的战鼓声。将士们回过头来，只见戚继光脱去战袍，卷起衣袖，正在奋力擂鼓。将士们见主帅亲自擂鼓激励他们，顿时精神振奋，重新布好鸳鸯阵，继续前进。行进了百步之后，战鼓声突然停止，这是戚继光发出的休息信号，将士们原地休息片刻。过了一会儿，战鼓声再次响起，将士们继续前进。就这样，经过几次休息、几次前进，戚家军前锋便到达了横屿岛南岸的沙滩边。

倭寇盘踞横屿岛已经整整三年，他们依仗着横屿岛特殊的地理位置，修筑了坚固的工事，根本不把明军放在眼里。但是当得知前来进攻的明军将领是大名鼎鼎的戚继光，倭寇也不敢怠慢，赶忙做好了准备，以一部人马在横屿岛的山南摆开阵势，准备迎战上岸的明军，主力则撤到山上的木城防守。

戚家军前锋登上横屿后，各自寻找岩石、山丘进行隐蔽，有的将盾牌竖在前面，藏身于盾牌的后面。山南的倭寇不敢冲到滩头与戚家军厮杀，只是一个劲地向戚家军投石、射箭。

这时，戚家军队伍已经过去将近一半了。戚继光命令四名亲兵抬着战鼓和自己一起涉泥过滩，一边行走，一边擂鼓，以鼓舞戚家军的士气。戚继光紧随前面的戚家军队伍登上滩头后，下令将军旗展开。顿时，一面绣有"戚"字的大军旗在阳光下"哗啦啦"地展开，戚家军将士欢声雷动，喊声震天。

接着，戚继光下令按原定部署展开进攻，陈子銮、童子明率兵从正面攻打南面的倭寇，吴惟忠率兵从右翼攻打倭寇的巢穴，陈大成率兵从左翼沿山脚绕到倭巢侧后进行围攻。

在急促的鼓声中，戚家军发起了猛烈的冲锋。将士们很清楚，这次是背水一战，没有退路，只能前进，不能后退。他们无不以一当十，奋勇冲杀。倭寇们早就听说过戚继光的大名，更知道戚家军的厉害，他们知道此次遇上了最强大的对手，也进行了拼命抵抗。一时间，双方混战在一起。横屿岛上空硝烟弥漫，尘土飞扬，喊杀声和战鼓声掩盖了大海的波涛声。

正当横屿岛上的戚家军与倭寇狠命厮杀，双方打得难分难解之际，又一支明军从横屿岛下冲杀上来。原来，在陆上扼守的王如龙见横屿岛上的战斗异常激烈，戚家军与倭寇打得难解难分，也就顾不得戚继光的命令，拨出一部分兵力交给副将留守岸边，自己亲率大部兵力前来助战。

戚继光看到王如龙率兵前来，不仅没有责怪，反而表扬了他，当即命令王如龙率兵参战。王如龙率兵冲入倭寇群中，奋力冲杀。戚家军将士恶战方酣，忽然得到王如龙这支生力军的支援，立时声势大振，进攻愈加猛烈。倭寇开始抵挡不住了。

混战中，吴惟忠用火铳射击守在倭巢门口的几名倭寇，趁倭寇惊慌退缩之际，他翻身跳过栅栏，在倭寇营中放起火来。顿时，倭巢内燃起熊熊大火，浓烟直冲天空。童子明也率后队一拥而上，趁势砍杀了十几名倭寇。

看到大本营着火，倭寇更加人心浮动。戚家军加紧进攻，开始从四面包围倭寇。倭寇已经无心恋战，到处乱窜，企图逃命。戚家军哪肯放过这帮恶贼，他们乘胜追击，继续斩杀倭寇。刚过午后，岛上的倭寇就被消灭得一干二净。

这次战斗，戚家军共歼灭倭寇二千六百余人，生擒二十九人，烧死、淹死的倭寇也有六百余名，救出被掳的百姓八百余人，缴获大批兵器。戚家军以牺牲十三人、轻伤若干人的代价，换取了全歼倭寇的战果。消息传出，福建百姓欢欣鼓舞、人人称快。

战斗结束后，戚家军整军集结，准备回到宁德县城，做短暂的休整。戚继光不顾自己连日来指挥作战的疲劳，赶到营房看望受伤的士兵，他一个一个地查看士兵的伤情，并加以慰问，要他们安心养伤。士兵们一个个感动得热泪盈眶，都表示会听从主帅的话，尽快将伤养好，早日返回部队，上阵杀敌。

八月十五，戚家军班师回到宁德县城，百姓们夹道欢迎，提茶送水，慰劳凯旋的英雄们。城内，家家户户张灯结彩，一方面庆祝中秋佳节，一方面欢庆戚家军获得大捷。到了晚上，一轮皎洁的明月升上天空，戚继光十分高兴，与将士们在军营里一起赏月祝捷。

当时，由于长期遭受倭寇的侵扰，福建交通破坏严重，后勤供应困难，戚家军伙食非常简单，生活十分艰苦。为了鼓舞将士们的士气，克服生活的困苦，戚继光口授一首歌曲《凯歌》，教戚家军将士们传唱。虽然没有酒，戚继光却和将士们以歌代酒，一边唱歌，一边赏月，场面非常热闹。他们放开喉咙，齐声唱道：

> 万人一心兮太山可撼，
> 惟忠与义兮气冲斗牛。
> 主将亲我兮胜如父母，
> 干犯军法兮身不自由。
> 号令明兮赏罚信，
> 赴水火兮敢迟留。
> 上报天子兮下救黔首，
> 杀尽倭奴兮觅个封侯。

歌声豪迈雄壮，响彻云霄，久久飘荡在宁德县城的上空。戚继光和将士们为中秋佳节而歌，也为胜利而歌。

第四节　夜袭杞店，火烧倭寇

戚家军取得大捷后，并未逗留，在宁德度过中秋节后的第二天，便拔营向南，往福清进发，三天后到达连江，在那里休整，同时补充兵员和器械。

此时，盘踞在福清的倭寇数量庞大，有万人之多，倭寇的巢穴散布在县城东南的杞店、上薛、西林、木岭、葛塘、新塘、闻读、牛田等地。

八月二十九日，戚家军抵达福清。百姓们欢呼雀跃，奔走相告。戚家军刚进福建，就在宁德打了个大胜仗，百姓们早有耳闻。现在戚家军来到这里，老百姓觉得终于有盼头了，都希望戚家军早日铲除倭寇，为民除害。

福清境内最大的倭巢在牛田。牛田位于福清县城东南三十里处，靠近大海，是倭寇出入海的必经之处。如果拿下牛田，就可以切断倭寇的入海口，堵住倭寇的退路，为"关门打狗"、扫除倭寇创造条件，同时也可以震慑其他地方的倭寇。考虑到这些，戚继光决定先啃牛田这块"硬骨头"，消灭牛田的倭寇。

戚继光命令戚家军将士整队出发，向牛田进军。经过一天的急行军，戚家军抵达牛田倭寇巢穴外围的据点杞店。戚继光将部队驻扎在杞店的外围，自己单人独马登上牛田附近的大马岭，仔细观察牛田倭寇巢穴的兵力虚实及部署情况。经过一番观察，戚继光对如何分配兵力、攻打倭寇有了明确的计划。

戚继光发现，牛田倭寇的实力不可小觑。而戚家军刚到福建不久，人生地不熟，行军作战还须得到当地军民的配合。为了确保战斗取得胜利，戚继光要求游震得派兵给予支援。游震得同意了戚继光的要求，调动一些地方军队，集结到福清附近，协同戚家军作战。

九月一日，戚继光与监军汪道昆、王春泽一起，召集各路将领共商破敌之策。会上，戚继光强调平息福建倭患，事关重大，大家必须同心协力，密切配合，才能取得胜利，万不可临阵退逃、贪功冒进，或者置其他队伍的死活于不顾。在戚继光的建议下，各路将领歃血为盟："凡不同心杀敌、贪生怕死、恃势争功、抢夺战功或观望、嫉妒者，有如此血。"

接着，戚继光拟定了作战方案。按照方案，进攻部队分为三路：一路由戴冲霄统率，从仓下进攻；一路由戚继光本人率领，由锦屏山进攻；另一路由施明赐、童子明率领，作为伏兵，埋伏于林木岭，截击敌人，同时预防倭寇偷袭。最后，戚继光又命令福建将领侯熙、黎鹏举率兵在田原岭、渔溪、上径等地扎营，切断倭寇退路。

当天中午，各路部队按计划出发。当部队到达海口（位于今福建福清市东南）时，当地百姓夹道欢迎，纷纷哭诉倭寇的罪行，请求戚继光立即率军剿灭倭寇。戚继光下马，来到百姓们的面前，安慰他们说："请父老乡亲们放心，保家卫国、杀敌安民是我们戚家军义不容辞的责任，不剿灭倭寇，誓不回兵！"

但是戚继光又想到，这里离倭寇的巢穴很近，说不定百姓中间混有倭寇的奸细，于是又故意说道："只是我军远道而来，人马疲惫，还需要先休整一番，等待时机。剿灭倭寇不是一朝一夕的事，还应从长计议。"

果然不出戚继光所料，百姓中真的混有倭寇的奸细。奸细回去后，就将戚继光的话一五一十地告诉了头领。头领一听，也认为戚继光所说的在情理之中，戚家军经过长途行军，已经人困马乏，哪能立即作战，于是放松了警惕，未做戒备。

当夜二更时分，戚继光率领戚家军悄悄出发，百姓们都在睡梦中，一点也不知道戚家军已经向杞店开拔了。很快，戚家军就赶到了离杞店很近的七里塍。为阻止戚家军前进，倭寇事先在这里挖了许多深深的壕沟。戚继光也早有准备，部队出发前就命令每名士兵准备了一捆柴草，这时士兵们就将携带的柴草扔进了壕沟，顿时壕沟被填平，戚家军顺利通过了壕沟。

戚家军快要到达杞店时，迎面遇上十多名倭寇哨兵。还没等倭寇哨兵喊叫，行走在戚家军最前面的一队身穿黑衣、手执利刃的士兵就快步上前，手脚麻利地解决了倭寇哨兵。随后，戚家军将士迅速将倭寇大寨团团围住。而此时寨中的倭寇一个个睡得正沉，哪里知道戚家军已经近在眼前，他们就要大祸临头了呢！

戚继光亲自来到倭寇寨门前面，低声问王如龙："依你看，是放火烧倭寨好，还是打开寨门袭杀倭寇好？"

王如龙思考了一下，然后小声说道："现在倭寇还在熟睡，还是先不要惊动他们，打开寨门袭杀，斩获应当更多。要是放火，倭寇狗急跳墙，我军必有损失。"

戚继光发现这位矿工出身的青年将领经过战斗的锻炼，正在日益变得成熟。他暗感高兴，于是点头道："你所言极是！那就由你带头，杀入营寨！"

戚继光话音刚落，王如龙就一步跨上前。他先背靠着倭寇寨门，然后蹲下身，一手握着大刀的刀柄，一手拍了拍自己的肩膀，低声问："将军让我们进去宰杀猪猡，谁愿先去打开这寨门？"

"我！""我！"黑暗中，随着两声低沉的应答，两名身材高大的士兵同时来到王如龙面前。

戚继光看了看二人，称赞道："好，都是好样的，待拿下这个寨子，我会奏请朝廷给你们请功。"二人向戚继光施礼致谢，然后站直了身子，用双手抓住倭寇寨门上面的木栅栏，把身子轻轻往上一提，右腿顺势跨上木栅，一个鹞子翻身，悄无声息地跳进了倭寇寨内。

两人一左一右，轻轻抬下笨重的木门闩，打开了寨门。

戚继光见寨门已开，转身向后面的士兵们挥了一下手，压低声音下令："进寨，先杀贼，再放火，不要放过一个倭寇！"

戚继光话音刚落，士兵们就争先恐后地冲进倭寇寨中，到处冲杀起来。寨中只听得一片刀砍枪刺声与倭寇的惨叫声，许多倭寇还在睡梦中就稀里糊涂地见了阎王。其他的倭寇惊醒后，睁开眼睛一看寨内已经一片火海，火光中闪现出戚家军士兵们矫健的身影和明晃晃的刀枪，顿时惊慌失措，狂呼乱叫。有的跳起来找刀找枪企图顽抗；有的抱头鼠窜，妄想逃命。戚家军士兵哪容倭寇顽抗与逃跑，他们迅速消灭了剩下的倭寇。战斗很快结束，寨内倭寇被戚家军斩杀殆尽。

三更时分，戚继光率领得胜的戚家军回到锦屏山，安营休息。

第五节 乘胜追击，直捣牛田

经过连日作战，戚家军将士已经有些疲劳。戚继光吩咐将士们入营睡觉，然后回到自己的营帐，卸下盔甲，准备安歇。

正在这时，一名哨兵跑来报告戚继光：一股倭寇正急急忙忙向锦屏山奔来！

戚继光心想：这倭寇的消息怎么如此灵通？八成是得了奸细的通报。看来福建御倭情形比浙江要复杂得多，需要处处多留个心眼，特别是要小心提防那些为倭寇打探消息、通风报信的奸细。

戚继光决定将计就计，立即传令全军将士迅速撤空营区，准备再战倭寇。戚继光命令哨官赵记、勇士朱钰等人带领几百弓箭手、鸟铳手，埋伏在空营区的周围，自己则率大队人马隐蔽在不远处的山口，以待时机袭杀倭寇。

五更时分，七百余名倭寇杀气腾腾地向锦屏山冲来，冲在前面的是骑兵，步兵紧随其后。倭寇骑兵冲到戚家军大营近前，只见大营内静悄悄的，既看不见灯火，也见不到一个人影，以为得手，于是向后招手催促后队加快前进。倭寇聚集齐后，便一窝蜂地涌入戚家军营中。

突然，响起一阵急促的喊杀声，埋伏在大营周围的戚家军士兵动手了！霎时，弓箭齐发，鸟铳怒射，倭寇接二连三地倒下。紧接着，赵记、朱钰率领士兵们如同饿虎扑食一般杀向倭寇。

倭酋本以为锦屏山的戚家军已全军出动往杞店方向去了，万万没想到这里还有这么多的戚家军士兵。仓皇之间，他下令全队退却，但是已经有不少倭寇丢掉了性命。这时，东方已经露出了鱼肚白，倭寇借着微弱的晨光，没命地往倭巢方向逃去。

哪知跑不多远，一阵急促的战鼓声响起，紧接着一阵急雨般的鸟铳弹向倭寇射来，倭寇顿时死伤惨重。倭酋指挥剩余的倭寇拼死向前突围，突然，一队明军闪现，挡住了倭寇的去路，队伍最前面的一员将领端坐马上，威风凛凛，正是戚继光！

倭寇见前有堵军，后有追兵，慌忙窜向山坡小道，企图逃跑。可那些小道早被戚家军士兵铺满了铁蒺藜，许多倭寇踩着了铁蒺藜，脚底鲜血直流，痛得连声惨叫。

无奈之下，倭寇只好奔向锦屏山那边。一名骑白马的倭寇从怀里掏出大把的金银首饰抛撒在地，企图引诱在后追赶的戚家军将士拾取，好趁机溜走。可是他的如意算盘打错了，戚家军将士纪律严明，全然不顾这些财物，纷纷踏过金银首饰，毫不停歇地追杀倭寇。

戚继光断定那名骑白马的倭寇必是头目,他命令王如龙骑上自己的战马紧追。王如龙策马狂奔,不一会就赶上那名骑白马的头目,大刀一挥,人头落地。

当一轮红日从东方冉冉升起时,战斗已经结束。戚家军再次大获全胜,倭寇死的死、降的降,只有极少数倭寇侥幸逃脱。

戚家军连战连捷,接下来乘胜出击,直捣牛田倭寇大寨。

当戚家军抵达牛田倭寇大寨前时,寨内倭寇仗着人多势众,涌出寨外,摆出阵势,想与戚家军决一胜负。狡猾的倭寇还把被抓的百姓推在阵前,作为挡箭牌。

可是倭寇失算了!战斗开始后,戚继光指挥部队迅速排列成鸳鸯阵,让倭寇阵前的百姓快速穿过鸳鸯阵逃走。紧接着,戚继光命令王如龙率领主力从正面猛攻倭寇,吴惟忠、胡大受、张谦等人率领部分士兵分左右两翼,包抄倭寇。战斗迅速展开,霎时间,刀枪相撞,人喊马嘶,杀声震天。

牛田的倭寇也是久经阵仗,实力不弱,一时间双方打得难解难分。据《福建编年史》记载:"牛田对阵,倭兵方面,刀枪甲胄,精锐鲜明,真是从来所未见;而且勇悍善战,又出异常狡诈……"然而倭寇终究不是戚家军的对手,在戚家军鸳鸯阵的轮番冲击下,倭寇阵势渐渐瓦解。这群倭寇以前从未见过明军有这种打法,这时已经一个个胆战心惊,开始后退。戚家军将士却越战越勇,如狂潮般涌入倭寇寨内,凡是出战的倭寇,一概被歼于巷内,藏匿在屋中的,也被戚家军士兵砍死或烧死。

这时,戴冲霄也率领本部人马赶了过来,两路人马合力夹击溃逃的倭寇。就这样，戚家军一路呐喊着追杀倭寇至新塘。倭寇做困兽之斗，奋力杀向戴冲霄部队，试图杀出条血路，逃入海中。戚继光根据横屿一战中的经验，在发起进攻前，特制了一面大旗，上面大书"凡胁从者投降后悉放还"十个大字，这时便命亲兵将大旗竖在阵前，以此招降敌人。

战斗中，戚家军士兵也一边奋勇砍杀，一边大喊："胁从者投降后都放还！胁从者投降后都放还！"这一喊还真产生了效果，当场就有几千名倭寇扔掉刀枪，跑到大白旗下跪地投降。其余的倭寇都作鸟兽散，戚家军趁势掩杀，大获全胜。

接着，戚家军又攻克了上薛、闻渎的倭巢。盘踞西林、木岭的倭寇见戚家军势如破竹，已经肝胆俱裂，哪里还敢与戚家军交战？当从牛田逃来的残余倭寇与他们会合后，便一齐向上径桥方向逃去。

扼守上径桥的是一支由一名福建参军率领的地方军队。当初，戚继光邀集各路明军将领共商剿倭大计时，安排福建地方军队担任扼守关隘、阻敌归路之类的任务，大部分福建将领按戚继光的要求完成了任务。但是扼守上径桥的这名参将，不相信戚继光能打败倭寇，认为倭寇不会从他们这里逃跑，因此没有做准备，当几千名倭寇疯狂地冲上上径桥时，他的队伍一下子就被冲垮了。

倭寇冲散明军、逃过上径桥后，却停了下来。这就令人奇怪了！原来，这群倭寇中有不少人在牛田遭到戚家军的痛击，气急败坏，急欲寻机报复戚家军，而眼前这支明军在他们看来，明摆着就是一群草包，正好杀杀他们解气！于是，这些倭寇竟返回追着这些明军士兵大砍大杀起来。

正当明军招架不住的时候，桥对面杀声震天，大队人马向这里冲来。冲在最前面的士兵举着一面大旗，大旗上的"戚"字显得异常醒目，戚继光率领戚家军及时赶到了！倭寇一见，齐声惊呼："戚老虎来了！戚老虎来了！"还没等戚家军发起进攻，倭寇就大喊大叫着争相逃命，福建明军得救了。

牛田之战，除瓦解数千名倭寇外，戚家军生擒倭酋十二名，斩首六百七十二颗，烧死倭寇不计其数，救出被掳群众九百多人，而且创造了一项奇迹：自己无一人阵亡。

战斗结束的第二天，戚家军高唱凯歌，敲着战鼓，抬着战利品，浩浩荡荡地向福清县城进发。沿途百姓夹道欢迎，有的人还把自己平时舍不得吃的好东西塞给戚家军士兵。离城还有几里，就看见前方以游震得为首出城迎接的人群，他们敲锣打鼓，把戚家军迎入城中。这一天成了福清人民的节日，也是戚家军的节日。

地方绅士、文人也纷纷前来道贺。他们都说："多年盘踞的倭寇，一日之间就被扫荡干净，这都是戚将军的功劳。戚将军对我们有再生之恩！"人们还找画师为戚继光画像，说要放在祠堂里供奉起来。

戚继光则摆手说道："此言差矣！此次胜利，上有总督主持大局，中有护军运筹调度，下有地方官接济粮饷，冲锋陷阵的是诸位士兵，我只是在中间任职，胜利靠的全是他们，我不敢冒领此功，也不要过度赞誉我，以免伤了士兵的心。我家世世代代受国家的恩惠，报效国家是我的职责又怎敢受祭祀？"说完，戚继光命人送走了画师，在场之人无不为之动容。戚继光这种谦虚、有功不伐的品格，也正是他能够成为千古名将的原因之一。

通过几次决定性的战斗，福清境内的倭患基本扫清，戚家军的威名自此在福建更是广为传扬。甚至由戚继光发明的军粮——光饼，也传入福清民间，至今仍是福清人民的传统美食之一，深受人们的喜爱。

第六节 狭路相逢，血战林墩

牛田之战后，侥幸逃脱的倭寇窜至兴化，与当地的倭寇会合，逃至兴化东二十里的林墩，筑营坚守，依然为非作歹，祸害一方百姓。

本来，戚继光在打算收复横屿岛、捣毁牛田倭寇巢穴后，就班师回浙江，但当他得知林墩仍有不少倭寇为患时，就决定一鼓作气，捣毁林墩倭寇巢穴，彻底还百姓一方安宁。

林墩地势险要，四面临河，直通海港，不仅便于把守，也有利于撤退。林墩的倭寇巢穴中结集着四千多名倭寇，个个都是凶恶毒辣的亡命之徒。经过前几次战斗，倭寇知道胁从分子不可靠，便不让他们住进林墩，只让他们到外面充当哨探。

嘉靖四十一年（1562年）九月十二日，戚继光率领戚家军从福清出发，一路上马不停蹄，在急行军六十多里后，于当天晚上到达距林墩只有约三十里的烽头、江口，在这里安营扎寨，就地休息。

趁着休息间隙，戚继光拟定了作战计划：戚继光本人率领把总王如龙、陈大成、陈子銮、吴惟忠、胡大受、童子明等约四千人，经兴化迂回到林墩以南，沿黄石大路向林墩前进，于十四日拂晓发起攻击。把总金科、曹南金、张谏、叶大正率一千六百人，以中军王辅、百户张元勋为辅助，于十三日到达涵头，十四日拂晓前秘密进抵林墩附近。听到战鼓声后，他们立即沿大路从北向林墩进攻，配合主力夹攻倭寇。

第二天清晨，为隐蔽行踪，戚继光率戚家军绕道经过囊山寺，抄小路进入兴化城内。军队进城之后，又分成几批小队，分散安歇在百姓家中。百姓们一听说是戚家军到来，都十分高兴，纷纷拿出最好的饭菜招待他们，腾出最好的房子让他们睡，对戚家军照顾得非常周到。

这天，戚继光穿戴一新，又是拜会名流，又是出席宴会，忙个不停，一点没有要打大仗的样子。别人向他问起抗倭的事，戚继光也只是乐呵呵地说："不忙，不忙。"

城内城外的人们都以为戚家军要在此长驻，等待时机。这正是戚继光的高明之处，他这样做是在释放"烟幕弹"，对外传递错误的信息，让倭寇误以为戚家军近期内不会有什么大的作战行动，从而放松警惕。

夜幕降临了，寄宿在百姓家中的戚家军将士们解甲脱衣，开始就寝。半夜时分，城内忽然响起一阵铃声，将士们被惊醒。训练有素的他们知道，这是集合的铃声，于是他们悄悄起身穿衣，很快就集合完毕。

戚继光发出了突袭林墩的命令，戚家军迅速出发。所有战马都摘下了铃铛，马蹄上裹上了布，士兵们身着轻装，口中衔枚，部队悄无声息地出了兴化城，没有惊动任何人。

由于不熟悉路径，担心夜里走错路，戚继光就找来一名当地人做向导，为部队带路。可是戚继光哪里知道，这名向导竟然是一名被倭寇收买的奸细！

通往林墩的路只有两条，一条为正路，名叫黄石大道；另一条为西洪小路，这条小路与林墩之间有一座宁海桥。戚继光计划从黄石大道进攻林墩，但是向导将部队带上了西洪小路。

西洪小路不仅路面窄小，而且弯曲坑洼，非常难走。戚家军踏着高低不平的小路，紧急行军十五里后，到达西洪。这时，月明星稀，周围的景物依稀可见。戚继光担心月色下部队容易被倭寇的哨探发现，从而导致袭击计划失败，于是命令士兵原地休息。当东方渐白时，月亮落下，天又黑起来时，戚继光命令部队继续前进。此时，戚继光隐约看见了一座小桥，这座桥正是宁海桥。戚继光正要向向导问话时，却发现已经不见其踪影。戚继光迅速反应过来，暗道："不好，我们中奸计了！"

这时，驻守在桥堡里的倭寇已经发现了戚家军，两千余名倭寇摆出阵势，扼守在桥对面，正虎视眈眈地等待戚家军开战。

事已至此，有进无退！戚继光将部队分成一个个的战斗小组，依次向桥对面的倭寇发起进攻。但是由于戚家军连夜行军，体力消耗大，再加上宁海桥桥面狭窄，仅能供两人并行，戚家军擅长的鸳鸯阵无法在桥上展开，连续数次进攻被倭寇打退。

哨官周能率领前哨部队，手持寒光闪闪的戚氏军刀，率先冲上桥，与倭寇混战在一起，经半个时辰的激战，戚家军前哨部队三进三退，周能等三十六人被倭寇的火铳、箭矢射杀，壮烈牺牲。见前哨进攻失利，二哨三十六人迅速替补上来，扑向倭寇，血战一番，半数以上人员阵亡。

素以爱兵闻名的戚继光，眼睁睁地看着自己一手带出的戚家军将士们一个个倒下去，心如刀绞。他立即调整部署，命令陈大成擂响战鼓，继续组织部队夺桥，由主攻改为助攻，自己率领吴惟忠等人绕道黄石大道，进攻倭寇。

此时，奉命从北路进攻倭寇的金科、曹南金等将领，听到战鼓声立即率领部下奋勇突击，直捣倭寇老巢。

防守宁海桥的倭寇见大本营危急，急忙分兵增援。陈大成趁机发动猛攻，一举夺占宁海桥，与戚继光部对倭寇形成夹击之势。倭寇腹背受敌，难以招架，不得不退守巢内。

戚家军乘势攻进倭巢，与倭寇展开短兵相接的战斗。双方展开了一场惊心动魄的白刃战，四周充斥着喊杀声、呻吟声，不断有人倒下，不一会，寨中尸横遍野，鲜血横流。

这时，一部分倭寇凭借对地形的熟悉，抄到戚家军阵后袭击戚家军。倭寇气势汹汹，戚家军有些抵挡不住，纷纷后退。戚继光飞身上去，挡住士兵们的退路，大喊一声："再后退者斩！"哨长刘武依旧后退，戚继光手起剑落，将他斩杀，但是其他士兵还是忍不住往后退。戚继光大怒，忍痛挥剑杀了十四名士兵，怒斥道："国家养兵千日，用兵一时。大丈夫既为军人，理当拼死杀敌，为国捐躯，宁死阵前，不死阵后，你们怎么这般没用！"

说罢，戚继光挥剑奋勇冲向倭寇，一连斩杀了二十余名倭寇，士兵们见主帅如此拼死奋战，再次振作精神，扑向倭寇，拼死搏斗，击溃了偷袭戚家军阵后的倭寇，稳住了阵脚。

又经过一个多小时的奋战，戚家军渐渐占据了上风，抵挡不住的倭寇向南往黄石方向逃去，戚家军穷追不舍，一直追到窑兜。倭寇被追急了，只得逃进一家大窑坊，关上栅门死守。戚家军士兵爬上屋顶，将火药夹在草木内，燃烧后投掷窑内，火烧倭寇。倭寇大乱之下，戚家军趁势杀入，全歼了这伙倭寇。

林墩血战，共斩杀倭寇两千余人，还有数千倭寇被烧死、淹死，救出被掳百姓两千多人。

在这次战斗中，戚家军共有六十九人阵亡，虽然和倭寇的伤亡数量相比不算大，却是所有抗倭战争中戚家军伤亡最惨重的一次。战斗虽然取得了胜利，但在戚继光看来，是一次"失败"。

戚家军出城时，城里居民没有察觉，直到捷报传来，人们才知道戚家军已经开赴林墩攻打倭寇，并且打了胜仗。戚家军班师回城时，百姓们扶老携幼，敲锣打鼓，出城十里迎接，兴高采烈地为戚家军庆功。

回到兴化城内，戚继光专程前往看望受伤的士兵，安慰他们好好养伤，又安排有关人员做好阵亡将士的抚恤工作。

第二天，戚继光谢绝了所有兴化士绅为他准备的庆功宴，而是在汪道昆、王春泽等官员的陪同下来到林墩，奠祭阵亡的将士。在安葬阵亡将士的大墓前，戚继光身着素衣，焚香烧纸，神情庄重。他眼含热泪，哽咽着说道："众位兄弟，你们自浙江远道而来，为了抗倭大业，和我一起辞亲别家，背井离乡，南征北战。你们都是英雄好汉，我戚继光能与你们并肩作战，三生有幸。戚家军的将士忘不了你们，这里的百姓也忘不了你们。现在，我以手中这杯薄酒，告慰众位弟兄的亡灵。"

说罢，戚继光端起一杯酒，洒在墓前，然后跪了下去，拜了三拜。随行而来的各级官员和自发前来的百姓也跪了下去，许多人已经泣不成声。阵亡的戚家军将士永远地沉睡在这片土地中了，他们的英雄事迹也永远载入了史册，百姓们永远怀念他们，感激他们！

第七节　抱病上阵，剿灭倭酋

戚继光率领戚家军进入福建不到两个月，捷报频传，先后摧毁福建倭寇的三大巢穴——宁德的横屿、福清的牛田、兴化的林墩，可谓战果辉煌。遮蔽福建天空多年的乌云因此而消散，福建百姓暂时恢复了宁静的生活。

然而，戚家军由于连续作战，此时已是人困马乏，人员也有伤亡，又因为在异地作战，将士们水土不服，生病的人不少。此时天气逐渐变冷,将士们仍然身着单衣,寒衣也没着落。戚继光决定率军先回浙江,休整部队,补充兵力,准备明年春天再回福建清剿倭寇。

听说戚家军要离开福建回浙江,兴化百姓担心倭寇又要来侵犯,一个个扶老携幼,前来挽留戚家军。有的拦住道路,有的跪在地上,有的拽住将士的马缰,哭声、哀求声一片。

戚继光只好说明原委,并且安慰百姓说:"父老乡亲们,你们不要过于忧虑,我们不会抛下你们不管,也不会任由倭寇横行。我们回浙江是暂时的,不久将调兵再来。这段时间,你们先加强守卫,注意防范。请大家相信,全歼倭寇,平定倭患,已经指日可待了。"

十月一日,戚家军整顿行装,踏上了返回浙江的路途。兴化百姓眼含热泪,依依不舍地送别了戚家军。

十月三日,戚家军到达福清。因为连续作战、过于劳累,又因为涉水受寒,戚继光积劳成疾,一下子病倒了。他只好下令部队暂停行进,就地休整,同时请求福清县令备好马匹,将受伤的几百名戚家军士兵分三批送往福州。他自己也闭门谢客,在福清衙署休养。

十月五日,从东营传来报告,又有大约三百名倭寇乘船在葛塘登陆,并在那里屯居起来。葛塘距福清城不过二十里地,很明显,倭寇意在图谋福清城。福清县令获知消息,匆忙赶来拜见戚继光。他言辞恳切,一再恳求戚继光暂缓启程,等剿灭了这股倭寇再动身。

戚继光尽管身患疾病,精神不济,但想到自己身负抗倭的使命和福清百姓的安危,就毫不犹豫地答应了县令的请求。

第二天黎明,戚继光早早起床,集合戚家军向葛塘进军。鉴于上次福建将领大意失守上径桥的教训,戚继光命令陈大成率兵先出发,前往上径桥扼守,防止倭寇逃跑。然后,他将部队分成四路,亲自率队出击。

戚继光拖着虚弱的身体,勉强骑上自己的战马。福清县令见此情景,心中很是不忍,于是劝道:"将军既然有病在身,就不必亲自前去了,凭将士们的英勇,足以剿灭这帮倭寇。"

戚继光坐稳了鞍座,拉了拉马缰,摇摇头说:"士兵们长期作战,已经很疲劳,而且思乡心切,不比当初刚来的时候,我若不去,军心不稳。"

戚继光说完,在马上向县令拱拱手,就带着将士们出发了。

戚家军出城才十里,又有哨探来报:在牛田又发现了一股倭寇,不知是不是正在抢劫民舍,离戚家军很近。

戚继光当机立断,决定先消灭近在牛田的倭寇,同时派哨探去摸清葛塘那一股倭寇的情况。

戚继光一马当先,率领戚家军前锋风驰电掣般地向牛田冲去。当他们冲到牛田时,倭寇已经排好阵势。戚继光见倭寇阵势严整,刀枪闪亮,料定是一支剽悍的强寇,吩咐将士们不可轻敌,随即下令冲锋。

这股倭寇虽然只有三百多人,却异常凶恶,他们全力抵抗,死战不退,戚家军的前锋竟然被倭寇冲散,败下阵来。

戚继光见状，顾不得有病在身，大喊一声："大敌都被我军全歼，难道还惧怕这等小小倭寇不成？看我上前斩杀他们的头目！"

说罢，戚继光抖擞精神，跃马挥剑冲上前去，迎着一名舞着双剑的头目奋力厮杀起来。败下阵来的士兵们见主帅抱病出战，英勇杀敌，深受鼓舞，重新冲了上去，奋勇拼杀。

正当双方将对将、兵对兵混战一团难分难解之际，戚家军其余三路部队赶到，四路部队一齐向倭寇发起攻击，将倭寇杀得大败而逃。一部分倭寇爬上屋顶，掀揭瓦片向戚家军乱掷一气。戚家军士兵们踊跃上前，有的攀上屋顶同倭寇搏斗，有的截巷堵路同倭寇死战。一时间，倭寇死伤无数，尸积如山。

打扫战场时，戚继光看到那个手舞双剑的头目尸体，通过审讯俘获的倭寇，戚继光才知道此人就是在倭寇中素负盛名的"双剑潭"。此人骁勇彪悍，凶狠无比，多年来横行海上，为害一方，没想到这次遇上了戚家军，这个罪恶累累的倭酋，终于受到了应有惩罚。

戚继光在审讯俘虏时，还得知了另一个重要消息：从海上新来了倭寇一万多人，由双剑潭和另一头目杨松泉各率三百人打头阵，攻打福州，而住在葛塘的另一股倭寇的头目就是杨松泉。

掌握了敌情，戚继光立即挥军葛塘。但这时杨松泉已经发现情况不妙，往上径桥方向逃跑了。扼守上径桥的陈大成，看到倭寇逃来，立即率伏兵杀出，因桥面太窄，不少倭寇在打斗中被挤跌到桥下，落入水中丧生，戚家军也有一些伤亡。为了求生，倭寇砍断了桥梁，拼命杀出一条血路，连夜逃回海上。

两路打头阵的强倭,一路被全歼,一路逃跑。这一仗再次显示了戚家军的强大战斗力。

不几天,登陆的倭寇越聚越多,一万多名倭寇向福州方向蜂拥而来。但倭寇怎么也找不到打头阵的那两批精锐以及他们的头目双剑潭、杨松泉。经过打听,他们才知道这几百精锐大部分已经尽数被戚家军消灭。

这批倭寇中,有不少人是在浙江遭到过戚家军的痛击逃回去后又卷土重来的,听说双剑潭等同伙是被戚家军杀死的,不由得惊呼哀叹:"戚老虎的兵怎么到处都是?"

"我们不敢到浙江,就是怕这个戚老虎,怎么戚老虎又到了这里来杀我们!"

倭寇谈"虎"色变,对戚继光和戚家军已到了闻风丧胆的地步。他们再也不敢在福清一带久留,大多乘船退往南方,有的干脆驶回本国去了。

第八节 班师回浙,上司入狱

葛塘战斗结束后,戚继光率领戚家军再次入驻福清城。

戚家军这次入闽剿倭,辗转千里,连续作战,两个月来势如破竹,接连取得四次大捷,歼灭倭寇五千多人。但是戚家军也有一定的伤亡,加之戴冲霄率领的一千六百人在牛田战役后又被调回浙江,戚继光手下能投入战斗的只剩下三千人左右。

这时天气渐寒，将士们也思乡心切，戚继光决定班师回浙江。就在戚继光正准备率军启程时，汪道昆来到福清。他在福清的西楼宴请戚继光，想挽留戚继光留在福建，继续剿倭。

戚继光语气诚恳地对汪道昆说："我率领六千士兵入闽剿倭，经过连月的作战，部队伤亡较大，现在部队除去伤亡、生病者，能作战的不过三千人，而且都已精疲力竭。目前将士们都很思念故乡，盼望着早一天能回到故乡，军心躁动，部队不可再在福建久留。我先带领部队回浙江，让将士们休整一下，然后上奏朝廷，补充新兵，等明年率军回来，与倭寇再战。你现在应该做的，就是坚壁清野，等待支援。"

汪道昆沉默不语，面露难色。戚继光安慰他说："你跟总督胡宗宪是同乡，他平时很器重你，你再次向胡总督请兵，应当没有什么问题。你知道我并非贪生怕死之辈，自从戎以来，我已将生死置之度外，只是现在我需要尽快班师，以安慰将士们的归乡之心，这样他们将来才愿意重返福建，与倭寇再战。我此次率军返浙，也是为了明年更好地扫荡倭寇，还望你谅解！"

汪道昆听后，也就不再坚持自己的想法。作为戚继光的至交，他深知戚继光的为人，也理解戚继光目前的难处。他一连三次举杯向戚继光敬酒，又三次下拜，既感谢戚继光这些天来不辞劳苦率领戚家军连续作战，为福建抗倭事业做出的巨大贡献，又希望戚继光不要忘了福建的百姓们都在等着他来解救。在明朝重文轻武的风气下，文官对武官如此表达敬意是不多见的。

戚继光深受感动，拿出自己一对精致的宝剑，自己留存一把，送给汪道昆一把,表示不负彼此,日后并肩作战,共灭倭寇。

十六日,戚继光率军从福清出发,当地百姓哭喊着拦在路上,不肯放行。戚继光感动得热泪盈眶,安慰百姓们说:"乡亲们,请你们放心,我们不久就会回来,一定会将倭寇全部赶出福建。"

十七日,戚家军路过福州。福州百姓、士绅以及文武官员纷纷到郊外迎接,并且挽留戚继光留下镇守福州,御倭安民。戚继光只好再三说明戚家军班师回浙江的原因,并向众人表明自己彻底平定倭患的志向。为了表示感谢,戚继光让将士们在城中休息了几天。

汪道昆和福州城内其他官员邀请戚继光登上平远台,举行庆功宴为戚继光庆功。汪道昆亲自为戚继光撰写了一道功名勒,命人刻于平远台上。

据传当天在宴会上,戚继光喝醉了。宴会结束后,戚继光借着酒兴,散步至一巨型长石旁,竟然躺在上面呼呼大睡起来。当地百姓为了纪念戚继光,就将这块石头命名为"醉石"。至今,这块石头上仍镌有"醉石"两字。醉石旁还建有醉石亭。醉石亭下的岩石上,镌有郁达夫为歌颂戚继光而作的《满江红》词一首,词曰:

三百年来,我华夏,威风久歇。有几个,如公成就,丰功伟烈。拔剑光寒倭寇胆,拨云手指天心月。到于今,遗饼纪征东,民怀切。

会稽耻,终当雪。楚三户,教秦灭。愿英灵,永保金瓯无缺。台畔班师酣醉石，亭边思子悲啼血。向长空，洒泪醉千杯，蓬莱阙。

十一月一日，戚继光率领戚家军从福州出发，返回浙江。

这时的朝中，严嵩因为受到弹劾被朝廷罢职。十一月七日，胡宗宪也因为与严嵩同流合污，受到南京户科给事中陆凤仪弹劾，被逮捕入京。

胡宗宪在政治上投靠严嵩，但出于对自身利益的考虑，虽然好搜刮钱财，但他对抗倭事业还算是用心的，对戚继光也还是支持的。戚继光率军进入浙江到达金华时，听到胡宗宪被逮捕入狱的消息，心中甚是难过。他想起和胡宗宪在一起共事时胡宗宪给予他的种种支持和帮助：由于胡宗宪的推荐，他才得以担任宁、绍、台参将；胡宗宪在他被撤职之后最困难的时期，给他送来了温暖，令他率兵出战岑港，从而使他官复原职；胡宗宪支持他去义乌募兵，使他建立了一支英勇善战的部队；胡宗宪推荐他担任台、金、严参将，使他取得了著名的台州大捷；又是胡宗宪上疏朝廷，留他在浙江，准备提他为副总兵。

戚继光希望能够再得到胡宗宪的支持，让自己募到新兵后重返福建前线，荡平倭寇，解救百姓于水火之中。可是胡宗宪现在倒台了，自己再也不能得到他的支持了，今后的抗倭事业将会困难重重！想到这，戚继光不由得心灰意冷，于是萌生了隐退的念头。他打算以有病在身为理由，请求朝廷让他解甲归田。

这时，汪道昆在建宁也得到了胡宗宪被逮捕的消息，担心福建抗倭事业将会中断，他给戚继光写了一封信。在信中，他劝勉戚继光："我们这些做臣子的，承蒙国家养育之恩，难以报答。现在胡公被逮捕，我们的抗倭大计恐怕难以实现了，但是福建倭寇仍然很猖獗，倭寇一日不除，福建百姓就一日不得安宁，我们怎能坐视福建百姓遭受倭寇的荼毒呢？你回浙江募兵之事，千万不能中止啊！"

戚继光接到信后，感慨万千，不由得流下两行热泪。他喃喃自语："汪道昆不忍辜负福建百姓，我又怎么能辜负汪道昆呢？"为了福建百姓的安宁，为了友情，更是为了道义，他决定不再消沉，重新振作起来，担负起抗倭的重责，去兑现自己的诺言，完成未竟的使命。

嘉靖四十一年（1562年）十二月，因为游震得的举荐，更因为戚继光在福建抗倭战争中取得的巨大胜利，朝廷任命他为副总兵，统辖台州、福州、温州、兴化、福宁中路的御倭事务，兼管水寨，参将以下的将领都归他指挥调遣。

这一年，戚继光三十四岁。此时，戚继光已经从一个初出茅庐的毛头小伙成长为一名具有丰富作战经验的军事将领了。

第七章 再援福建：荡尽倭寇海波平

戚继光率领戚家军班师回浙后，福建境内残存的倭寇势力死灰复燃，又蠢蠢欲动起来。戚继光奉命率领戚家军再次入闽剿倭，以秋风扫落叶之势歼灭了福建倭寇的有生力量，平息了福建倭患。从此，倭寇在大明境内销声匿迹，东南沿海的天空重现和平的阳光，广大百姓过上了安宁幸福的生活。

第一节 兴化陷落，再援福建

福建的倭寇听说戚继光已经率领戚家军回到浙江，一个个如释重负，奔走相庆："戚老虎已经走了，我们还怕什么？"

原先藏匿在福建各处的倭寇又开始猖獗起来，大批倭寇筑起巢穴，频繁出动，疯狂掳掠，福建沿海地区再次惨遭倭寇荼毒。

嘉靖四十一年（1562年）十一月，一股倭寇攻陷寿宁、政和二县，另外六千名倭寇精锐大举进攻兴化城，将兴化城围了个水泄不通。福建巡抚游震得再次向朝廷告急，请求朝廷派兵增援。鉴于戚家军刚刚班师回到浙江，全军将士都非常疲惫，需要休整，朝廷便派广东总兵刘显率兵前往救援。

由于时间紧急，刘显准备不足，只凑集了一支七百人的队伍。刘显不敢怠慢，带着这支队伍一路翻山越岭，马不停蹄地往兴化城赶去。到达兴化城附近时，他们已经是人困马乏。刘显素知倭寇凶狠无比，又自知兵力单薄，不敢轻举妄动，就将部队驻扎在离兴化城不远处。

为了和城内守军取得联系，刘显派八名士兵前去城内送信。不幸的是，这八名士兵在途中遭遇了一群倭寇，全部遇难，信也落入倭寇的手中。倭寇看过信后欣喜若狂，立即将信的内容篡改，然后换上明军军服，大摇大摆地进了兴化城。

倭寇将伪造的书信交给兴化城守将翁时器，煞有介事地说："刘总兵准备今晚率兵进城与将军会合，要我们转告将军，请将军在天黑以后不要让士兵们敲警报、点灯火，也不要发出声音，以免惊动敌人。"

翁时器听说援兵已到，喜出望外，当即答应，一面传令照办，一面安排这几人住下，就等着援兵进城了。

夜幕降临，兴化城中果然看不到灯火，一片死寂。冒充明军的几名倭寇偷偷跑到西门，杀掉了城上的守兵，然后朝城下发出信号。早已埋伏在西门城下的几十名倭寇立即架起梯子登上城头，之后打开了西城门，大队倭寇一拥而入。

城中守军浑然不觉，当听到西门一片喧哗声时，还以为是刘显率部队进城了。倭寇进城后，大肆烧杀掳掠，无恶不作，昔日繁华的兴化城顿成人间地狱。城内房屋被焚烧殆尽，军民被杀无数。还有许多百姓被倭寇掳到日本，遭受着非人的待遇，大多数被折磨致死。

倭寇在兴化城内盘踞了两个多月，明朝地方军队不敢前去攻打，任由倭寇为所欲为。直到次年正月二十九日，倭寇见城内再也搜刮不出什么有价值的东西，才退出城内，带着抢劫来的大量财物往兴化东南奔去。

倭寇路过平海卫时，平海卫明军守将欧阳深率兵出战，却中了倭寇的埋伏，欧阳深战死，部下二百多人也都阵亡。倭寇乘势占据了平海卫。平海卫位于兴化城东南九十里处，三面环水，地势险要，进可攻，退可守，败可逃。平海卫这座本来用于防御倭寇的卫所，这时却成了福建的又一大倭巢。倭寇以此为跳板，劫掠沿海，窜扰内陆，同时抢夺了大批船只，十分嚣张。

倭寇接连攻下兴化府、平海卫两座城池，消息传到京城，朝野一片震惊。自东南沿海倭患兴起以来，府城被攻陷尚属首次。嘉靖皇帝大怒，下诏罢免福建巡抚游震得的官职，起用在家为父服丧的谭纶任闽浙总督、福建巡抚，总督福建军务，统一指挥福建明军抗击倭寇；提拔俞大猷为福建总兵，戚继光为福建副总兵，增募士兵，急速率军回闽抗倭；俞大猷、戚继光、刘显三人均受谭纶指挥节制，共同剿倭。

戚继光率军回到浙江后，就积极为返回福建抗倭做准备。他向朝廷上呈《议处兵马钱粮疏》，请求增募新兵补充戚家军兵员，并请备足粮饷器械，朝廷批准了他的请求。嘉靖四十二年（1563年）一月，戚继光接到朝廷命他率军援闽的诏书。二月，戚继光前往义乌募兵，十六天内就募得新兵一万多人。

这时，俞大猷已经赶到福建，在漳州招收了农民武装六千人后，率领部队赶到平海卫，与刘显的部队会合。俞大猷驻军秀山，刘显驻军明山，距离倭寇营寨大约三四里，两军互为犄角，严密防守，等待戚继光大军的到来。

三月初，戚继光在义乌举行誓师大会。誓师过后，戚继光和汪道昆率领戚家军，沿途一边训练，一边开往福建。

第二节　三将联手，闪击平海卫

四月十三日，戚继光率领戚家军到达福清。盘踞平海卫的倭寇听闻戚家军再次前来，十分恐慌，夜里便带着掠夺的财物，乘船出海逃走，剩下的战斗力较强的三千余人转移至渚林南端的许家村，构筑营垒，据险设防，以拱卫平海卫。平海卫位于平海湾和兴化湾之间的半岛上，而渚林扼平海卫之咽喉，地势十分险要。狡猾的倭寇正是看中了渚林的险要地势，企图在这里凭险固守，阻挡戚家军的进攻。

十九日，戚家军赶到前沿阵地，戚继光开始探查情况，接着与俞大猷、刘显取得了联系。

二十日，新任福建巡抚谭纶赶到渚林，召集戚继光、俞大猷、刘显三人，商量破倭之策。在戚继光的建议下，谭纶决定采用水陆联合、中间突破、左右夹击的战法，以戚继光为中军，担任正面攻击；以刘显为左军，从陆路进攻；以俞大猷为右军，率水师从海上进攻，断敌逃路。

二十一日，深夜四更天，戚继光以哨总胡守仁部为前队，分兵三路，悄声急进。当部队行到五党山一侧时，戚继光下令部队原地休息，等月亮落下，在拂晓时分展开攻击。

月亮渐渐西移，天暗下来了。不一会儿，周围开始起雾，并且雾越来越浓。戚继光心中欣喜，暗自说道："天佑我军！"于是下令部队继续行军。

拂晓时，戚家军逼近许家村倭寇营垒。这时，倭寇还在呼呼大睡，根本不知道戚家军已经摸到自己的家门口了！

忽然，鼓声大作，戚家军跨过壕沟，砍倒栅栏，如潮水般冲入村内，向倭寇营垒发起了猛攻。倭寇被鼓声震醒，一个个睡眼惺忪地从被窝里钻出来，慌慌张张地穿上衣服，拿起武器。当他们跑出营外的时候，戚家军将士已经冲了过来。

倭寇中有一百多名骑兵行动比较迅速，骑马挥刀向戚家军冲来。当倭寇骑兵快要接近戚家军时，突然从戚家军阵内伸出一排排鸟铳。一阵"咚、咚、咚"的响声过后，十几名倭寇滚落马下，倭寇战马受到惊吓，没命地四处乱窜。见骑兵反攻失利，倭寇的指挥者吹起了螺号，命令步兵出战。戚家军发起冲击，与倭寇短兵相接。

近距离作战可是戚家军将士们的拿手好戏,他们组成一队队的鸳鸯阵,与倭寇展开了激烈的搏斗。十二人的鸳鸯阵中,有的持刀执盾,有的持狼筅,有的持长枪,有的持镗把,各种兵器长短配合,攻防兼备,威力巨大。倭寇顿时没了招儿,纵使他们拥有锋利的倭刀、精湛的武艺,也拿鸳鸯阵没办法,几经冲锋,损失惨重。看着眼前这如同铜墙铁壁一般的鸳鸯阵,倭寇才明白自己不是戚家军的对手,一个个心惊胆战,原先的嚣张气焰已经消失了一大半。

戚家军越战越勇,倭寇节节败退。就在此时,俞大猷和刘显各率本部人马赶到,从左右两侧同时向倭寇发动进攻,将倭寇三面包围。倭寇更是只有招架之功,没有还手之力,狼狈退入许家村的营垒,死守不出。

戚继光挥师猛追,俞大猷、刘显二军与戚家军会合,围剿倭寇营垒,将倭寇团团围住,并顺风纵火。倭寇乱作一团,明军乘势攻入营垒,倭寇要么被烧死,要么被杀死,惊慌逃向山间小路的也坠崖而死,几乎全军覆没。

许家村战斗是一场速战速决的歼灭战,从发起攻击到结束战斗,仅仅用了四五个小时。这场战斗,明军共计斩敌两千余名,缴获器械近四千件,释放被俘百姓三千余人,戚家军仅有十六人阵亡。

二十二日,戚继光又派胡守仁在各要道设伏,搜剿逃匿之敌,肃清道路,又擒斩倭寇一百七十多名。紧接着,明军进抵平海卫城下。谭纶、俞大猷、戚继光三人商议，倭寇如若守不住平海卫，就会弃城从海上逃遁，终究还是祸患。于是戚继光在平海卫城南门外设立大营，一方面集中兵力攻城，一方面命令戚家军水师做好海战准备。一时间，整个兴化湾、平海湾、湄州湾的海面上，战船群集，日夜往来巡逻，明军从陆地到海疆布下了天罗地网，倭寇插翅难飞。

戚继光指挥戚家军首先攻破平海卫城外的几道防线，然后集中兵力，向平海卫守敌发起猛攻。倭寇自知难以抵挡戚家军，再坚持下去必会败亡，于是趁着夜色大雾，从平海卫城东门逃到海边上船，妄图从海上逃遁。

早已守候在海上的戚家军水师，立即采用分割围歼、各个击破的战术，一举歼灭了逃窜到海上的所有倭寇。在激烈的战斗中，平海卫附近的百姓也踊跃参战，为明军送水送粮，极大地鼓舞了明军的士气。整个战役持续了一天半时间，共歼灭倭寇两千余人，俘获倭寇一千多人，缴获倭船五十多艘以及武器无数。

平海卫大捷的消息传到京城，嘉靖皇帝非常高兴，亲自到太庙祭祀，庆贺平海卫大战的胜利。

明军收复平海卫，是抗倭战争以来的又一次重大胜利，在抗倭战争史上有着重要的地位。后人在评论平海卫大捷时说："自倭起以来二十余载，攻破城邑，杀伤官吏军民，不可胜记，转漕增饷，海内骚然，至是始大创而去。浙、闽以次渐平。"平海卫之战的胜利，标志着明朝对倭作战胜利已成定局。

二十三日，戚家军进入兴化府城，打扫战场，修筑屋宇，招抚流民，安顿百姓。二十七日，戚家军班师回福清，路经林墩，只见昔日硝烟弥漫的战场已变成一片绿油油的田野，一派和平的景象。当戚家军凯旋进入福清县城时，城中男女老少纷纷捧茶敬献戚家军将士，以表达自己对他们的崇敬和感激之情。他们纷纷说道："戚家军回来了，我们就有救了！"

第三节　势如破竹，连战连捷

正当平海卫战斗在激烈进行时，先前攻陷政和、寿宁的几百名倭寇，取道宁德的连江南下，准备与平海卫的倭寇会合，攻打福州。当得知平海卫已被明军收复后，这股倭寇又急忙退到连江的马鼻山，筑起巢穴固守起来。

马鼻山距宁德县城六十里，一面临海，三面靠山，只有一条大路通往山顶。倭寇在山顶修筑了坚固的防御工事，还在海边停泊十二艘大船，随时准备出海逃窜。

戚继光得知消息后，向谭纶主动请缨，要求率军前往连江清剿这股倭寇。谭纶同意了戚继光的请求。

五月三日，戚继光率军来到马鼻山前。戚继光派王如龙领兵一支，绕到马鼻山北面，阻止倭寇下山逃跑；自己亲率中军由山南攀山，攻打倭寇；同时传令水师沿海岸向马鼻山快速行进，烧毁倭寇准备用来逃跑的船只，以彻底断倭寇的后路。

戚继光领着戚家军将士向马鼻山顶攀登。南方的五月，如同小夏天，天气很是闷热，戚家军将士才攀登了一会儿，就汗流浃背，非常疲惫。这时大海已经开始涨潮，戚家军水师还没有赶到，戚继光担心倭寇会从海上逃走，于是鼓励将士们加快速度向山上攀登。

这时，把总孙廷贤急匆匆赶来，报告戚继光说，哨探发现有左右两条小路可以到达马鼻山顶倭寇的巢穴。戚继光听后，立即派胡守仁领兵一支为左队，沿山左小路进攻，陈禄领兵一支为右队，从右路包抄。

因为水师还未到达，为避免打草惊蛇，戚继光下令将士们放倒旗帜，隐蔽在路边的林间稍事休息，等到下午退潮后再行动。

到了下午，潮水刚退，戚继光就命令部队按原计划行动。陈禄带领部队从右路向倭巢悄悄摸去，不料被倭寇发觉了。倭寇暗中派出一支精兵从左路出动，企图袭击陈禄背后。这支倭寇走出不远，就与胡守仁的左路军迎面相遇，胡守仁当即率军冲杀过去。两军一阵拼杀，倭寇被戚家军打败，仓皇退回巢内。

戚家军两军会合，奋力猛攻倭巢，倭寇爬上高山，居高临下发射箭矢、抛掷石块攻击戚家军，妄图凭险死守。戚家军摆开鸳鸯阵迎敌，前锋陈禄、李嘉珍等人以盾牌作掩护，毫无惧色，拼命仰攻，终于登上山头，消灭了大量倭寇。

这时天色已晚，倭寇见大势已去，于是趁着夜色逃到海边，想乘船从海上逃跑。突然，前方海面如飞一般驶来许多战船，原来是傅应嘉率领水师及时赶到了！傅应嘉指挥水兵放火烧毁了停泊在海边的十二艘倭船。倭寇黔驴技穷，只得各自寻找海边大石的缝隙，躲到里面藏起来。

戚继光见海上火光冲天，知道水师已经赶到，立刻率军追到海边，却不见倭寇的踪影。他料定倭寇无路可逃，必定躲藏在石缝中，为了避免损失，他下令将士们只要围住海岸，不必搜索，以免倭寇袭击。于是戚家军三步一岗、五步一哨，把海滩一带围了起来，原地休整，只等倭寇自投罗网。半夜时分，海水涨潮了，巨浪呼啸着向海边卷来，倭寇被海浪卷走大多数，只有极少数倭寇拼死趴在石缝里侥幸得生，但也是受冻挨饿，只剩下半条命了。天亮以后，戚家军开始搜查，把那些筋疲力尽的倭寇从石缝里一个个拖出来，全部活捉。

五月中旬，戚继光又率军在宁德一带的梅山、霍童两次大败敌军，歼灭倭寇一千三百多人，救出百姓三千余人，接连克复政和、寿宁两县。

此后，戚继光、俞大猷、刘显分别率军驰骋福建沿海，横扫连江、宁德、福清、同安、漳州等地的倭寇，到嘉靖四十一年（1562年）冬，到达福建的万余倭寇基本被歼灭，福建沿海暂时平静了下来。

第四节　智斗倭寇，解围仙游

戚家军第二次入闽抗倭，半年内连战连捷，以秋风扫落叶之势歼灭了福建倭寇的有生力量，福建的倭患暂时得到了缓解。为了保卫福建沿海，最终平定倭患，戚继光决定将部队常驻福建，于是率军进驻福宁州，开始休整募兵。

戚家军在福建所取得的一连串的胜利，极大地鼓舞了当地百姓，许多青年踊跃报名，纷纷要求加入戚家军。一时间，戚家军的规模迅速扩大，战力再次增强。

嘉靖四十二年（1563年）九月，鉴于福建境内暂时没有战事，戚继光将部队分成两班进行轮换，一班回浙江休整待命，一班留在福建服役。这样，当班的士兵便只有六千余人了。接着，戚继光又将六千多名士兵分成八个营，分北、中、南三路沿福建海岸设防，又增修战船九十二艘，分拨给各水寨。经过戚继光的部署，福建的海防力量得到了增强。

嘉靖四十二年（1563年）十月，倭寇发动了新的攻势，两万多名倭寇分乘上百艘大小船只，陆续在福清、泉州、漳州、兴化等地登陆，福建沿海再度燃起了漫天的烽火。

布防沿海的戚家军与倭寇展开激战，一个月内先后获得十二次胜利，斩杀、俘虏倭寇三千余人，击沉、焚毁倭船二十二艘。

由于戚继光战功卓著，朝廷决定让他代替俞大猷任福建总兵，镇守福建全省及浙江金华、温州二府，兼顾水陆两军事务。俞大猷被调至江西任总兵，次年又被调至广东任总兵。

倭寇虽然遭到戚家军的一连串打击，但是攻势并没有停止。十一月，倭寇一万多人围攻仙游县城。城中军民在知县陈大有、典史陈贤等人率领下，同仇敌忾，拼死守卫城池，同时派人送信给戚继光，请求戚继光派兵增援。

戚继光收到陈大有的求救信后，一面派出信使前往浙江催促休整的戚家军火速返回，一面率领身边的六千余名戚家军士兵马不停蹄地赶往仙游县城。

就在戚继光率军赶往仙游城时，谭纶也率兵往仙游城赶来。两军会合，驻扎在离仙游城二十里的俞潭铺和沙园一带。此时，浙江的戚家军还没有到达，敌我力量依然有差距，不宜与倭寇直接决战。戚继光和谭纶经过商量后决定：一支部队由监军汪道昆率领赶往福州，防止倭寇偷袭省城；一支部队防守闽江、兴化，防止倭寇深入腹地；又命把总傅应嘉率领三千名水兵驻守漳州、泉州，控制沿海要地。这样，围攻仙游城的倭寇就成了一支孤军。

第二天，戚继光登上仙游城附近的一座小山观察敌情，对倭寇的攻城态势有了清晰的了解。观察回来，戚继光立刻做了行动部署：派遣自己的亲兵与守城将士联络，派两百人趁黑夜轮流向城内运送火药、武器；另外派兵一支进城协助守军共同防守；守备胡守仁、蒋伯清领兵占据仙游城北的最高地铁山，据险结垒，牵制倭寇；从各营挑选勇士五百人袭扰敌营，消耗倭寇精力。

随后，戚继光又下令主力部队前移，驻扎到离倭寇更近的石马，与倭寇相持。石马一带丛林密布，在戚继光的安排下，军士们每天擂起战鼓，摇旗呐喊。倭寇见状，惊疑不定，进退两难。戚继光又故意频繁调动军队，装出要大举进攻的样子。倭寇更加惊惧，他们素知戚家军英勇善战，却不知道戚家军究竟来了多少兵马，一时间不敢轻举妄动。

过了些日子，倭寇头领见戚家军迟迟不主动出击，心中起了疑惑：这戚家军成天在擂鼓呐喊，却怎么总不见他们发动进攻呢？八成是在虚张声势！这里的戚家军不过是小股部队，如果是主力，应当早就发起进攻了。想到这，这头领胆子壮了起来，于是督令众倭寇加紧攻城。

陈大有日夜守卫在南门城楼上，率领军民拼死抵抗，多次挫败倭寇攻势。就在城上城下两军相持之际，戚继光改装了两门后膛较薄的火炮，在里面装满火药和铁丸，然后让士兵在运送弹药的途中故意让倭寇抢走。倭寇抢到两门火炮后，欣喜若狂，立即抬着两门火炮来到仙游城门外，准备用它们轰开城门。倭寇点燃引线，让他们意外的一幕出现了：后膛爆炸，围在火炮周围的倭寇们被炸得血肉横飞，哀号不止。

见强攻难以得手，倭寇只得将兵力分散驻守在仙游城的四门外，将仙游城紧紧围住，同时派人到城下对守军进行诱降。守城官兵一面假装同倭寇谈判，以拖延时间，一面抓紧时间构筑工事，积极备战。

不几天，倭寇造出攻城器械吕公车，由一些倭寇推着几辆吕公车，掩护后面的倭寇再次向仙游城发起进攻。但是吕公车掉入城内军民提前挖掘的壕沟里，进攻失败。倭寇气急败坏，又造出八辆吕公车，提前填平壕沟，准备发动更大规模的进攻。

十二月二十三日，回浙江休整的六千名戚家军士兵在王如龙的率领下赶回福建，抵达仙游城以东的沙园。援军到达，戚家军士气大振，戚继光决定向倭寇发起进攻。但这时戚家军的兵力与倭寇相比，在数量上依然不占优势，难以向倭寇发起全面进攻。

戚继光见倭寇分布在仙游城四门外的四个营寨之间有一定距离，于是决定采取各个击破的战术，集中优势兵力先攻打南门倭垒，得手后乘胜扫荡其他三垒。

具体部署如下：王如龙率兵为中左路，胡守仁率兵为中右路，两军合力攻取倭寇南垒；陈濠率兵为右翼奇兵，攻取倭寇东垒；李超率兵为左翼奇兵，攻取倭寇西垒；吕崇周率兵同郭成苗的四百名兵设疑兵于铁山，牵制倭寇北垒之兵；傅应嘉率兵取道西岭，绕至倭寇西垒之后，配合李超部行动；中军吴京押运火器，随军接济；戚继光本人和金科率大营正兵专管接应，看时机支援，以防万一。

二十五日，戚家军各部按既定部署开始行动。恰逢当天夜里下起了大雨，倭寇放松了警惕。二十六日清晨，大雾弥漫，戚家军借着大雾的掩护，悄无声息地向倭寇营垒逼近。

这时，仙游城下，战斗正在紧张地进行。几百名倭寇在八辆吕公车的掩护下，缓缓向南门城墙逼近。城上守军不停地向吕公车放鸟铳、射箭，但是吕公车的前面、左面、右面都包有竹片、木片、棉毡，既不怕刀枪，也不怕火器，鸟铳、箭矢射上去一点也损伤不了它。

不一会，八辆吕公车靠近南门城墙，车子顶部放下梯子，搭在城墙上。倭寇沿着梯子鱼贯登上城头，疯狂冲向守军砍杀起来，守军渐渐不支。千钧一发之际，戚家军从东西两边及时杀出。城上守军见援军到来，精神一振，立即奋力与倭寇展开肉搏。攻城的倭寇见状，急忙停止攻城，转身向戚家军冲去。

中左路王如龙部队前些时候回浙江休整多日，养精蓄锐，这时正求一战，他们直冲倭寇，双方一阵混杀，一时难分胜负。这时中右路胡守仁部队又杀到，两军密切配合，一起猛攻倭寇，倭寇支撑不住，退回南垒。戚家军再次追到南垒，砍断栅栏，杀出缺口，排山倒海般冲了进去，一边冲杀，一边放火烧营，南垒成了一片火海，四百多名倭寇当场丧命。残余倭寇匆忙逃向东垒。

　　中右路胡守仁率兵紧追倭寇，和右翼陈濠兵一同夹击倭寇东垒。东垒建在仙游大道上，狡猾的倭寇在这一带设下了许多埋伏。童子明率军杀到虎啸潭时，不幸中了倭寇的埋伏，童子明和部下全部战死。其他各部将士悲愤交加，更加英勇杀敌，不久攻破东垒。

　　与此同时，王如龙取下南垒后，乘胜直取西垒，与左翼兵力一起夹攻西垒。西垒倭寇力量较弱，很快被攻破。

　　东西两垒的倭寇突围出去，和北垒倭寇合兵一处，企图进行垂死的挣扎。突然，从南方杀来一大队人马，队伍中"戚"字大旗迎风招展，旗下一匹骏马上坐着一位威风凛凛的将军，正是戚继光。倭寇看到戚继光亲率大军前来，一个个魂飞魄散，全无斗志，四散而逃，北垒遂被攻破。

　　一股倭寇逃到仙游城西的一座小山上，戚家军追到山下，经过十多个回合的反复冲杀，这股倭寇被全歼。为纪念这次战斗，人们将此地取名为"十八战"，名字沿用至今。

　　另一股倭寇逃到城西北的小山包上，被戚家军团团包围，倭寇先后数次突围都被击退，最后被全歼。后来人们把此地称为

"九战尾"。还有五百名倭寇逃到蜚山的一处山谷中，被仙游军民包围歼灭。后人将此山谷命名为"五百洗"，沿用至今。

三十日，剩余的倭寇向泉州、惠州方向逃去。至此，被倭寇包围近两个月的仙游彻底摆脱危机。

仙游之战，戚家军共歼灭倭寇两千多人，斩首四百八十八颗，解救被掳百姓三千余人，戚家军阵亡二十四人，仙游军民牺牲三百余人。

仙游之战是戚家军继平海卫大捷后所取得的又一次重大胜利。战前，戚继光准确判断敌情，周密组织，及时增派援兵，设置疑兵，既有效地遏制了倭寇的攻势，同时又牵制住了倭寇。援军到达后，戚继光采取隐蔽接敌、各个击破的战术，以寡击众，对倭寇分而歼之，最终击败了倭寇，解除了仙游之围。戚继光的军事指挥才能在这场战斗中得到了淋漓尽致的体现。

战斗结束后，戚家军吹起胜利的号角，整队入城，城中男女老少齐聚城门外，摆上美酒佳肴，热烈欢迎戚家军凯旋。

第五节　水陆会剿，威震南疆

嘉靖四十三年（1564年）一月底，在仙游之战中漏网的倭寇与其他地方的倭寇一万多人，窜到漳州一带集结，企图做最后的挣扎。

戚继光得知消息，立即命令戚家军水师日夜巡逻海上，严防倭寇抢船出逃，北上入侵。二月二日，戚继光率领戚家军赶往漳州。

仙游之战结束后，各地的明军都返回本地驻守，戚继光手下能够投入战斗的只有五千人左右。而漳州倭寇的数量是戚家军的两倍多，敌我力量悬殊，为激励全军将士的士气，部队出发前，戚继光举行了誓师大会，进行战前动员。他慷慨激昂地对将士们说："我军自从入闽参战以来，大小战斗进行了近八十次，未尝一败。我军能够屡战屡胜，要归功于众将士上下一心，全力报国。如今大片国土已经收复，千万百姓重获安宁，我们应当感到骄傲。然而，也有不少兄弟血洒疆场，为国捐躯。眼下虽大敌当前，但只要想起这些，又有什么困难不能克服，又有什么敌人不能打败！你们要记住，不灭倭寇，誓不收兵，否则我们将无脸面对百姓，面对死难的弟兄们！"

戚继光一席话，说得众将士热血沸腾、热泪盈眶，他们振臂高呼："为死难的弟兄们报仇，不灭倭寇，誓不还乡！"

戚继光率领戚家军日夜兼程，于二月四日中午赶至同安王仓坪。这一带布满甘蔗田、密林，狡猾的倭寇将巢穴设在蔗田、密林之中。戚继光观察了地形，然后对部队作了部署：分南、中、北三路围攻倭寇，并留下一支预备队适时策应各路。部署完毕，戚继光折箭为誓，激励将士誓死拼杀。

倭寇刚吃过午饭，得知戚家军到来，便准备逃走，再一看戚家军人数不多，于是胆子又壮了起来，返身与戚家军开战。倭寇分成三路，从正南、东南、西南同时向戚家军猛扑过来。倭寇来势汹汹，王如龙跃出阵前，怒目圆睁，把手中钢刀往地上一插，大吼道："不灭倭寇，就用这把刀刺穿我的胸膛！"

将领陈子銮、丁邦彦也高举战旗，怒视敌群，高喊："兄弟们，为国捐躯、报效朝廷的时候到了！"

戚家军将士齐声呐喊着，向倭寇冲杀过去。戚家军将士无不以一当十，奋勇杀敌。倭寇凶狠反扑，双方混战在一起，直杀得天昏地暗。

双方正激战之时，又有一股倭寇从西南、东南方向迂回到戚家军的背后，王如龙部陷入倭寇的围困之中，阵脚开始出现混乱。戚继光见状，亲率张元勋、朱钰等将领赶来救援，经过奋力拼杀，这股倭寇被歼灭。紧接着，戚继光又挥师迎战正面之敌。倭寇支撑不住，匆忙往山上逃去。戚家军紧跟在倭寇后面，追上山去，倭寇夺路逃命，坠崖而死者无数。

日落时分，战斗结束。王仓坪一战，戚家军击溃倭寇近万名，歼灭倭寇两千多人，斩首一百七十七颗，己方无一人阵亡。

在王仓坪战斗中溃逃的倭寇七千多人，继续向南逃窜，于二月十二日逃到漳浦县城附近。城中十五名汉奸与倭寇勾结，约定于十六日夜以白衣白旗为号，偷开城门，放倭寇入城夺取漳浦。

二月十五日，戚家军到达漳浦。戚继光亲自化装成乞丐，混在百姓中间，到蔡坡岭下视察敌情。只见倭巢驻扎在蔡坡岭山腰上，山上岗哨林立，山下甘蔗林遍野，布满了倭寇的伏兵。侦知敌情后，戚继光便在心中拟定了作战计划。

第二天上午，戚继光派张元勋、陈濠率中军，王如龙率左军，李超率右军，由山下的甘蔗林进剿倭寇，自己带领杨世潮、娄子和、李嘉珍等人，将大营驻扎在蔡坡岭对面的山林中，作为后应。

战斗开始后，张元勋率部进入甘蔗林搜索倭寇。刚踏入甘蔗林数十步，倭寇伏兵突然跃起，二三十名戚家军士兵措手不及，被倭寇袭杀。张元勋怒不可遏，立刻纵马挥刀冲上前，一连砍死了好几名倭寇，后面的士兵也跟着张元勋冲上前，一直杀到甘蔗林深处，杀散倭寇，并毁掉了倭寇的巢穴。埋伏在甘蔗林中的倭寇见状，纷纷逃散。

这时，蔡坡岭上的倭酋看到戚家军大营空虚，就暗中派了数百名倭寇从小路前往偷袭。正在巡逻的陈远发现敌情，顾不上报告戚继光，当即带领士兵从山下冲上去，截住这股倭寇厮杀起来。哨总李嘉珍见状，也率兵赶上前去助战。他手舞长枪，一连刺死了两名倭寇，然后只身冲到倭寇群中奋勇冲杀，不幸被倭寇的火器击中，壮烈牺牲。

士兵们见了，悲痛地高呼："李总爷捐躯了！"消息传遍军中，戚家军将士无不悲愤填膺，大呼道："为李总爷报仇，杀啊！"四路部队人人争先，个个奋勇，呼喊着冲上蔡坡岭。

这时，山顶的四千多名倭寇已经环山列阵，做好了应战准备。张元勋、王如龙两军立即从正面向倭寇阵营发起猛攻，打得倭寇前锋纷纷后退。倭寇左右两翼慌忙向张元勋、王如龙的部队冲来，援救前锋。

忽然一声炮响，戚继光率领李超等人从倭寇背后杀出。倭寇阵营顿时大乱，倭寇们争相逃命，纷纷往密林中窜去。戚继光命令将士们从四面放火烧林。火借风势，风助火威，顷刻间林中浓烟滚滚，大火迅速蔓延开来，许多倭寇当场被烧死，其余的倭寇没命地逃出密林，慌忙间又有不少倭寇坠入山崖摔死。

残余倭寇继续南逃。戚继光率军追至诏安，又歼灭倭寇两千多人，焚毁倭船二十多艘，剩余的数百名倭寇逃入广东境内。至此，福建内陆的倭寇基本上被消灭了。

接着，戚继光又指挥戚家军水师巡逻海上，打算彻底消灭残存的倭寇。

一天清晨，戚继光接到报告，有三十多艘倭船正向福建沿海驶来。戚继光立刻命令水师摆开阵式，迎战倭船。

这批倭寇气焰嚣张，根本不把戚家军水师放在眼里。他们只知道戚家军在陆地上作战非常勇敢，还没领教过戚家军水师的厉害，准备报仇雪恨，在水上好好教训一下戚家军。

倭船向戚家军水师直冲过来，戚继光指挥战船向倭船撞去，倭船有的被撞翻，有的被撞得东摇西晃，在海面上直打转。倭寇没料到戚家军水师有如此打法，一下子都吓呆了。正当倭寇惊魂未定之时，戚家军战船上的火铳、弓弩齐发，倭船顿时燃起大火，船上的倭寇不是被烧死，就是被淹死，无一幸免。到嘉靖四十三年（1564年）十月，福建沿海的倭患基本平息。

第六节　攻克南澳岛，剿灭大山贼

福建境内的倭患基本平息了，但是位于福建南面的广东的倭患开始变得严重起来。广东原来有少量的倭寇窜扰，后来由于浙江、福建境内的倭寇受到戚家军的沉重打击，大部被歼，残余的倭寇流窜到广东境内，广东的形势渐趋严峻。广东的倭寇大多分布在潮州、惠州一带，倭寇与当地的大山贼吴平勾结，为非作歹，横行无忌。

这吴平是何许人也？竟然如此胆大包天地为祸乡里。吴平是福建诏安县梅岭人，早年认贼作父，充当倭寇的内奸，为虎作伥，在广东潮州地区烧杀抢劫，无恶不作。后来他又纠集一大批无业流民、海盗，自立山头，拥有喽啰万余人，战船近百艘，与潮州倭寇串通一气，为害福建、广东边界，臭名昭著。

福建的残余倭寇逃入广东后，窜往潮州一带，与当地倭寇会合，数量达两万之多。这些倭寇与吴平互为犄角，四处抢劫杀人，百姓饱受其害，苦不堪言。

嘉靖四十三年（1564年）初，明朝廷任命俞大猷为广东总兵，负责剿倭事宜。俞大猷到广东后，招收农民武装，大力修造战船，积极为剿倭做准备。从三月到六月，俞大猷和参将汤克宽转战潮州、惠州一带，将两万余名倭寇全部肃清。

倭寇被肃清，吴平失去了靠山，也就不像以前那么嚣张了。

吴平感到自己独木难支，不能再与朝廷对抗，于是在秋天接受了俞大猷的招抚。俞大猷将吴平遣送回他的老家诏安梅岭。吴平表面接受招抚，暗地里又召集了一批海盗、流寇等亡命之徒，人数过万，还建造战船百余艘，企图东山再起。

戚继光得知情况，决定先下手剿灭出尔反尔的吴平，彻底铲除这帮叛匪。嘉靖四十四年（1565年）二月，戚继光给俞大猷去信，请求俞大猷出兵，水陆并进，两面夹击，消灭吴平。二月十九日，戚继光率领戚家军向梅岭进发。吴平得知消息后，赶紧将家属、财物转移到船上。戚继光急令傅应嘉率水师开至梅岭外海进行截击。吴平的部队虽然人数众多，但都是临时凑集起来的，没有什么战斗力，面对训练有素的明军的水陆夹击，只有大败而逃，吴平也逃离梅岭。戚继光派傅应嘉率领水师追剿吴平。四月，傅应嘉与汤克宽在大潭澳合击吴平，缴获贼船二十余艘。六月，吴平卷土重来，率领部下驾驶战船百余艘窜到福建南部沿海地区，大肆抢掠。傅应嘉与把总朱玑、协总王豪统领战船四十六艘，停泊于玄钟等处，防备吴平侵犯。二十三日，吴平发动突然袭击，掠去戚家军水师战船十三艘，朱玑、王豪也被俘，傅应嘉率水师退回铜山驻守。吴平乘机窜回广东，占领南澳岛，在岛上筑土堡、建木城、立木栅，据险固守，还时不时地出岛劫掠百姓。

明军水师两总被俘，十三艘战舰被掠，消息传到京城，朝野震动。嘉靖皇帝亲自下令，责令福建、广东两省的巡抚和总兵并力围攻南澳，势必剿灭吴平。

南澳岛位于广东饶平以南的大海中，地处福建和广东的交界处，是贼寇由福建进入广东的咽喉要道。整座岛呈狭长形，东西长四十余里，南北最宽处达二十里。岛上森林茂密，有山田几千亩，四周分布着深澳、隆澳、云澳等重要港湾。其中以深澳港地势最为险要，港口狭窄，大船难以通过，小船只能鱼贯而入，易守难攻，因此吴平将自己的大本营设在深澳，同时向周围派出小船日夜警戒。由于南澳所处的地理位置非常特殊，地势异常险要，明军要攻打南澳，无论是航渡还是登陆都困难重重。

　　七月中旬，戚继光率领士兵万余人、战船三百余艘到达漳州。戚继光再次给俞大猷去信，希望他能够迅速率部前往南澳，会攻吴平。俞大猷回信说尚未准备就绪，无法率军如期赶到。戚继光决定单独行动，挥军向南澳开进。

　　八月十五日，戚家军水师首先抵达南澳岛。吴平派出贼船八十八艘迎战，被击沉五艘，其余贼船慌忙退回深澳港内。随后，戚继光步兵赶到，命令士兵们用渔船装载石块，沉塞南澳港口，使贼船无法出港逃窜，同时又调集战船环列于深澳港周围，封锁南澳岛，贼寇就此成了瓮中之鳖。深澳港对面的烈猎屿、宰猪、竹栖及大沙等水域被完全封锁，敌人成了瓮中之鳖。

　　九月十六日，戚继光率领步兵到达饶平的柘林。柘林的地理位置非常重要，南澳岛上的贼寇也可以通过柘林窜至福建内陆和广东北部。为防止吴平从柘林逃窜，戚继光通知漳州知府派遣乡兵到柘林以北防守，饶平县令派遣乡兵到柘林以南防守。

　　戚继光亲自乘小船出海，仔细察看南澳地形。他发现位于南澳西边距深澳三十里的龙眼沙,不仅地势平坦,而且贼寇防守也不很严密,于是决定以龙眼沙作为攻占南澳的登陆点。

回到驻地,戚继光立即进行了周密的部署,将全军分为左、中、右三路,各路部队都有冲锋正兵和接应奇兵,另外设立大营,在后策应,各路部队分乘船只,按照编好的次序向南澳岛进攻。但由于海上连日刮起飓风,巨浪滔天,战船不便行动,进攻只能暂时停止。戚继光趁此间隙抓紧练兵,进一步细化兵力调配,并反复向将士们做了动员,一旦大风停息,就立即发起进攻。

九月二十二日,一连刮了多天的飓风骤然停息。黎明时分,戚继光亲自督促士兵乘船渡海,在龙眼沙登陆,同时派人通知俞大猷催促本部水军迅速出发。戚家军登陆后,一边前进,一边搭建木栅城作为防御阵地。次日,海滩地带全被戚家军控制,滩头阵地全部建好。

吴平没料到戚继光会率军在龙眼沙登陆,惊慌之下派出两千多人前来迎战。戚继光命令曹金南率兵出战。戚家军向贼寇冲去,打得贼寇丢盔弃甲,互相踩踏,一下子就死伤了数百人。

二十五日,吴平亲率大军反攻,戚继光派兵迎击。曹金南等人率先冲入敌阵,一面冲杀,一面劝告贼寇投降,说只要放下武器,朝廷可以宽大处理,既往不咎。贼寇军心开始动摇,戚家军乘势发起猛攻,大败贼寇。吴平率众逃回老巢,再也不敢主动出战。

正在这时,俞大猷统领参将汤克宽、镇抚许朝光分乘战船三百余艘赶到。两军会师后,戚继光和俞大猷重新讨论安排了作战计划，由戚继光统领步兵，俞大猷率领水师，水陆并进，会攻吴平。

接着又是一连几日的飓风，直到十月四日飓风才停息。

十五日拂晓，明军按预定的作战计划开始行动。戚继光率领步军，俞大猷率领水军，向南澳岛展开猛烈的攻势。戚家军率先登陆，中路军以雷霆万钧之势直取吴平的大本营木城，左路军攻打吴平大本营的后寨，右路军攻打东边吴平用来作为大本营的土堡。

吴平率领部下冲出木城，企图与戚家军决一死战。吴平站在一块大石头上，亲自指挥部下反扑。可吴平这群乌合之众哪里是英勇善战的戚家军的对手，在戚家军的猛烈进攻下，贼寇们一触即溃，死伤惨重，纷纷向后溃退。吴平见势不妙，夹在贼寇群中退回木城。

戚家军将木城团团围住，全力攻打。将士们砍断木栅，冲进木城，一边砍杀贼寇，一边趁乱放火。贼寇被杀死、烧死的有两千多人，贼巢、贼船也都被焚烧殆尽。吴平趁着两军混战之际，和众多亲信分乘四十艘小船逃往海上。俞大猷立即下令本部水军追击，击沉贼船十八艘，杀死贼寇近百人。

吴平带着残存的七百多名喽啰在潮州登陆，向西流窜，沿途受到当地百姓的截击阻拦。吴平先是逃到饶平的凤凰山，被俞大猷部下汤克宽、戚继光部下李超联手击败。此时戚继光已经亲自率军追杀来，吴平被逼无奈，只好逃入深山。

吴平领着贼寇一边逃跑，一边劫掠，行踪难以捉摸。戚家军因为供给困难，追击得颇为辛苦，一时间难以彻底消灭这股残余势力。

十一月底，戚继光侦察到一伙海盗聚集在深山中的绵羊寨，于是趁夜率军前往袭击。由于一路上走的都是山上的羊肠小道，戚家军不少人马坠崖而亡。经过一夜行军，戚家军于天亮前包围了绵羊寨，歼灭近百名贼寇，并烧毁了贼巢，但是并没有发现吴平，戚继光于是率兵返回南澳。

不久，戚继光又得到消息，之前逃往海上的贼寇有一部分已经逃到广东的雷州半岛，戚继光当即派遣傅应嘉率水师赶赴雷州半岛征剿贼寇。十二月底，傅应嘉率水师到达广东南海，次年正月与汤克宽部队会合。

吴平集合残余人员逃往安南（今越南）地界。当时安南国和明朝有封贡关系，因此两广都督给安南国发去公文，要求安南国派兵会同明军征剿吴平。

嘉靖四十五年（1566年）三月，明军水师到达安南永安州。四月，哨探打探到吴平率领战船三十八艘停泊在万桥山的外澳。傅应嘉得知消息，与汤克宽进行了商讨，决定由福建军队从西边进攻吴平，正面作战；广东兵由东面进军，作为策应。随后，两路水师立即向万桥山开进。

吴平一看明军水师到来，只得继续逃跑，明军水师紧追不舍。吴平亲自驾着一艘大船且战且走。不一会，海上刮起狂风，顿时波涛汹涌，海面一片昏暗。指挥战斗的明军守备杨文、李腾蛟担心吴平会趁机逃脱，于是下令士兵们用各种火器一起向贼船射击。吴平披着红袍站在船尾，指挥部下拼命死战。贼船全被明军火器射中，燃起熊熊大火，海盗们有的被烧死，有的跳入海中淹死，其余近四百人要么被歼灭，要么被生擒。吴平自知生存无望，将火枪绑在脚上，投海而死。

这样，在沿海地区肆虐多年的吴平海盗集团就此覆灭。

第七节　征战十二载，海波终平息

从嘉靖四十三年到嘉靖四十五年（1564—1566）春夏间，每年仍有小股的倭寇侵扰福建沿海地区。但是这些新来的倭寇和先前到达的倭寇命运都一样——每次登陆不久，就被戚家军歼灭干净。

隆庆元年（1567年）三月，仍有三百多名倭寇前来打头阵。他们驾着倭船来到南澳岛附近，打算登陆岛上建立巢穴，迎候陆续而来的同伙。

戚继光得到报告，毫不迟疑，当即率军将这伙倭寇一举剿灭。后面陆续赶来的倭寇发觉情况不妙，慌忙掉转船头返回日本。他们一边逃跑，一边狂呼："戚老虎来了！戚老虎来了！"

从那以后，倭寇开始明白：若是再侵犯大明的土地，除了去送死，再也不可能捞到什么好处了。于是倭寇也就逐渐打消了侵扰大明东南沿海的念头。与此同时，日本国内的动荡局势也渐渐趋于稳定，南北由分裂割据的状态走向统一，不再有大量的倭寇产生。所以，从这个时候起，东南沿海各地的倭患，经过当地民众十几年的艰苦斗争，特别是戚继光、俞大猷等爱国将领领导的军队的浴血奋战，终于平息了。

在这场波澜壮阔、艰苦卓绝的抗倭斗争中，中国军民显示出了不畏强暴、团结御侮、前赴后继、英勇战斗的英雄气概，沉重地打击了倭寇的嚣张气焰，在中国军民抵抗外寇入侵的历史上写下了光辉的一页，为中国人民保卫海疆的斗争提供了弥足珍贵的历史经验，激励着一代又一代的中华儿女为捍卫国土的完整和民族的尊严而努力奋斗。

倭患平息后，沿海各地百姓无不欢欣鼓舞、喜笑颜开，对戚继光感激不尽、赞颂不已，称戚继光为自己的"再生父母"。人们到处传唱：

生我呵是父母，育我呵是疆土。
我生不逢辰呵，疆土多遭倭奴侵辱。
救我得到再生呵，戚元帅胜过我的父母！
戚元帅能文又能武，戚元帅令我呵重见故土！

后世的人们对此没有忘怀，他们颂扬戚继光，怀念戚继光，纪念戚继光。福建沿海的某些地方，至今还有吃"光饼"的风俗。福建东部民间还盛行一种叫"曳石"的体育活动。据说有一年中秋节，戚继光率军出击倭寇，预计有一股倭寇会袭击福宁县城，便向全城百姓授计：如果倭寇来袭，就用绳子拽着石头满城穿行，作为疑兵。到了夜里，倭寇果然来袭。城中百姓依戚继光之计行动，城中顿时响起震耳欲聋的轰隆声。倭寇听到城中隆隆作响，仿佛千军万马在调动，吓得慌忙远遁。从此，每年中秋节，当地百姓就举行"曳石"游戏，进而变成民间体育活动，至今已有四百多年的历史了。

抗倭战争结束后，戚继光因战功卓著受到朝廷的器重。嘉靖四十四年（1565年），为表彰戚继光在抗倭战争中所做出的巨大贡献，朝廷在登州城内修建"母子节孝"和"父子总督"两座牌坊。嘉靖四十五年（1566年）春天，朝廷委派戚继光负责福建全省的军务，同时兼管浙江金华、温州，广东潮州、惠州以及江西伸威营的军务，其负责的海防线长达三千多里。

沿海倭患被彻底解除，朝廷上下对戚继光是一片赞扬之声。而戚继光此时更想感谢的是那些追随自己出生入死、征战疆场的戚家军将士。他的脑海里不断浮现与倭寇激战的一幕幕：台州之战，哨长陈文清阵亡；藤岭大捷，战士陈四阵亡；横屿之战，陈文彪等将士阵亡；林墩之战，共有九十六名将士阵亡……戚继光深知，抗倭战争的胜利是将士们用自己的鲜血和生命换来的，作为一军统帅，绝不能独贪此功。于是戚继光拿出笔砚，给嘉靖皇帝写了一封为戚家军将士请功的奏疏。

在奏疏中，戚继光首先追述自己率领戚家军抗倭御倭的艰难经历，盛赞戚家军将士们舍生忘死、浴血奋战、保家卫国的历史功绩。接着他又说道，抗倭战争取得了最后胜利，唯独自己加官晋爵，而戚家军其他将领和普通士兵却没有得到丝毫的赏赐，这让作为一军统帅的他感到十分不安。

接着，戚继光又一一叙述了让自己感到不安的地方：一是抗倭战争取得全面胜利，是靠戚家军全体将士的浴血奋战，而现在功劳却都记在自己的头上；二是从义乌练兵时起，义乌县令赵大河等人就一直跟随自己身边，为抗倭大业献计献策，但这些人都先后被撤职，唯独自己得到晋升；三是在抗倭战争中，有不少戚家军将士英勇牺牲，如今这些阵亡将士的陵墓得不到修整，亲属得不到抚恤，不免让人心寒；四是每次战斗，在阵前奋不顾身、勇敢杀敌的是普通士兵，他们的功劳最大，但到最后这些人得不到丝毫的赏赐，实在有失公允。

在奏疏的最后，戚继光请求朝廷对每个将士论功行赏，以安定人心；对阵亡将士的亲属加以抚恤，以抚慰亡灵。

由于种种原因，戚继光的这一奏疏没有获得批准执行，但是从这个奏疏中，我们看到了戚继光不居功自傲、爱兵如子的无私境界和高尚情怀，这是他能把戚家军始终团结在一起、保持战斗力的根本原因。

嘉靖二十五年（1546年），十九岁的戚继光在担任山东登州卫指挥佥事时，就立下了"封侯非我意，但愿海波平"的豪言壮语。如今，历经十二年的艰苦征战，戚继光的足迹踏遍了浙江、福建、广东的沿海地区。十二年中，戚继光率领戚家军转战千里，屡战屡胜，歼灭倭寇无数，并将残余倭寇逐出中国境内。在大明的疆土上，倭寇从此销声匿迹，危害大明东南沿海二百余年的倭患终于平息，戚继光年轻时立下的"封侯非我意，但愿海波平"的壮志实现了。

戚继光把自己一生中最美好的年华献给了东南沿海的抗倭事业，使东南沿海的天空重现和平的阳光，百姓不再遭受倭寇的蹂躏，过上了安宁和幸福的生活。

到隆庆元年（1567年）奉调北上时，戚继光已经四十岁了。在过去的岁月里，戚继光创造了惊天动地的功绩，而往后的日子里，他又将如何书写自己的人生篇章呢？

第八章 威震北疆：镇守北疆十六年

隆庆二年（1568年），戚继光奉朝廷之命到北方镇守边疆。任职期间，戚继光建敌台、修边墙、练边兵，同时率军击败蒙古骑兵，援助辽东。至万历十一年（1583年）被调南下，戚继光负责北疆军务前后长达十六年的时间。经过戚继光呕心沥血的经营建设，北方边防固若金汤，出现了数十年未见的太平景象。

第一节 临危受命，奉诏北上

东南沿海的倭患平息后，明朝北方边境的危机却日益凸显。嘉靖至万历年间，东蒙古鞑靼部成了明朝北方边疆的最大隐患。

嘉靖皇帝执政四十五年，前二十年还是有些作为的。但是在他执政后期不理朝政，迷信仙术，追求长生之术，甚至有二十多年不上朝，朝中大权实际上掌握在严嵩手中。严嵩结党营私，专权乱政，使明王朝的国力日渐衰弱。对于北方蒙古部落的入侵，严嵩非但不主张抵抗，反而认为"寇饱自去"，任由蒙古部落掳掠北方边境，致使北方局势日益严峻。

严嵩晚年渐渐失宠，嘉靖四十一年（1562年）被嘉靖皇帝勒令辞官退休。嘉靖四十三年（1564年），其子严世蕃案发被处死，严嵩被削去所有官职，家产也全部被抄，沦为不名一文的平民百姓。

嘉靖四十五年（1566年）十二月十四日，嘉靖皇帝驾崩，他的第三个儿子朱载垕继位当上新皇帝，是为明穆宗。第二年，明穆宗定年号为"隆庆"。而这一年，满头白发、老态龙钟、贫病交加的严嵩，在人人唾弃的境况中走到了生命的尽头。

相比后期的嘉靖皇帝，明穆宗还算比较开明。登基伊始，他重用徐阶、高拱、张居正等一批贤能大臣，革除旧弊，重振朝纲，并且把加强北方边防作为朝廷的一项重要事务来对待。

隆庆元年（1567年），一度平静的北方边境又变得动荡不安起来。鞑靼首领俺答汗再度率领大队骑兵蜂拥南下，越过边墙，进攻山西，攻陷石州等地；与此同时，另一支鞑靼骑兵也向京城北大门蓟州进逼。一时间，北方边境狼烟四起，形势非常危急。

消息传到京城，朝廷上下一片震动，穆宗连忙召集群臣商议御敌对策。

给事中吴时来建议，谭纶、戚继光、俞大猷三人在南方抗倭斗争中表现突出，厥功至伟，应当将他们调到北方边境，组建和训练边军，以抵御蒙古骑兵的进犯。陕西御史李叔和也上疏说："福浙总兵戚继光协谋练兵，所向无敌，应选调戚继光担任蓟州总兵，训练雄兵，迅速剿除北虏，以彰显我大明朝廷威仪。"

穆宗对谭纶、戚继光、俞大猷三人早就有所了解，也认为他们是戍守北方边境将领的最合适人选，于是表示同意，当即下诏调谭纶、戚继光、俞大猷三人到北方戍边。

当穆宗的调令传到南方时，福建、浙江、广东等南方几省的大员们都极为不悦。他们一致认为，谭纶、戚继光、俞大猷三人都是威震海疆的名将，慑于他们的威名，倭寇才不敢再来犯，如果将他们全部调走，一旦倭寇重新来犯，将难以抵御。于是，他们纷纷上书穆宗，请求穆宗不要将谭纶、戚继光、俞大猷三人都调走，以保障南方的安全。

穆宗经过权衡考虑，觉得南方的防御不可松懈，也需要有才能出众的将领镇守，于是答应了他们的请求，决定只调谭纶一人去北方。隆庆元年（1567年）八月，穆宗将时任两广总督的谭纶调任兵部右侍郎，命他负责处理北方边境事务。

谭纶带着穆宗的重托去北方上任了。可是上任之后，他看到的北方边防与他所想象的大相径庭：长城如一条衰老的长龙，有气无力地横躺在崇山峻岭之上，早已破烂不堪，失去防御功能；各地军营设施陈旧，无法使用；士兵们纪律散漫，意志松懈，而且许多都是老弱残兵。

谭纶满怀信心而来，但是当他目睹了这一切后，感到极度失望。他想：以这样的条件，这样的军队，怎能抵御蒙古铁骑的进攻？怎能保障北疆的安宁？谭纶深深意识到，此时北方的军队，无论是就纪律还是就战斗力而言，都是难以胜任守卫北疆重任的，当务之急是要训练出一支纪律严明、作战勇猛的军队。但是要训练出一支这样的军队，一切都要从头开始，其中有很多困难靠自己是很难克服和解决的。焦急之中，谭纶想起了戚继光——对了！戚继光不仅指挥有方，而且擅长练兵，他一手打造的戚家军所向披靡，如果把他调来，练兵必定会事半功倍。想到这，谭纶立刻上书朝廷，请求将戚继光调到北方，负责训练边兵。

穆宗同意了谭纶的请求。十月，穆宗下诏，将戚继光北调蓟州，配合谭纶训练边兵。

接到诏书的那天，戚继光心情异常激动。他想到自己年轻时曾五次率军戍守蓟州，希望能够像古代的戍边名将一样，统领大军驰骋塞外，冲锋陷阵，保境安民，立下一番不世之功，但遗憾的是，自己的这一愿望没能实现。而如今，朝廷要调他去北疆前线练兵，自己渴望已久的时机终于到来了，他又怎能不激动呢？

戚家军将士和当地百姓听说戚继光要去北方，都十分伤心难过，他们实在舍不得戚继光离开。多年来，他们朝夕相处，患难与共，彼此间结下了深厚的情谊，戚继光视戚家军将士如兄弟，戚家军将士视戚继光如兄长；戚继光视百姓如父母，百姓视戚继光如自己的保护神。突然间戚继光要离开，戚家军将士和百姓们又怎能不伤心难过呢？他们纷纷挽留戚继光，希望他继续待在南方。

戚继光又何尝不想留在南方呢？但是君命在身，他不能不前往北方赴任，而且他也不是那种不思进取、偏于一隅、耽于享乐的人，他有更远大的志向，有更重要的事情去做。尽管南方的青山绿水让人十分留恋，尽管闽浙的百姓对戚继光苦苦挽留，尽管待在已无战事的南方远比待在危机四伏的北方要太平舒服得多，戚继光还是义无反顾地选择了去塞北守疆戍边。

十二月，戚继光怀着依依不舍的心情，告别了与他朝夕相处的抗倭将士，告别了和他亲如一家的父老乡亲，启程北上。

临行前，戚继光和戚家军将士们一起举行了一场祭奠仪式，悼念在抗倭战争中牺牲的将士们。镇守广东的俞大猷因为军务繁忙，不能亲自前来为戚继光送行，就派自己的亲兵星夜兼程赶来给戚继光送来贺信。俞大猷在信中鼓励戚继光说："大丈夫生于当世，如果要与一代豪杰竞风流，在南方就可以了；但是如果要与千古豪杰竞风流，就应该到北方去！"

英雄之间，惺惺相惜，这何尝不是戚继光的心愿呢！而现在，他的心愿就要实现了，他要远赴塞北，在北方驰骋疆场，杀敌报国，建立新的功勋，与千古豪杰竞风流！

戚继光的好友汪道昆赶来为戚继光送行。汪道昆送了一程又一程，戚继光一再请汪道昆留步。最后，汪道昆拉住戚继光的手，勉励他再干出一番大事业。戚继光眼含热泪，使劲地点点头。

从此，戚继光的南方军事生涯告一段落，他的人生篇章随之翻到了镇守北疆这一页。

第二节 遭受冷遇，滞留京城

意气风发的戚继光满怀着扫荡北虏的雄心壮志来到了京城。但是由于朝廷中一些对戚继光怀有敌意的官员向穆宗进献谗言，结果戚继光只被任命为禁军神机营副将，他没有被派往北疆，而是被留在了京城。

神机营是明代京城禁卫军中三大营之一，设主将一人，副将两人。神机营虽辖兵数万，但是每一副将直接统率之兵仅有六千人，而且京兵纪律松弛，疏于训练，和戚家军不可相提并论。

神机营副将是个十分清闲的职务，地位虽然不算低，但是平时并不上阵指挥作战，当年，戚继光的父亲戚景通就是官至神机营副将，到年老时辞职还乡的。

戚继光万万没想到自己会面临这样的处境，他有点心灰意冷，陷入迷茫之中。他一腔热血，时刻想着上阵杀敌报国，不甘心就这样一直坐在神机营这个"冷板凳"上，否则他就不是戚继光了！于是他开始行动起来，准备向朝廷上书谏言，进献御虏固边大计。

隆庆二年（1568年）正月，戚继光向朝廷上呈《请兵破虏四事疏》，就练兵、军饷、制兵器、均赏罚四件事提出了自己的见解。

首先，戚继光请求朝廷让他专门负责训练蓟州边兵。他计划用三年时间练出一支由车、步、骑兵组成的十万人军队，然后把这支军队分配到北方各个军事重镇的部队中去，带动别的士兵训练，使北方守军都成为精锐强悍之师，让蒙古骑兵畏惧而不敢轻易南下进犯。

其次，鉴于之前的练兵经验，戚继光认为士兵必须重新招募。他认为若在原有的基础上训练边兵和京兵，军队的面貌还是难以彻底改变。因为这些边兵和京兵懒散惯了，即使经过训练看上去威武严整，但是如果真正上阵作战，他们还是要打败仗的，无法抵御蒙古骑兵的进攻。戚继光也深知北方应募者多为无赖、流民，他们从军只是为了填饱肚子，不是当兵打仗的料，因此最好的募兵之策是采用过去在浙江招募义乌兵的办法，由地方官府负责挑选新兵进行训练。等到新兵训练初见成效后，再将他们送到京城集中训练。

为了尽快地把边兵训练好，戚继光还建议从戚家军中抽调一批训练有素、具有丰富作战经验的抗倭将士作为骨干，与边兵合编在一起，带动他们训练。

再次，关于军队的粮饷、武器等物资来源，戚继光建议由练兵的省份解决。这样做的好处在于一举两得，一方面保证了军中的物资供给，另一方面又免去了物资在途中周转的费用。

最后，戚继光还希望朝廷授权负责募兵、练兵的地方官，让他们放开手脚去做。如果他们没有什么特别大的过失，不能随便指责或任意阻挠他们，以保证募兵、练兵工作能够顺利开展，为北方提供源源不断的优质兵源。

戚继光的这些建议，绝不是什么凭空设想的泛泛之谈，而是他根据自己十几年的抗倭作战经历总结出来的经验之谈，是关于组建、训练军队方面的真知灼见，一旦付诸实施，北方边境的防务局面将会焕然一新，与昔日不可同日而语。

但是，朝廷内部许多保守的官员极为排斥戚继光的建议，对他横加指责：

"他怎么能把京城的军队说得一无是处？"

"我大明难道只有他懂得练兵？简直不知天高地厚。"

"一个神机营副将，怎敢如此妄议朝政！"

"北方人丁稀少，不比浙江，哪来兵源？"

"戚继光打打倭寇还可以，对付鞑靼骑兵可不行。"

……

他们纷纷向穆宗进献谗言，穆宗听信谗言，将戚继光的上疏打入"冷宫"。

这对于立志改变北方边境局势的戚继光来说，无疑又是当头一棒，他深感壮志难酬，苦恼不已。但是戚继光并没有退步，为了实现自己训练精兵、巩固边防的主张，他仍然不遗余力地积极奔走呼吁。

三月，戚继光又写了一篇《请兵辩论》的文章。在文章中他再次强调练兵十万对于巩固北方边防的重要意义，同时系统地阐述了车、骑、步三军协同作战的新战术思想。

戚继光的这篇文章被传到兵部那儿，兵部官员们读后都赞叹戚继光才华出众，认为戚继光的建议非常有见地，但是由于建议涉及面太广，实施起来阻力重重，最终也不了了之。

几次建议都得不到采纳，戚继光空怀一腔热血。看来，他的"冷板凳"还要继续坐下去。

第三节　奏议练兵，屡经波折

或许是戚继光的一片赤诚报国之心感动了上天，他的"冷板凳"终究没有继续坐下去。

隆庆二年（1568年）三月，朝廷委任谭纶为蓟辽总督，总督蓟州、辽东、保定军务。谭纶既是戚继光的老上级，又是戚继光的好朋友，谭纶上任两个月就向朝廷举荐戚继光，请求朝廷委派戚继光总理蓟州、昌平、辽东、保定练兵事务，节制四镇，总兵以下悉受节制，担任蓟辽仅次于总督的二号人物。

五月二日，朝廷就谭纶的奏疏做了批复："蓟镇切近京师，择将练兵允乃要务。兹总督谭纶具奏，以都督戚某总理练兵，已经议允。朝廷以尔素有威名，今特命尔总理蓟、昌、辽、保军务。自总兵以下俱听尔节制，其余文武大小官员俱不许干预阻挠。尔须弹竭忠诚，兼施谋勇，务俾丑虏远遁，疆域永安。"

这样，在谭纶的推荐下，戚继光升任负责蓟州、昌平、辽东、保定练兵事务的总理，管辖四镇，理论上权力和总督相当。

表面上看，戚继光拥有很大的兵权，其实不然。这"总理"

一职仍旧是个临时设立的官职。原本在蓟辽总督之下,就有蓟州、昌平、保定、辽东四位总兵,现在又在总督和总兵之间增加戚继光这个层级,实际情况是,戚继光根本无法调动这四位总兵,处境十分尴尬。

但是戚继光并没有受此影响,他想:既然在其位,就要谋其政,不推行一场改革,蓟州四镇的军务和边兵中多年来积存的弊病将无法根除,北方边防的安全就无法得到保障,北疆将会陷入无休止的战乱纷争之中。

于是,到任不久,戚继光就向朝廷接连不断地上奏《定庙谟以图安攘疏》《呈修各路边墙》《预定策应兵马》《添筑黑峪关重墙》等奏折,强烈建议对边防军务进行全面彻底的整顿。十月,戚继光又向朝廷上奏《练兵议条奏七原六失四弊疏》,全面系统地分析了蓟州军务和边兵中的弊病——"七原"和"四弊"。

所谓"七原",即蓟门边兵"虽多亦少"的七大原因,具体如下。

营军不习戎事,而好末技、壮者(服)役将门,老弱仅充伍,一也。

边塞逶迤,绝鲜邮置,使客络绎,日事将迎,参游为驿使,营垒皆传舍,二也。

寇至,则调遣无法,远道赴期,卒毙马僵,三也。

守塞之卒,约束不明,行伍不整,四也。

临阵马军不用马,而反用步,五也。

家丁盛而军心离，六也。

乘障卒不择冲缓，备多力分，七也。

七害不除，边备无从谈起，这简直是在公开指责蓟州边防军务松弛，将领玩忽职守，士兵自由散漫、不务正业，造成士兵虽多却无法作战的局面。虽然戚继光说的都是实话，但是说话的气势咄咄逼人，相当于揭开了北方军队的"遮羞布"。

所谓"六失"，指的是士兵训练方面的六大失误。

缓急难使，一也。

有火器不能用，二也。

弃土著不练，三也。

诸镇入卫之兵，嫌非统属，漫无纪律，四也。

班军民兵，数盈四万，却人各一心，五也。

练兵之要，在先练将，今注意武科，多方保举似矣，但此是选将之事，而非练将之道。六也。

士兵不练，弊根在将，戚继光再次毫不留情地将矛头指向了将领。那些边镇将领们看到戚继光的这一奏疏又做何感想呢？可想而知，他们对戚继光肯定是大为不满、怀恨在心的。在他们看来，戚继光初来乍到就指责他们，简直是不知天高地厚。要知道，这里是蓟州，不是浙江、福建，这里的军队是边兵，不是戚家军！

还有"四弊"。

今一营之卒，为炮手者常十也，不知兵法五兵迭用，当长以卫短，短以救长，一也。

三军之士，各专其艺，金鼓旗帜，何所不蓄，今皆置不用，二也。

弓矢之力，不强于寇，而欲借以制胜，三也。

教练之法，自有正门，美观则不实用，实用则不美观，而今悉无其实，四也。

戚继光深知蓟州边防军务中存在的弊端根深蒂固，要想彻底革除这些弊端并非易事，所以他要大声疾呼，以引起朝廷的注意。他认为"痼疾必用猛药，以振聋发聩"，至于改革触及了哪些官员或势力集团的利益，不在他的考虑范围之内。

可惜，这只不过是戚继光的一厢情愿。蓟州边防军务中存在的弊端已经"培育"了一个庞大的利益集团，现在戚继光要改革，这些人多年来苦心经营而得的利益将会化为乌有，他们又怎肯答应？

于是，各位将领对戚继光的命令阳奉阴违，不理睬这个临时性的"总理"。在这些将领的眼中，戚继光这个权同总督的"总理"，不过是一位旅店的住客而已。

戚继光深感自己孤掌难鸣，处处受到掣肘。他对改革的满腔热忱碰到了坚冰，他训练十万精锐大军的抱负无法施展，他要在积弊已久的蓟州边镇推行改革实在是太难了！他只能夙夜扼腕慨叹："我要为朝廷效力，创建抵御北虏的雄武之师，而诸将却视我为多余无用之人，我的一腔抱负如何施展啊？"

幸而，戚继光的生命中还有谭纶、张居正、霍冀这样的贵人。

谭纶作为戚继光的直接上司，可谓戚继光生命中最大的贵人,也是戚继光一生中为数不多的挚友知己之一。两人早年在抗倭战争中就已相互支持、密切合作,结下了深厚的友谊。谭纶曾向朝廷多次举荐戚继光,戚继光的脱颖而出在很大程度上得益于谭纶的竭力举荐,可以说没有谭纶这位伯乐,就没有戚继光这匹千里马。后来在戚继光督师蓟州、辽东期间,当戚继光向谭纶寻求帮助时,谭纶总是有求必应,并为其遮挡来自朝廷的种种明枪暗箭,使戚继光可以无所顾虑地投身于繁忙的军务。

张居正时任礼部尚书、武英殿大学士,进入内阁,参与朝政。嘉靖皇帝驾崩时,张居正和内阁首辅徐阶共同起草《世宗遗诏》,纠正了嘉靖执政期间朝廷的一系列弊端,为一些蒙冤获罪的勤勉正直的朝臣恢复了官职,受到了朝野上下的一致赞同。他对北方边防事务极为重视,与谭纶、戚继光两人都有很好的私交,对于他们两人的要求,他总是尽其所能地予以满足。张居正十分赏识戚继光,他曾这样评价戚继光:"戚帅才略,在今诸将中,诚为稀有。"所以他对戚继光关怀备至,曾盼咐侍从:"凡有书问,虽夜中开门递进。"

霍冀时任兵部尚书,他为官清廉,受人拥戴,声名远播,曾屡经恶战,建下不朽功勋,被朝廷视为中流砥柱。他也很赏识戚继光,他及时发现了戚继光这个时候的处境,建议朝廷解除蓟镇总兵郭琥的兵权,任命戚继光为蓟镇总兵。

隆庆三年(1569年)正月十一,朝廷改任戚继光为蓟镇总兵,负责镇守蓟州、永平、山海关等北方边镇。由于蓟镇总兵无权管永平、保定总兵,所以,相比之前总理四镇兵务一职,这次任命,戚继光的职权范围反而缩小了。

这时,张居正又给予了戚继光及时的帮助。他反复征求霍冀、谭纶、戚继光的意见,拿出了三方都能接受的方案:戚继光依然总理四镇练兵,同时兼任蓟镇总兵,既有名分,又有实权;郭琥另调别处,委以他任。

从此,戚继光正式开始了他在北方边关的军事生涯。对戚继光而言,职务的升降并不重要,为了报效国家,为了建立坚固的北方边防线,他哪里会把官职的高低放在心上呢?

第四节 呕心沥血,编练三军

戚继光走马上任担任蓟镇总兵后,立即着手整顿营伍,训练士兵。

但是戚继光所面临的是一个陌生的环境、一支陌生的军队、一群陌生的士兵,很多事情与他当初所设想的相差甚远,他感到了前所未有的压力。

一是北方的战争情况与南方迥然有别。在南方抗击的是善于近战格斗的倭寇,而在北方要抵御的是擅长骑马射箭的蒙古骑兵。这些蒙古骑兵以数千乃至数万的数量集结成队,来去如风,行动迅速,行踪飘忽不定。南方的地形地势利于步兵作战,而北方多是开阔的荒漠、草原,利于骑兵作战。

二是蓟镇的军队成分非常复杂，如同一盘散沙，部队士气低落，士兵们畏敌如虎，一些士兵甚至还时常聚在一块赌博；将领们没有丝毫的忧患意识，只顾贪图享受，平时不练兵，一到作战时就只顾逃跑。

三是戚继光的关于练兵的建议并未完全被采纳。首先是他的募兵计划落空了。按照戚继光的计划，他要亲自招募十万士兵来训练，但是最终朝廷只批准他在蓟镇现有的兵力中抽出三万来训练。即便是这三万士兵，还是在谭纶的一再请求下朝廷才同意让戚继光训练的。另外，他征调一万戚家军士兵作为训练示范的请求，也未得到朝廷的批准。

虽然面临的问题很多，士兵训练工作困难重重，但是戚继光没有消极懈怠，而是积极主动地行动起来，想方设法改变现状。他将蓟镇防区划分为十二路，同时增建了七座车营，并配以步兵、骑兵进行混合训练。

与此同时，戚继光再次上书朝廷，请求调一部分戚家军士兵北上，归他训练指挥。在张居正的协调支持下，戚继光的请求终于得到朝廷批准，但是朝廷只答应让戚继光调拨三千名戚家军士兵。

虽然人数少了点，戚继光还是感到很高兴。他立即请求他的老部下，时任杭嘉参将的胡守仁回浙江带来三千名戚家军。胡守仁很快就完成了戚继光交给他的任务，领着三千名戚家军士兵到达蓟镇郊外。由于未得到入城的命令，他们就临时在当地驻扎下来，等待命令。

不巧，这时天下起了大雨，从早晨一直下到下午，这三千名戚家军士兵迟迟没有接到入城的命令，就一直列队挺立在大雨中。每名戚家军士兵浑身都湿透了，但是他们依然纹丝不动地站着，队列严整，鸦雀无声。据《明史·戚继光传》记载，这些士兵"自朝至日昃，植立不动"，意思是说他们在雨中从早晨站到了太阳偏西，一动不动，远远望去就像一片森林矗立在那里。

戚家军士兵冒雨列队待命的事情传到蓟镇官兵那儿，他们几乎不敢相信，不少人还特意跑去郊外要看个究竟。当他们到达戚家军站立的地方时，不禁惊呆了！瓢泼大雨中，三千名戚家军士兵昂首挺胸、精神抖擞地站着，没有一点声音，没有一句怨言。

蓟镇官兵此时方才明白：戚家军果然如传说中那般纪律严明、号令如山，没有哪支军队能与之相比，戚家军战无不胜的故事绝非传说。他们被戚家军的出色表现深深震撼，也被戚继光铁腕一般的治军手段所震慑，从此再也不敢自由散漫、违反军纪。

戚继光将三千名戚家军士兵分散编入蓟镇边兵中，他们个个都成为练兵的骨干分子。在练兵过程中，戚继光仍然一如既往地强调纪律，再三申谕军令。

为了使每名士兵都能够熟悉并执行军令，戚继光将军令中最重要的内容编成一个小册子，发给士兵，让他们学习熟记。与此同时，戚继光还规定了若干细则法令，如禁止士兵酗酒闹事、喧哗无礼等。对擅自摘取百姓田园瓜果和蔬菜、砍伐百姓树木、作践百姓田产、烧毁百姓房屋、偷盗百姓财物者，戚继光也会严惩不贷。

在戚继光的严格管理和戚家军士兵们的带动下，蓟镇的练兵工作逐渐走上了正轨，部队的风气也一天天地好起来。

一次，一位朝鲜使臣来到京城朝贡。在蓟州的路上，他看到有的士兵肩挑粮食前行，有的士兵用骡马拖拉兵车行进，士兵们都井然有序地向前行进着，沿途秋毫无犯，不掠百姓一物，不取田禾一束。朝鲜使臣于是大为惊讶："这是怎么回事？自己上次路过这里时并未多久，怎么改观如此之大！"

有人告诉他："蓟镇换了新的总兵，就是在南方抗倭的戚继光，现在这支队伍就是他派出的，纪律自然今非昔比了。"

朝鲜使臣感到好奇，于是尾随这支部队入城。部队在教场集合，等待主帅戚继光登坛训话。当天天气十分闷热，将士们汗如雨下，但是没有一个人用手去拭汗。朝鲜使者见了，佩服得五体投地，连声称赞道："戚继光军令如山，真是名不虚传啊！"

戚继光在北方练兵，特别重视车、步、骑三军协同作战的训练。

针对北方军情、地形的特点，戚继光在原有步兵和骑兵的基础上又组建了战车营，以提高不同兵种在不同地形上协同作战的能力，更为有效地抵御和打击蒙古骑兵。蒙古骑兵攻入平原地带时，就用战车营作战；攻入丘陵地带时，就用骑兵作战；攻入山谷时，就用步兵作战。

对于战车营的编制、布阵、使用，戚继光都考虑得极为周密。每个战车营编入重车一百二十八辆，轻车二百一十六辆，步兵四千,骑兵三千,拖曳轻车的马二百一十六匹。

根据戚继光所著《练兵实纪·车营解》的记载,当时的重车人员、火力配备如下:"上用偏厢,各随左右安置。长一丈五尺,两头各有一门,启闭出入,车上安大佛狼机二架,每车见派军士二十名,分为奇正二队。正兵一队,军士十名,以二名专管骡头。以六名管佛狼机二架。每架三名,车正一名,专在车上披坚执旗,以司进止。舵工一名,专管运车,左右前后,分合疏密。奇兵一队,旗士十名,内以勇敢服人者为队长,以鸟铳手四名仍兼长刀,在车内放鸟铳,出车先放鸟铳。敌近用长刀,又以身中年少骨软二人,为藤牌手,在车内放火箭,出车打石块,敌近用藤牌。又以杀气者二人充镋钯手,在车放火箭,出车亦放火箭,敌近用镋钯。火兵一名,专管各队炊饭,皆其责任。"

戚继光一共组建了十个战车营。每营以重车为主,以十六辆重车为一司;四司,六十四辆重车为一部;两部为一营,一个营的重车数正好是一百二十八辆。战车营可以外御敌骑冲突,内卫士兵和骑兵,战则与士兵同进,退则卫士兵后部,是集攻防于一身的作战单位。它行进时为营阵,休息时为营垒;以车为正兵,以马为奇兵;进可以战,退可以守,被称之为"有足之城,不秣之马"。

戚继光组建的战车营,融步、骑、车兵为一体,是一种集攻防于一体的新型军种,是近代装甲兵的前身。这种营阵在具体作战时,按敌人距离营阵的远近,采用不同的作战形式,当敌人骑兵接近营阵一里左右时,用火炮猛射,以减缓敌人骑兵的冲击速度；当敌人骑兵距离营阵百步左右时，用鸟铳齐射，射杀敌人骑兵；如果敌人骑兵再接近，则步、骑兵一起冲出车营门，以鸟铳、虎蹲炮猛射敌人骑兵，然后以鸳鸯阵接近敌人骑兵，进行战斗；当敌人骑兵败逃时，骑兵就上马手持鸟铳和三眼铳，追歼逃敌。

后来，戚继光对这种各营的协同作战曾做过精辟的论述："大都车、步、骑三者具备而相须为用，故冲御以车，卫车以步，而车以步卒为用，步卒以车为强，骑为奇兵，随时指麾，无定形也。"

为了训练出一支强悍的精锐之师，戚继光可谓费尽了心血。他先进行步、车、骑各兵种的专业训练，演练各种阵形的变换，以及在行军或宿营遭遇敌人时的作战方法，教会各营士兵掌握火器与冷兵器相结合的战术。在各单一兵种训练的基础上，再进行各兵种的合成训练。最后，戚继光按照实战要求进行全军性的野营训练，把队伍拉到荒郊野岭中进行大规模的训练。戚继光认为，只有经过这样的训练，大军在临战时才不会出现差错，才能临阵不乱、克敌制胜。

由于朝廷财政拮据，戚继光得不到充足的经费用来练兵，所以他不得不放慢了速度，在加紧训练士兵的同时，把更多的心思、时间用在了修筑边墙、敌台的防御工事上。

第五节　修墙筑台，巩固北疆

自"仁宣盛世"以后，明朝在北方边境的防御上采取转攻为守的策略，沿燕山山脉、太行山山脉往西建立了一道漫长的防御线，防御蒙古骑兵南犯。在这条防御线上，明朝初年大将徐达曾经构筑过大量的寨堡，筑起了一道以寨堡为基础的据点式防线。"土木堡之变"之后，明朝军事实力被大大削弱，被迫修筑边墙加强防御。

所谓"边墙"，其实就是长城。因为秦始皇修筑长城动用了大量民力，导致民怨沸腾，所以明代忌讳"长城"二字，称"长城"为"边墙"。边墙修筑起来后，在短期内加强了明朝北方边境的防御力量，但是由于修建时间仓促，没有修建可以用于观测敌人或者驻兵御敌的敌台，再加上修建得简单，边墙低矮而且单薄，经过多年的风吹雨淋，很多地方已经坍塌，失去了原有的防御功能。

戚继光自到蓟镇后，就对边关的防御设施非常关注，曾数次去边关进行实地考察。在考察中他发现：从山海关到居庸关的这段边墙多处倒塌，边墙上虽然每隔一段距离就筑有一座砖石小台，可是这种小台既不能掩蔽士兵，也不能贮存军火，各台之间也缺乏联系。戚继光心中万分焦虑：边墙破烂不堪，已经失去防御功能，只是一个摆设，一旦蒙古骑兵大举入侵，后果将不堪设想。

　　考察结束后，戚继光立即上奏朝廷，请求修筑、增建边墙。他在奏折中指出，不仅要加高、加厚边墙，还应在边墙上增建空心敌台。空心敌台要高出城墙许多，整体分为三层：上层与城墙一样，有供士兵瞭望和射箭的垛口；中层是空心的，四面设箭窗；下层放火炮，用来发射弹药击退大股敌人。每一空心敌台驻守精兵数十人，并储备粮食与军用器材。

　　戚继光认为，蓟镇一线应筑空心敌台三千座，这样才能大大增强边墙的防御功能。戚继光还请求整个修筑工程由蓟镇守军全部承担，这样既可以减轻国家的财政负担，又可以锻炼边兵吃苦的精神。最终，朝廷批准了戚继光的请求，但是把戚继光提出的空心敌台的修筑数目削减了一大半，只允许修筑一千二百座。

　　隆庆三年（1569年）春，戚继光发动蓟镇守军，开始了艰巨而漫长的修筑空心敌台与加固边墙的工作。

　　蓟镇的边兵以前一直过着闲散自在、安逸舒适的军营生活，从来没做过繁重的体力活。突然从事艰苦的修筑敌台、边墙的劳动，一时间无法适应，于是满腹牢骚、纷纷抱怨。而且士兵们并不相信这敌台的作用，在私下里议论纷纷，全军人心浮动，以致修筑工程难以进行下去。正当戚继光感到为难时，他的弟弟戚继美带着一支七千人的部队赶到。戚继美这时已经升任沂州把总，这次他奉朝廷命令带兵来蓟州戍边。戚继光大喜过望，立即上书请求朝廷留下戚继美的部队参加修筑敌台和边墙工作，得到朝廷的批准。

戚继光勉励弟弟恪尽职守，努力修好敌台和边墙，为全军树立榜样，并亲自教授弟弟修筑空心敌台的方法。在兄长的感召和鼓舞下，戚继美首先在大水谷一带建成七座空心敌台，既坚固又美观。

这七座空心敌台建成后，戚继光马上组织士兵们进行了一次实战演练——从发现敌情到烽火报警，从登城迎战到入台坚守，整个过程不但用时很短，而且身处堡垒中的士兵们也感受到了安全感。这次演练，让边兵们认识到了空心敌台、边墙对于防御敌人进犯有着巨大的作用，军心开始安定下来，各处修墙筑台工作于是顺利地开展起来。

为了激发士兵们修墙筑台的积极性，戚继光请求朝廷拨款，给每台赏银，并进行质量评比，评为中等的赏银二十五两，评为上等的赏银四十两，评为上上等的赏银五十两。如此一来，官兵们得到了极大的鼓舞，干活的积极性大大提高，修墙筑台的质量和进度竟然超出了预期。至隆庆六年（1572年），第一批修筑空心敌台的工程基本完成，蓟镇共建成空心敌台一千二百零六座，士兵修筑每座空心敌台的花费总计不过一百两，仅为民间修筑费用的十分之一。既减少了开支，又办好了事情，朝廷对此非常满意，戚继光趁机上书朝廷，请求增筑空心敌台二百座，得到了批准。

万历三年（1575年）和万历九年（1581年），第二批增筑的空心敌台工程顺利完工。从此，在东起山海关西至镇边城的两千多里的边防线上，巍然屹立起一千四百多座空心敌台，蔚为壮观。由于用料和修筑技术都十分讲究，历经四百多年的沧桑，大部分空心敌台至今仍然保存完好。

除了修筑空心敌台，戚继光还对边墙做了大规模的改造，进一步完善了它的防御功能。

首先，加固墙体。薄的墙体加厚，低的墙体加高，经过加厚加高的墙体一般达到高七八米、厚六米；没有墙体的地方补建，在敌人经常前来攻打的险要地段还增建一道墙体。

其次，改造边墙防御设施，扩大射击面，减少射击死角。垛口原来用平砖修建，现在改用尖砖建造，原来内外平直的垛口变成三角形，这样守卫垛口的士兵的视野就开阔了，既可以看到躲在墙下的敌人，又可以减少自身的伤亡。墙的内侧每隔一段距离建一道连接台阶的小门，以便增援部队到达后迅速登上城头投入战斗。

另外还增设了障墙。障墙每堵高二米、宽一米多，墙上挖有瞭望孔和射击孔，成为一排排的掩体。一旦敌人攻上来，士兵们就可以凭借障墙作掩护，节节抵抗，撤到敌楼内。士兵们也可凭借障墙向前推进，向进犯之敌发动攻击。

再次，完善边墙的附属设施。地势险要的地方，将边墙外的山坡铲削得非常陡峭，使敌人难以冲上边墙。地势平坦的地方，在边墙外除挖掘壕沟外，还挖掘大量的呈"品"字形分布的陷马坑，以防止敌人冲上边墙。

最后，建立完善的预警系统。安排大量的侦察明哨、暗哨，修筑报警的墩台。明哨又称"尖哨"，明哨士兵化装成普通百姓深入与敌人交界的卫所,从那里探听相邻蒙古部落的动向。暗哨又称"尖夜",暗哨士兵到蒙古部落入侵边关必经的孔道埋伏,一旦发现敌情,就立刻用约定的联络方式报警。

墩台又称"烽火台"。蓟镇各个防区一共修筑了五百八十九座墩台,这些墩台从边墙向外延伸。暗哨发现敌人入侵时,放炮、升旗或者点火报警,附近的墩台得到警报,立刻以同样的方式向后面的墩台发出警报,警报墩墩相传,一直传到边墙,守卫在边墙上的明军士兵便迅速做好战斗准备。与此同时,另一部分明军士兵在具有烽火台作用的空心敌台中继续进行接力棒式的警报传递,一直到传遍全军。

此外,戚继光还修建了众多的营城、关城、塞城,为边关将士们的吃饭、住宿提供方便。至此,一道包括边墙外的墩台、陡坡、壕沟、陷马坑,边墙本身和空心敌台,边墙内的兵营在内的完整的防线构筑完成了。自明朝永乐年间迁都北京后,从山海关到居庸关的蓟镇防线,就担负着拱卫京城的重任,成为明代帝都的坚固屏障。

第六节　汤泉演习,大扬军威

蓟镇防线建立后,北方边境的形势开始好转起来。隆庆五年(1571年)初,明朝廷与俺答汗达成协议,封俺答汗为顺义王,并设立交易市场。从此,俺答汗严禁所属鞑靼右翼各部劫掠明朝边境，明朝的西北部边境得到了较长时间的安定。

隆庆六年（1572年）五月，仅仅当了六年皇帝的穆宗去世，年仅十岁的皇太子朱翊钧登基，他就是大明历史上在位时间最长的明神宗万历皇帝。此时，朝中声望日隆的张居正已经代替高拱出任首辅。张居正六月才当上首辅，七月就调谭纶入京出任兵部尚书，掌管全国的军机事务；他又安排汪道昆出任兵部右侍郎，次年又擢升其为左侍郎。这样，戚继光的两个好友谭纶和汪道昆都成了兵部的"重量级人物"，牢牢掌控着兵部的权力。如此一来，戚继光在蓟州的各项事务就开展得得心应手，压力减轻了不少。

隆庆六年（1572年）秋，朝廷派出兵部的一些高级官员巡视宣府、大同、蓟州、辽东等军事重镇的防务。说来也巧，负责巡视蓟州的正是戚继光的老战友、好朋友汪道昆。

戚继光得知消息，欣喜万分，认为这是一次千载难逢的检阅蓟镇军队实战能力的大好机会。此时戚继光管辖地的总兵力有十六万之多，他上任后还从来没有把这些将士集中起来一起训练，于是他连夜上疏，请求在兵部官员巡视蓟州的时候，举行一次阅兵，之后再进行一场模拟车、步、骑大兵团协同作战的实战演习，以达到壮己军威、震慑北虏的目的。

上疏递上去后，很快就得到批复，首辅张居正和兵部尚书谭纶一致支持举行大阅兵和演习。张居正还特意写信给戚继光，鼓励戚继光再接再厉，为北方边军的整体训练总结出一套行之有效的方案。

得到了朝廷首辅张居正的首肯，戚继光对于如何搞好这次阅兵、演习自然是信心满怀，为此他还专门起草了《练全镇兵马实战条略》，对演习的内容做了明确、具体的规定。

戚继光将阅兵、演习的地点选择在蓟镇的中心——汤泉，因为这里是一片面积很大的开阔地，可以容纳十几万大军，非常适合大部队开展军事演习。

这时，恰巧有几名蒙古使者在京城向万历皇帝献贡品，当他们听说戚继光要搞一次军事大演习后，也向万历皇帝请求要到蓟镇来观看这次演习。万历皇帝准允了他们的请求，并责成兵部派人通知戚继光，一定要做好演习安排工作。

戚继光接到兵部的命令后，马上着手准备演习的各项工作。由于这次演习的规模非常大，参加演习的将士有十多万人，山海关、遵化、石门、汤河、燕河、建昌等许多地方要同时进行演习，戚继光就事先派人到这些地方告诉守军将领演习的具体内容，通知他们做好各项准备工作。为了防止演习期间鞑靼乘虚而入，戚继光又派人通知各个地方的军队在演习的同时，把守好关口，防止敌人入侵。当演习的各项准备工作做好后，戚继光又带领军队对这次演习进行了几次预演。

十月初，汪道昆和新任蓟辽总督刘应节、顺天巡抚杨兆等大小官员离开京城，先去附近的一些地方巡视了几日，然后便前往蓟州观看演练。二十一日下午，汪道昆等人到达蓟州城下。当天晚上，几名蒙古使者也到达了蓟州城。

戚继光率领部将前往迎接汪道昆等人，双方见面相互行礼、寒暄之后，自然而然地议论起演习的事情。戚继光向汪道昆请示道："集中十几万大军进行一场演习，是一件千古少有的壮举。下臣不希望此次演习只是虚张声势，走过场做做样子，而是要像临阵实战一样，一切都从实处来进行。所以，还请各位大人免去一切参谒之礼！"

汪道昆点头道："戚帅所言甚是，凡军中之事，自当由你做主，不必请示。"

接着，戚继光向汪道昆等兵部官员汇报了演习的部署情况，得到众官员的称赞。

十月二十二日，阅兵演习正式开始了。

天还未亮，汪道昆等人在全身披挂的戚继光的陪同下，依次走进汤泉练兵场，登上阅兵台落座。将校们并排站立两侧，等候观阅演习。

戚继光放眼远望，只见十多万大军排列整齐，车兵、骑兵、步兵秩序井然，盔甲、兵器闪亮，将士们个个军容严整、精神抖擞。戚继光心情十分激动。

随着三声炮响，戚继光高声宣布："阅兵开始！"

顿时，钟鼓齐鸣，整个演习场地沸腾起来。车兵驾驶着崭新坚固的战车，骑兵骑着高大健壮的战马，步兵手持盾牌、长枪、狼筅，依次通过阅兵台，阵容威武，场面壮观。阅兵台上的官员们看了都深受震撼，赞叹不已。汪道昆连连点头，赞道："好！好！戚帅治军有方，真是一支威武之师！"

阅兵式结束，戚继光将手中的蓝色令旗一挥，台下的将领看到旗令，带着自己的士兵开始退场，各自前往演习的指定地点。大军如潮水一般迅速散去，队伍丝毫不乱，不一会，偌大的场地上不见一个人影。接下来，一场大规模的军事演习正式开始。

突然，从长城的鲇鱼关到马兰谷一带的烽火台燃起狼烟，万名"蒙古骑兵"出现在边墙下，气势汹汹地向着鲇鱼关西面的边墙冲去，所过之处，腾起阵阵烟尘。

紧接着，长城沿线警报声四起，长城沿线的明军士兵手持各种武器，源源不断冲向鲇鱼关，阻止"敌军"入侵。附近营地的明军驻兵接到警报，也纷纷赶来支援。两军展开激战，双方各有伤亡。激战至中午，"敌军"才撤退而去。

"蒙古骑兵"不甘心失败，下午，上万名"蒙古骑兵"又去攻打平山顶西面的边墙，平山顶一带边墙的烽火台烽烟又起。几分钟后，平山顶边墙被"蒙古骑兵"攻破一个大缺口，"蒙古骑兵"纷纷越过缺口冲了进来。

突然，前面出现大队明军，一辆辆战车排列成阵形，挡住"蒙古骑兵"的去路。明军士兵藏身车后，不断地向"蒙古骑兵"发射火炮、鸟铳、箭矢，"蒙古骑兵"纷纷落马，伤亡惨重，无法前进，只得向后撤退。这时，明军车队前方裂开一个大口子，许多明军骑兵手持长枪、狼筅，纵马追杀"蒙古骑兵"。"蒙古骑兵"没命地往回逃跑。

演习的第二日，有"探马"来报，上万名"蒙古骑兵"准备去进攻大安口关。在汤河阅兵台下的戚继光得到情报后，当即下令，由杨文、胡守仁、戚继美率领三屯营的第二车营和遵化的第二车营、密云的第二车营一起先行出发，抢在"蒙古骑兵"前面到达大安口关，和那里的守军一起埋伏在敌台和边墙上；戚继光本人率领六千名戚家军，陈大成率领西路援军，吴惟忠率领东路援军，丁邦彦率领辎重营，四路援军一起最后出发，也要抢在"蒙古骑兵"前面到达大安口关，到达后就埋伏在关外的树林里。

不出半个时辰，几路人马一共九万多人，相继到达指定地点，埋伏在大安口关内外，等待"蒙古骑兵"的到来。

不一会，"蒙古骑兵"到达大安口关下。他们发现边墙上空无一人、鸦雀无声，感觉非常奇怪。正在"蒙古骑兵"感到疑惑时，埋伏于边墙上的杨文、胡守仁、戚继美等部队，以及埋伏在关外树林里的戚继光和陈大成等部队，突然出现，"蒙古骑兵"大惊失色，惊慌失措。戚继光下令陈大成、吴惟忠率领将士们用鸟铳、虎蹲炮等火器向"蒙古骑兵"开火，接着边墙上的杨文、胡守仁、戚继美也一起命令将士们点燃虎蹲炮、大将炮、火箭车向"蒙古骑兵"开火。"蒙古骑兵"被各种火器打得人仰马翻、溃不成军，最后只有少数骑兵逃离战场。

这次大演习前后一共进行了二十天，参加的士兵在十万以上，参加的将官不下千人，规模是空前的，成绩也是空前的。这次演习表明，自戚继光担任蓟镇总兵以来，他所开展的各项练兵工作已经产生了实际效果，明军的战斗力已经得到大幅度的提升。这也意味着，一旦蒙古骑兵入侵，将会遭到明军的迎头痛击，明军完全有能力将其驱逐出境。这次演习极大地鼓舞了戚继

光的信心,在演习后举行的酒宴上,戚继光即兴赋诗一首,表达了自己的兴奋心情:

> 使者临关日拥旄,天威只尺壮神皋。
> 指挥乍结车骑阵,战守还凭虎豹韬。
> 万阁凌霄金作垒,五兵飞雪玉为刀。
> 年来愧博君王宠,幸有边尘识二毛。

负责阅视的汪道昆对这次演习也非常满意,他写了《燕山勒功铭》来赞扬戚继光的贡献:"当多口之秋,任非常之事,卒之建万世之利,事半而功倍于古人,不战而伐虏谋。"

这场发生于四百多年前的规模宏大的大演习,不仅给明军壮了军威,还对虎视眈眈的蒙古骑兵起到了极大的震慑作用,而且其军事思想一直影响到今天。汤泉大演习被史家称为"震惊史册的绝招",在中国古代练兵史上开了先河。

第七节 长城三捷,降服董忽力

戚继光镇守蓟镇后,接连采取了一系列巩固边防的措施:训练边兵,建立车、步、骑合成大军;筑敌台、修边墙,建立钢铁防御线;汤泉大演习,展示明军实力,宣扬大明国威……这些措施震慑了蒙古骑兵,他们认识到大明北方边境的军事防御力量已经今非昔比，如果贸然入侵，将会讨不到什么好果子吃，于是不敢轻易南扰。

但是，当时东蒙古的左翼首领图们汗（明朝人称"土蛮"）仍然贼心不死，经常率军攻掠蓟州和辽东地区。朵颜部首领董忽力和他的侄子董长昂则反复无常，时而向明朝称臣纳贡，时而又入侵明朝边境。

万历元年（1573年），戚继光到北方已经七年了。这年二月，蛰伏已久的董忽力与侄子董长昂一起，率领大队骑兵攻占了长城的喜峰口，向明朝廷勒索大量钱财，遭到了明朝廷的拒绝。董忽力十分气恼，于是大肆劫掠人口与财物，企图引诱明军出塞与其交战，然后寻找机会截击、打败明军。

自从汤泉大演习后，戚继光就摩拳擦掌、跃跃欲试，想统率大军与蒙古骑兵真正大战一场。但是明朝廷在北方边境的防御上采取消极的措施，要求戚继光只是防守，不要主动出战，因此戚继光一直没有机会主动出击蒙古骑兵。现在得知董忽力入侵的消息，戚继光当即传令全军，准备出战。

其实，早在四年前，戚继光就与董忽力、董长昂交过手。当时，董忽力和董长昂率兵驻扎会州，打算进攻董家口、榆木岭、青山口等地。戚继光得到警报，立即率军向青山口扑去，打退了敌人的前哨部队，随即又率军冲出塞外，把董忽力和董长昂赶跑了。这次战斗，是戚继光镇守蓟州后所经历的第一战，虽然这一战很快就结束，但是在当时蓟州屡遭蒙古骑兵侵略、部队士气不高、战斗力不强的情况下，首战告捷，也大大鼓舞了明军的士气。

　　这一次，戚继光手下有经过训练的十多万大军，更是胸有成竹。他想：董忽力既然想引诱明军出战，不如将计就计，派兵出击，趁其不备，与其决战。

　　戚继光命令一下，将士们迅速准备就绪，大军浩浩荡荡地开出了喜峰口。董忽力和董长昂没想到明军会真的大队人马出塞，而且明摆着是堂堂正正决战的架势，顿时慌了神，只好硬着头皮迎战明军。两军交锋不多时，董忽力所部人马就被打得大败而逃，董忽力只带着少数骑兵逃离战场。

　　四月，不甘失败的董忽力和董长昂勾结蒙古图们汗，一起率领数万名蒙古骑兵南犯明朝边境。这次董忽力谨慎了些，兵分两路而进，一路进犯桃林口，一路进犯界岭口。戚继光见招拆招，采取各个击破的战术，和游击将军王轸率领的军队首攻界岭口，再次大败董忽力率领的骑兵，差点活捉了董忽力。仓皇之中，董忽力丢下士兵，狼狈地逃离了界岭口。

　　董忽力接连两次战败，感到守卫蓟镇的明军实力雄厚，自己不是戚继光的对手，于是请求归服明朝廷。明朝廷同意了他的请求。这一年，戚继光升任为左都督，并继续兼任蓟镇总兵。

　　此后两年间，董忽力不敢再轻举妄动。

　　到了万历三年（1575年）正月，董忽力又蠢蠢欲动起来。他认为自己前两次南犯明朝边境打了败仗，都是因为吃了兵力不足的亏，于是这次他怂恿自己的弟弟董长秃和他一起出兵，向南进犯明朝边境。

董长秃手下人马众多，董忽力认为如能邀他一起出兵，不但可报前番兵败之仇，也可劫掠大量财物、人口，勒索大明朝廷。董长秃起初并不愿意与明朝为敌，可是经不住董忽力的逼迫利诱，亲率大队人马与董忽力、董长昂会兵，进犯明朝边境。

守卫在边墙沿线上的明军将士，看到董忽力等人率领大队骑兵来犯，立即发出警报，开始了守城防御的战斗。

戚继光得到警报，亲自指挥明军从榆木岭关、董家口两处出长城，南北夹击敌军，将进犯的敌军打得落花流水，又乘胜追击逃敌至离城一百五十里处的聂门。

董忽力见势不妙，仓促北逃，董长昂为保住人马，也慌忙跟随董忽力奔逃，只有董长秃率军抵挡明军的进攻。董长秃兵马虽多，却抵挡不住明军多兵种联合作战的攻势，部下人马伤亡惨重，本人也成了明军的俘虏。董忽力和董长昂成功逃脱，逃回了会州。

董长秃被俘后，向戚继光说明自己是在兄长董忽力的威逼下才出兵的，并说愿以性命担保，只要放他回去，就会说服董忽力和董长昂遵守所有协议，从此不再侵犯明朝边境。戚继光无法判断真假，于是想到了一个绝佳的对策：暗中对他优礼相待，对外高调宣称要将董长秃押往京城。大军班师回到蓟州，边城百姓夹道欢迎，庆贺明军的胜利。

董长秃将被押往京城的消息在塞外传开，董忽力与董长昂两人大惊失色，相互埋怨、指责起来。最后，为了保住董长秃的性命，两人决定向明军投降。

三月初，董忽力和董长昂穿着白色衣袍，率领部下和亲族三百多人，到喜峰口前跪伏叩头，请求戚继光准许他们投降，并请求释放董长秃等人。戚继光与蓟辽总督刘应节商议后，决定同意受降，派遣两名副将出关接受董忽力递交的降表。

四月十三日，戚继光到达喜峰口，安抚了前来请降的董忽力等人。董忽力当众归还了从明朝边境抢走的百姓、马匹和财物，还带领族人向戚继光叩头请罪，发誓以后再也不入侵明朝北方边境。戚继光当场释放了董长秃，并允许他的部落到边墙的一些关口进行通商互市。在释放董长秃前，戚继光同他进行了一次长谈，希望他回去以后，宣扬明朝的边关政策，维护两族的友好。董长秃感激涕零，拜辞而去。

后来，在戚继光镇守蓟镇期间，朵颜部一直和明朝保持着很好的关系，维持了双方的和平局面，这一带的长城沿线始终平安无事。

第八节　两援辽东，再建奇功

董忽力归顺明朝后，东蒙古左翼鞑靼部首领图们汗见蓟镇在戚继光的管辖下防线十分坚固，无隙可入，于是将侵略的重点转向辽东。

辽东方向的战事一直频繁。万历皇帝即位后，图们汗不断出兵进犯辽东，万历三年（1575年）进犯长勇堡，万历六年

（1578年）进犯东昌堡，此后又进犯锦州、义州、长安堡、广宁等地，辽东地区可谓几无宁日。

辽东发生战事的消息不断传来，戚继光自然不会无动于衷，他心中忧虑万分，多次上疏朝廷，主动提议出兵援辽。

万历七年（1579年）十月，鞑靼小王子部伯颜、苏把亥、黑石炭、银灯等人率五万多骑兵，大举进犯辽东境内的锦州等地。辽东守将李成梁率领将士们坚守在锦州的锦川营堡的城墙上，拼死抵抗蒙古骑兵的进攻，同时派人向朝廷告急，请求调兵增援。万历皇帝下诏，命令戚继光率领军队前去救援。

李成梁，字汝契，号引城，辽东铁岭人，生于嘉靖五年（1526年），明朝后期的著名将领。曾担任过险山参将、辽东副总兵、辽东都督佥事、辽东总兵等官职。李成梁镇守辽东三十年间，多次率领辽东铁骑抗击蒙古、女真等北方游牧民族的入侵，屡奏大捷。万历十一年（1583年）二月，李成梁率军攻破古勒山城后屠城，屠城中努尔哈赤的祖父觉昌安、父亲塔克世被明军杀死。万历十九年（1591年），李成梁遭到朝廷里一些言官的弹劾被罢官，万历二十九年（1601年）八月被万历皇帝重新启用，并恢复辽东总兵的官职。

戚继光接到诏令后，立即率领大军启程。行军途中，接连碰上了地震、大雨和冰雹。戚继光不畏艰险，率领军队日夜兼程赶往辽东前线。

十一月，戚继光率军到达山海关。山海关位于明长城的最东端，是重要的军事要塞，素有"两京锁钥无双地，万里长城第一关"之称,它北临黄河天险,南依牛头山源,东靠大海,西连群山。年已五十二岁的戚继光望着祖国的大好河山,不禁回想自己三十多年南征北战的军事生涯,心中感慨万千。

突然,探马来报:"发现蒙古骑兵向山海关狗儿河方向进犯。"

戚继光果断下令:"准备迎战!"他一面命令士兵们挖洞埋下炸弹,一面派出一小部分明军前去进攻蒙古骑兵,并佯装败退,将蒙古骑兵引到这里来。

敌军伯彦部正向狗儿河行军,突然迎面冲来了一支明军。双方厮杀起来,只见明军不支,掉头就跑,他们不知是计,随后紧追,追着追着,不见了明军的踪影。

伯彦下令部队继续进攻。突然间,一声巨响,前面的蒙古骑兵们被炸得人仰马翻、死伤惨重。后面的蒙古骑兵惊恐万状,慌忙勒住马四处张望,也不知这响声是从哪里来的,是什么武器发出这么大的响声。他们从未见过这种武器,一个个惊疑不定,停在原地不敢前进。

原来,这是戚继光研制的一种秘密武器,名叫"钢轮发火",其作用相当于今天的地雷,将它埋在地下,人踩上去就会爆炸。这种武器戚继光以前从未使用过,今天首次使用就大显神威,使蒙古骑兵尝到了苦头。

就在蒙古骑兵惊慌失措之际,戚继光指挥骑兵杀出,伯彦军知道中计,仓皇而逃。戚继光率军随后紧追。伯彦部士兵逃到锦川营城下,告诉正在攻城的蒙古骑兵,戚继光来了,我们刚才中了戚继光的埋伏,好多人都被炸死了。攻城的蒙古骑兵一听,感到情况不妙,担心被包抄,于是停止攻城,慌慌忙忙逃离战场。

李成梁看到蒙古骑兵逃跑了,知道戚继光率军来了,心中大喜。不一会,戚继光率军到达,和李成梁的部队会合,李成梁连忙向戚继光表示感谢。

接着,戚继光和李成梁分别命令吴惟忠、楼大有以及李成梁的长子李如松等人,率领一部分军队去追击蒙古骑兵。几天后,戚继光率领军队和吴惟忠等人在石河墩会合,对蒙古骑兵形成三面合围之势。伯彦见势不妙,慌忙收拾残部,拼尽全力,夺路而逃,明军大获全胜。

万历八年(1580年)十月,鞑靼部蒙古骑兵再次进犯锦州、义县等地,戚继光又一次率军出关,和李成梁密切配合,并肩作战,击退敌人。两次援辽,戚继光圆满地完成了任务。

由于戚继光镇守蓟镇成绩卓著,朝廷加授他"太子太保"官职。援辽胜利后,朝廷又加授他"少保"官职。少保是明朝武将的最高荣誉,戚继光被后人称为"戚少保",就是由此而来的。

自"庚戌之变"鞑靼部首领俺答汗侵犯京城开始,到戚继光奉命镇守蓟州之前的十七年间,蓟州一带不断遭到蒙古骑兵的侵袭,战事不断,几无宁日。明朝廷为此增设昌平镇,派大将镇守,以便在蓟州遭到蒙古骑兵侵袭时发兵前往救援,但是等到救兵赶到蓟州时,蒙古骑兵已经带着抢掠的财物、牲口消失得无影无踪了,这样蓟州一带的安全仍然得不到保障。十七年间,蓟州镇因此连续撤换了多员大将,直到戚继光上任后,这种局面才得到彻底的扭转。

戚继光从隆庆二年（1568年）正月奉命总理蓟州、昌平、保定军务，至万历十一年（1583年）被调南下，负责这一地区军务长达十六年。经过戚继光的苦心经营，这一带的防务情况得到了前所未有的改善，百姓们安居乐业，京城的安全也得到了保障。《明史·戚继光传》称赞他"继光在镇十六年，边备修饬，蓟门晏然"。

表面看来，戚继光在镇守北疆期间，只打过几次小仗，没有打过什么大仗，战绩与其在南方抗倭期间取得的战绩相比，显得微不足道。但实际上，他为保卫蓟镇和北方人民的安宁所做出的贡献绝不亚于在南方的战绩。慑于戚继光的威名和经过整训后的蓟镇守军的兵威，蒙古骑兵再也不敢大规模地进犯明朝的北疆，这不仅让京城没有警报频传之忧，也让蒙汉双方的百姓们过上了和平安定的生活，促进了北方民族的交流与融合。

由此可见，在镇守北疆期间，戚继光运用"攻心为上，攻城为下；心战为上，兵战为下"的策略，实现了"不战而屈人之兵"的效果，展示了其卓越的军事才华。时光飞逝，十六年前，戚继光来到蓟州时正值壮年，意气风发；十六年后，为国事军务日夜操劳的戚继光，已经呈现出了老态，两鬓已有了白发。但是看到自己在这十六年间所取得的成绩，戚继光又感到无限的欣慰。每当空闲的时候，他又会和在南方抗倭期间一样，一个人外出去逛逛山水，吟吟诗。

一个冬天的傍晚，戚继光登上盘山山顶。他举目向四处远眺，只见天高云淡，群峰起伏，草木衰枯，寒鸦纷飞，不禁感慨万千，随口吟出《登盘山绝顶》这首诗：

> 霜角一声草木哀，云头对起石门开。
> 朔风边酒不成醉，落叶归鸦无数来。
> 但使雕戈销杀气，未妨白发老边才。
> 勒名峰上吾谁与，故李将军舞剑台。

从这首诗里，虽然仍旧可以感受到戚继光从前的那份豪迈，但是不可否认，这字里行间也开始流露出一些老迈的气息。岁月不饶人，已经五十多岁的戚继光纵然有"老骥伏枥，志在千里"的壮志，也不免心有余而力不足，发出"英雄迟暮，廉颇老矣"的感慨。

第九章 将星陨落：落寞凄凉辞人寰

晚年的戚继光，疾病缠身，又遭遇了被贬谪广东，胞弟、儿子亡故，妻子离家出走等一系列重大变故，精神日益憔悴，内心日益孤独。万历十五年十二月八日（1588年1月5日）黎明，戚继光在无限凄凉中走完了六十年坎坷的生命历程。他在曙光中诞生，黎明时离世，生亦光明，死亦光明！

第一节 长年征战，积劳成疾

随着时间的推移，年龄的增长，戚继光的身体确实一天不如一天了。

在漫长的军旅生涯中，频繁的战事、繁重的军务、人事的纠纷让戚继光操劳过度、积劳成疾；恶劣的环境与天气、没有规律的生活，使戚继光的健康状况雪上加霜，身体状态每况愈下。

戚继光年轻时长期在东南沿海与倭寇作战，经常是风里来、雨里去，身体受到湿气侵袭，出现暑湿症，由于军务繁忙，没有得到及时的治疗，以致落下了肺病病根。到了蓟州以后，又因为忙于筑台、修城、练兵等事，操劳过度，未加调理，肺病的症状日渐明显，病情一年比一年加重。

隆庆四年（1570年）六月，修筑空心敌台的工程已经进行过半，戚继光却病倒在边墙上，口吐鲜血。

万历五年（1577年）二月，戚继光肺病复发，咳血病倒。部将们再三劝说戚继光上疏朝廷请求休养，时任蓟镇总督杨兆、新上任的应天巡抚陈道基等人，也曾亲自到营中看望戚继光，建议戚继光告休一段时日，安心医治，调理病情。

在众人的一再建议下，戚继光向朝廷上疏，请求休假养病。但由于朝廷此时面临北部的威胁严重，正值用人之际，所以没批准戚继光的请求，只是勉励其调养病情，继续坚守岗位。

万历八年（1580年）八月，戚继光率兵第二次援辽，将大军布置在长城沿线，行营驻扎于马头崖。这次援辽驻守期间，戚继光的坐骑病死，葬于马头崖下。征战的劳累，加上陪伴自己多年的心爱的战马病死，让戚继光心力交瘁，肺病再次发作，病倒在营帐中，戚继光就近于马头崖玄真观治病调养。

一天夜晚，戚继光病情加重，高烧持续不退，浑身颤抖不止，幕僚、部将们急得团团转。玄真观道士取来银针，为戚继光针灸，又衣不解带地给他熬药、喂药。戚继光喝完一大碗汤药后，病症平息下来，身体开始发汗，之后便迷迷糊糊地睡着了。

鸡鸣三遍，戚继光缓缓地睁开眼睛，浑身却丝毫动弹不得。

"戚帅醒了！戚帅醒了！"守在戚继光身边的士兵兴奋地叫道，接着奔出房间去报告道士。

道士急匆匆走进房中，探了探戚继光的额头，又搭了搭戚继光的脉，长长地出了一口气，说道："无量天尊，将军真乃天佑之人！"

老道扶起戚继光，喂了几口温水，又命小道士端来药汤，服侍着戚继光服下。戚继光服完药后，又睡了一会儿。

第二天天亮时，戚继光再次醒来。老道端来一碗汤面，轻声说道："将军，这碗面唤作'醒胃汤'，吃下暖胃，还能行气活血。来，趁热吃下。"

此时，戚继光虽然还很虚弱，但已能活动身体了。他端起碗，一口气将汤面吃了个一干二净，然后连声向道士道谢。

道士又命小道士端来茶，二人一边饮茶，一边聊了起来。

道士对戚继光十分仰慕，他劝说戚继光早日将他的军事思想整理刊印，传示世人。接着，道士又向戚继光介绍了呼吸吐纳之法，以应对肺疾的病痛，戚继光依照着练了一会儿，确实感到顺畅轻松多了。

次日，用过早饭，老道陪着戚继光在山中闲走。转到前山，道士手指前方山顶，对戚继光说道："将军请看，山顶像何物？"

戚继光说道："正似一匹飞腾的天马，奇哉！奇哉！"

道士接过戚继光的话说道："此山名为'马头崖'，马头昂首西顾,当年汉武帝有歌云:'天马徕兮从西极,经万里兮归有德。承灵威兮降外国,涉流沙兮四夷服。'"

道士顿了顿,又说道:"将军可否为此山题名,留下墨宝?"

戚继光略一沉吟,欣然点头。

二人回到房中,道士吩咐小道士取来笔墨纸砚。戚继光挥毫在纸上写下"天马山"三个大字。

道士由衷地赞叹:"好字!好字!浑厚有力,将军果然是文武全才!"

"天马山"三个浑厚苍劲的大字墨迹未干,戚继光又在边上题写"定远戚继光"几个字。他边写边说:"戚家世受皇恩,如今边患未除,正是我辈报国之际,唯愿此心如此天马,世世代代护佑蓟镇苍生!"

戚继光的部将张爵、黄孝感、李逢时等人也都由衷地赞叹戚继光写就的几个大字。有人提议把字刻在玄真观前的山石上,祈愿天马护佑蓟镇、守护国门,以纪念并留示后人。张爵承担了刻字任务。不久,"天马山"三个苍劲有力的大字被刻在主峰石门右侧一块显眼、平滑的巨石之上,落款为"定远戚继光题范阳张爵刻"。这块刻有戚继光题字的巨石成了天马山的一道风景,吸引着人们前来驻足观赏。

戚继光在天马山养病期间,他的好友陈万言来访。陈万言比戚继光年长十岁,一直都是戚继光有力的支持者,他此行既是来探望戚继光,也是与戚继光道别的。

时值中秋,一轮明月高悬天空,戚继光和陈万言两人在屋内伴着明月，举杯畅谈。不远处，似马头一般的山顶高耸入天，在皎洁的月光照耀下，显得格外醒目。戚继光看着周围的景象，触景生情，不禁吟道："万石嵯峨秋色深，居然天险待登临。"他又看了看身边注视自己、即将分别的老友，难掩失落之情，于是又吟道："防胡莫问当年事，惜别堪怜此日心。"

二人边饮边聊，从当年在南方抗倭寇聊到近年在北方修筑空心敌台、边墙，击败蒙古骑兵，援助辽东……

第二天早上，陈万言辞别戚继光。戚继光站在山路口，依依不舍地望着陈万言渐渐远去的身影，一股浓重的失落、惆怅之情在心中升起。

在天马山住了一段时日，在道士的精心调养下，戚继光的病情有所好转。不久，戚继光就回到军中，又像往常一样忙碌起来。但是戚继光的肺病还是时常反复，他常常失眠、吐血，甚至昏厥。

戚继光曾经写过三首题为《病中偶成》的诗，其中一首写道：

风尘已老塞门臣，欲向君王乞此身。
一夜零霜侵短鬓，明朝不是镜中人。

诗的大意是说，北国的风尘已令我这个戍守塞北的边将苍老不堪，想向皇帝请求解甲归田。夜里的白霜好像侵上了我的两鬓，再看镜中，已经认不出是自己了。

第二节 挚友辞世，前约难兑

年过半百的戚继光，两鬓斑白，饱经风霜的脸上刻下一道道皱纹。

每天早晨起床后，戚继光都会照例拿起宝剑练习剑术，而每次练完剑，他总要喘息一阵子。肺病折磨着他，使他经常吐血，晚上他也时常睡不着。一旦劳累过度，他就会晕过去。但他一生要强，尽管重病在身，仍然每天坚持处理军务。有时他还抽身去军营中巡视一下，看看营房，和士兵们一起聊聊天。冬去春来，军营中的士兵换了一批又一批，但是士兵们都记得这位名震南北的老将军，对他敬佩不已。

有人劝戚继光注意身体，可以向朝廷申请到后方休息一下，他却朗声说道："作为武将，本来应该为国效命，捐躯沙场。我从军数十年，侥幸没有死，已经很感谢上天了，因此更应当尽好一个武将的责任。"这一席话令所有听到的人肃然起敬，极为感动。

万历五年（1577年），一天，戚继光正在营帐中埋头处理军务，亲兵进来报告说从京城来了使者，戚继光急忙命亲兵让使者进来。使者满脸风尘，进帐后便向戚继光递上一封信。

戚继光命亲兵安排使者去休息，然后拆开信阅读。读着读着，他眼中涌出了热泪，继而失声痛哭起来。亲兵闻声，以为戚继光家中发生了什么事，连忙进帐来劝解他。

戚继光摆摆手,示意新兵没什么事,让亲兵离开。

原来,信是谭纶的儿子写来的,他告诉戚继光他的父亲已经去世,父亲临终前还惦记着戚继光,劝他保重身体。

戚继光黯然伤神,这几年来,他虽然身体也是一日不如一日,但是仍然惦记着昔日的战友们。而谭纶既是戚继光的老上级,又是戚继光的老朋友,他对戚继光百般呵护,因此戚继光对谭纶更是多了一份牵挂。如今,得知谭纶离世,临终前也未能见上一面,许多往事涌上戚继光的心头,他想起了当年自己与谭纶在南方抗倭战争中并肩作战、共商军机、互相支持、互相勉励的难忘岁月,想起了这些年来谭纶在朝廷中不顾自身安危,全力替自己遮风挡雨……戚继光悲痛不已,他站起身,向着京城方向拜了三拜,心中默默祷告,祝愿老友一路走好,希望自己死后能够与老友重聚,两人一起饮酒、赋诗、并肩作战。

两年之后,戚继光的另一位好友、抗倭英雄俞大猷也去世了。

在谭纶去世后的第二年,俞大猷曾向朝廷上书,请求辞职还乡。他给戚继光写信,希望能在回家前与老朋友见上一面。他在信中写道:"自古有志之士不多见于世,或有之……同志之士,知圣世有若我二人,又使我二人交谊,自管、鲍之后,乃一再见,岂不快哉!"

俞大猷一连给戚继光写了四封书信,戚继光也非常希望能见一见俞大猷,与老朋友畅叙一番,向老朋友倾吐心中的苦闷。但由于种种原因,两个好朋友始终无法相聚,直到俞大猷去世时,彼此也没能见上一面,不禁令人唏嘘不已。万历七年(1579

年），俞大猷上书还乡，不久在家中病逝，时年七十七岁。

俞大猷的去世，使戚继光又一次受到打击，他一连悲痛数日，不思饮食。戚继光又失去了一位休戚与共、肝胆相照的老朋友。想当年，在浙江抗倭战场上，他与谭纶、俞大猷相约"以安社稷、济苍生事业，皓首相期"，而如今，倭寇已灭，谭纶、俞大猷二人却相继离世，当年的约定未能实现，不能不使他忧愁感伤。他一连写下两首《庚辰除夕》诗，表达了自己对人生变化无常的感叹。其中一首写道：

> 南北征途莫问年，但教意气每翩翩。
> 人情到老方知味，世态无端尚有天。
> 蕉梦甫残仍泽国，梁炊未熟已桑田。
> 边书不至昏钟起，独抱丹忱付篆烟。

接着，不好的消息接连不断地传来。戚继光的几名老部下，和他一起出生入死、冲锋陷阵的兄弟陈大成、王如龙、丁邦彦、陈子銮、金科、朱钰等人也先后去世。这一连串的打击使戚继光一下子苍老了许多，他开始喜欢回忆，回忆过去的峥嵘岁月，回忆过去的坎坷经历。有好几次，他在梦里见到了自己的好友、部下、兄弟们，自己和他们肩并肩共同杀敌，面对面一块喝酒。

可是，梦醒之后，身边空无一人，戚继光十分伤感，总是悲从心来，愁上眉头。他寝食不安，不知道自己的人生下一步将走向何方。

第三节　首辅去世，厄运降临

万历十年六月二十日（1582年7月9日），为大明王朝操劳了大半生的张居正也去世了。张居正死后，万历皇帝为之辍朝，赠张居正上柱国，谥"文忠"。张居正就任首辅时，大明王朝已经沉疴在身，显露危亡之征，张居正力挽狂澜，冲破重重阻力，大刀阔斧地推行改革，使得朝廷的面貌焕然一新，让大明王朝的国运多延续了几十年。可是他哪里知道，自己一生为国任劳任怨，在他死后换来的竟是家族子孙的一场灭顶之灾。

由于张居正推行的改革触犯了一些官僚、地主的利益，得罪了朝中不少官员，在他死后，不少人就对他开始了肆意的报复和攻击。张居正去世后的第四天，御史雷士帧等四名言官就弹劾了与张居正关系密切的潘晟。

紧接着，万历皇帝开始对张居正进行全面的清算，首先就是将张居正曾经提拔的一批官员全部免职，又将赏赐给他的诰命通通收回。

两年后，万历皇帝正式下令查抄张居正的府邸。这次抄家相当惨烈，诏书一下，锦衣卫立刻封锁了张府，将各个出口封得严严实实，诏书下达十多天后，锦衣卫才漫不经心地打开张府的大门。眼前的状况惨不忍睹：院中家狗正在啃食人骨，家中十七口人已被活活饿死。张居正长子不堪受辱而自缢，妻子求死不得，哭瞎了自己的双眼,张居正的八旬老母也被搜身受辱,就连已入墓的张居正也都差点被鞭尸。

张居正的去世引起当时朝廷局势的动荡,许多与张居正有联系的官员都受到了牵连,有的被削职,有的被弃市。而与张居正关系密切的戚继光自然也未能幸免于难。

张居正在辅政期间,重视、重用戚继光,每当朝廷中有人弹劾戚继光的时候,都会被张居正挡下,那些弹劾戚继光的人要么被罢官,要么被调离。这样一来,戚继光就可以心无旁骛地投身军事工作当中,最大限度地发挥自己的军事才能。

戚继光能够建功立业,当然离不开张居正的大力支持,他对这位上司一直充满了感激。根据戚继光的好友、明末著名文学家王世贞的记载,戚继光"时时购千金姬"送给张居正,此外他还送给张居正一些珍稀的补品以及锦帐等物品。万历六年(1578年),张居正的父亲病亡,张居正回家乡江陵奔丧,戚继光特意派出一队火铳手全程护卫他南行。

而对于自己重用戚继光之事,张居正也做过解释:"仆何私于戚哉!独以此辈,国之爪牙,不少优假,无以得其死力。今西北诸将如赵、马辈,仆亦曲意厚抚之,凡皆以为国家耳。缕缕之忠,惟天可鉴。"可是,张居正作为内阁首辅,与一名手握重兵的武将保持如此亲密的关系,不由得引起了一些人的注意。他们想以此大做文章,在他们看来,戚继光就是张居正的同党。

正所谓"成也萧何,败也萧何",张居正在世时,戚继光仕途通达,官运亨通;张居正去世后,戚继光的厄运也随之降临了。张居正的去世，使戚继光失去了他在朝廷中的最大"靠山"，昔日的老战友谭纶、俞大猷也早已去世，朝廷中已经没有人能够替他说话了，那些心怀鬼胎的人视他为眼中钉、肉中刺，必欲除之而后快。

经戚继光一手提拔起来的将领陈文治趁机落井下石，到处散播流言蜚语，企图利用这股清算张居正的风潮取代戚继光的职位。京城中有些人还捕风捉影，捏造事实，说早先张居正和戚继光经常互相往来书信，相互勾结串通，意图谋反。

说戚继光曾经协助张居正谋反，就连万历皇帝自己也难以相信。但是，戚继光镇守蓟镇长达十六年，手里掌管着十几万的兵力却是事实，在万历皇帝看来，戚继光就算没有谋反之心，但有谋反的能力，这就是一个皇帝不能容忍的。

当年，张居正推行军事改革时，力压朝中势力，任命戚继光总理蓟州军务，权力高于其他的卫所总兵。随即，张居正将蓟州的其他高级将领全都调到了别的地方，又命令蓟州的文官不得干预戚继光的军务，这彻底触怒了朝廷的文官集团。因此，戚继光的命运似乎早已注定。

在这次政治风潮中，不仅戚继光本人受到冲击，他的亲属和一些老部下也因此被连累。就在张居正去世后不久，戚继光的部将胡守仁、李超先后被调到南方。接着，戚继光的弟弟戚继美也接到了调任贵州总兵的诏令。这让本来就很孤独的戚继光更加感到忧伤。

戚继美临走那天，天正下着雨，戚继光冒雨赶来为弟弟送行，心情沉重地叮嘱弟弟："贤弟可趁此次去贵州赴任之际，顺便回家乡看看，这样也算对我有个安慰。我离家已快三十年了，这么多年从军在外，一直没有机会回去，然而心中总是惦记着家乡，你回到家乡后，千万别忘了代我向家乡父老问候致意。"

戚继美点点头，对戚继光说："兄长尽管放心，我一定照办，不过……"他深情地望着戚继光那日益苍老的面容，关切地说："兄长可千万要保重自己的身体啊！"

戚继光点了点头。戚继美依依不舍地踏上了去贵州的路途，望着弟弟逐渐远去的身影，戚继光禁不住落下了几行老泪。

第四节　横遭贬谪，泪别蓟州

万历十一年（1583年），戚继光五十六岁，已经守卫北疆十六年。这十六年中，他付出了很多，也希望继续留在北疆，实现自己尽忠报国、马革裹尸的雄心壮志。然而，事与愿违，朝廷却要他去另一个地方——广东。君命难违，戚继光不得不告别蓟州的官兵和百姓，心有不甘地踏上南下的路途。

蓟州军民十分爱戴、感激戚继光，都舍不得戚继光离开。在他们看来，戚继光就是他们的保护神，只要戚继光在蓟州，蒙古铁蹄就不敢再踏进蓟州一步，他们就能过上平安的日子，现在戚继光要走，谁能想到今后会发生什么样的事情呢？

当地父老组成了一个请愿团，赶到京城请求朝廷改变成命。

但是，皇帝的旨意谁也不能改变，他们的请愿当然不可能有结果。

戚继光临行那天，官兵、百姓夹道相送，依依难舍。白发苍苍的老者、年轻力壮的青年、黑发垂髫的童子，无不潸然泪下，哭声不绝。

百姓们为表心意，送给戚继光许多东西。戚继光十分感动，说："乡亲们的盛情我领了，但东西请拿回吧，不能坏了戚家军的规矩。"

有人拉住他的手，眼中含泪："将军这一走，不知此生还能否再相见，还望将军保重身体啊！"戚继光满眼热泪，点头无语。百姓们送了一程又一程，在戚继光的一再劝告下，才停住脚步。

戚继光感动不已，心想：自己一生征战，就是为了百姓，就是战死疆场，又有何惜？他泪流满面，冲着送行的百姓们深施一礼，然后跨上战马，扬鞭而去。百姓们眼中含泪，望着戚继光渐渐远去，久久不愿回去。

戚继光的老部下、参将陈弟在写给戚继光的送别诗中写道：

辕门遗爱满幽燕，不见胡尘十六年。
谁把旌麾移岭表，黄童白叟哭天边。

这首诗真实地反映了当时百姓们送别戚继光的情景。

四月，戚继光在赴任广东的途中，顺便回到阔别将近三十年的家乡蓬莱。

戚继光是在嘉靖三十四年（1555年）二十八岁时离开山东到浙江任职的，此后转战浙江、福建、广东，后又北上镇守蓟镇。几十年转战南北的戎马生涯，使戚继光两鬓斑白，而且疾病缠身，痛苦不堪。离家时是年富力强，回到家乡时已垂垂老矣，戚继光不由感慨万分。

戚继光早年的大部分时光是在家乡度过的，家乡的一切对于他来说是那么的熟悉。时隔近三十年，家乡的山水还是那么美丽，乡亲们还是那么淳朴。而官场险恶，人心叵测，钩心斗角、尔虞我诈之事每天都在发生，稍有不慎轻则丢掉乌纱帽，重则招来杀身之祸。想到这里，戚继光不免心灰意冷，萌生归隐家乡、终老田园的念头。

戚继光荡舟于蓬莱阁下，感慨之下，吟出《放舟蓬莱阁下》诗一首，聊以抒发心情：

三十年来续旧游，山川无语自悠悠。
沧波浩荡浮轻舸，紫石崚嶒出画楼。
日月不知双鬓改，乾坤尚许此身留。
从今复起乡关梦，一片云飞天际头。

家乡让戚继光十分留恋，但是皇命在身，不能久留。七月，戚继光继续踏上南下的旅途。八月，戚继光途经杭州时，顺便去拜访了挚友汪道昆。

早在嘉靖四十一年（1562年），戚继光就已经与汪道昆相识，两人志同道合、惺惺相惜，在一起共事长达二十五载，都将对方视为一生的知己。

汪道昆从就任浙江义乌县令起，就积极组织民众习武练兵，实现全民防御。后来他在福建为官多年，从按察副使一直做到福建巡抚的高位。任福建按察副使时，他积极配合戚继光招募义乌兵奔赴抗倭前线参战，后来在福建抗倭期间，他还担任过戚继光的监军，帮助戚继光出谋划策，为戚继光打败倭寇提供了很大的帮助。

东南沿海倭患平息后，戚继光奉命北上戍边，汪、戚二人一如既往地合作抗敌，协力共襄京畿和蓟辽防务，为巩固大明北方边防做出了巨大的贡献。

可以说，没有汪道昆，就不会有戚家军。而戚继光对于汪道昆对自己的提携、支持也是感激不已，在其文集《止止堂集》中这样说道："初继光以明命自浙至，适新安汪公整饬兵备。公时进继光，谈东南事意甚合，又相与乞师于浙闽，至今赖之。"从这段话中可以看出戚继光对汪道昆是何等的钦佩、倚重。

十六年前，戚继光从福建赴京就任新职时，特意拜会了汪道昆。十六年后，戚继光从京城南下就任新职，又一次拜会汪道昆。只不过，此时戚继光的心境和十六年前他北上时的心境截然不同。那时，戚继光胸怀壮志，雄心勃勃，一心要为国为民立功塞上，而今，他横遭排挤、打击，心情低落，郁闷不已。

老朋友久别重逢，自然是欣喜异常。汪道昆此时当然明白戚继光的心情，于是用好言好语安慰了戚继光一番。中秋节那天，汪道昆特地约了一些当地名流,陪同戚继光泛舟西湖,赋诗唱和,观赏西湖风光,好让戚继光排遣忧愁,暂时忘却心中的不快。

不久,戚继光告别老友,继续南下。他在乘船渡过长江时,望着滚滚东逝的江水,一下子想起了自己在东南沿海抗倭的往事,万般思绪涌上心头,一连吟出三首《赴粤途中述》诗:

其一

四十年来汗血间,征鞍重度穆陵关。
如今南北多良将,何日天王为赐环?

其二

再渡长江旅梦牵,歌声子夜逐秋舷。
人间苦海波犹沸,天上春风祇自偏。

其三

倏报南天未息氛,楼船飞鹢渡江渍。
帆头应挂家乡月,陇外不知何处云。

在诗中,戚继光既表达了自己对过去岁月的追思,也吐露了自己对未来苦海的忧愁。

十月,戚继光翻山越岭,到达福建诏安梅岭。他望着逶迤起伏的山脉,情不自禁地回忆起当年在此地追剿大海盗吴平的战斗情景,当时的情景犹如发生在昨天,历历在目。戚继光有感而

发,又一连吟出三首《度梅岭》诗:

其一

溪流百折绕青山,短发秋风夕照间。
身入玉门犹是梦,复从天末出梅关。

其二

北去南来已白头,逢人莫话旧时愁。
空余庾岭关前月,犹照渔阳塞外秋。

其三

仰看夹壁起层云,一线青天五岭分。
共讶皇恩遍海峤,岭头十月气氤氲。

戚继光哪里知道,就在他赶往广东的路上,塞外狼烟又起,再次陷入动荡不安之中。朵颜等部落探知戚继光离开蓟镇南下,胆子又大了起来,向明朝北方边境发动了新一轮的进攻。

万历十一年(1583年)六月,朵颜部六百多人趁明军出外放马之机,侵犯古北口,抢走马一百七十一匹,杀害军民十一人,掳去军人十七人;七月,小阿户人侵犯黑谷关,杀死三十人。自万历三年(1575年)后一直对明朝臣服的董长昂,在探知戚继光离开蓟镇后,又萌生反意,于万历十二年(1584年)九月再次内犯,掳去男女四十三人。明军轻率出击,中了董长昂的埋伏，惨败而回。

当年，戚继光驻守蓟镇时，这些外族闻风丧胆、畏之如虎，不仅不敢内犯，有的还俯首称臣。如今，戚继光离开蓟镇不久，他们就频频内犯，四处掳掠，杀人越货，如入无人之境，北疆再次出现了十几年前的凄惨景象。

这一前一后截然不同的事实说明，朝廷把戚继光调走，其实是在自毁长城、自拆屋梁。而蓟镇的百姓更加思念戚继光了，他们纷纷说道：

"戚将军若在，贼人怎敢如此猖狂？"

"戚将军离开了，我们再难见天日啊！"

第五节　履职广东，鞠躬尽瘁

经过艰难的旅行，戚继光终于抵达广东。

对于广东，戚继光并不陌生。在此之前，他曾两次来过广东。第一次来广东，是率领戚家军扫除盘踞广东潮汕的倭寇；第二次来广东，是和俞大猷联手荡平盘踞南澳岛的大海盗吴平的贼兵。

这次来广东担任总兵，是戚继光第三次来广东。与前两次相比，戚继光的官职虽然没变，但实际上是一种贬谪。

此前，戚继光是北方边境线上的统帅——从1568年开始，他先后负责蓟州、昌平、保定、永平等地军务，统率十几万大军，集所有军政大权于一身，权力和地位在朝廷中无人可出其左右。

这次，戚继光调任广东，名义上所统辖的军队有四万人，而实际上他手下只有两千名标兵可以指挥，另外，像士兵招募和训练、军官选拔等事务也不归他管。

因此，戚继光的这次官职调动，虽然说是平调，但实际上他已经没有什么实权，成了一个可有可无的被朝廷冷落的人。戚继光心情更加低落，精神也变得萎靡起来。

广东旖旎如画的风光，四季温暖如春的气候，热情好客的百姓，让远道而来、心有不甘的戚继光感到一丝慰藉。他住进了俞大猷曾住过的总兵府。当年，俞大猷在这里恪尽职守，为巩固广东的海防、保障百姓的安宁日夜操劳着。如今，俞大猷已经离世，他的政绩仍然在当地百姓中间传颂着，而他的音容笑貌也让戚继光难以忘怀。戚继光也希望自己能像俞老将军一样，为一方百姓做点实事，造福广东民众。

然而，现实再一次让戚继光感到失望，广东方面的现状令他寒心。广东养兵四万，每年耗费的军费有四十万两白银之多，而此时广东倭患已清，承平日久，如此庞大的开支无疑是一种浪费。而且广东太平日子久了，军队再次松懈，管理极为混乱，贪污腐败现象非常严重。愤懑之下，戚继光上疏朝廷，请求隐退还乡，朝廷没有批准他的请求。

隐退不成，戚继光就振作精神，全力投入自己的本职工作中。这就是戚继光的可贵之处，即使自己心情再郁闷，处理起工作来丝毫不消极颓唐。

首先，戚继光从自己身边的标兵开始整顿部队。

这些标兵长期过着自由散漫的军营生活，纪律涣散，有名而无实，虽身为兵，根本不像兵，更似一群无赖。整顿这样一支充满各种恶习的部队，要比训练一支新军困难许多倍。凭着自己多年的练兵、带兵经验，戚继光总算把这些标兵整顿得像个兵样，军容、军纪还算看得过去。

其次，戚继光依然积极备战，重视沿海防务建设。

戚继光深知，虽然倭患已经平息，但是不能麻痹大意、高枕无忧，仍然要保持高度的警惕。只有时刻加强战备，在沿海筑起一道固若金汤的钢铁防线，才能有效遏制各种可能的外来威胁，才能避免重蹈当年倭寇大举进犯时大明只能任人宰割的覆辙。因此，从万历十二年（1584年）四月开始，戚继光陆续巡视了广东沿海惠州、潮州、肇州、庆州等地方的战备情况。他原本打算在巡视完毕后，对广东全境的水寨和沿海防务进行整顿，但是由于劳累过度，他的肺病复发，他不得不在驻地养病。

养病期间，戚继光也是身闲心不闲，他翻出自己以前的著作，把自己多年笔耕的结果重新进行了整理。万历十二年（1584年）九月，戚继光对《纪效新书》进行了校核整理，把它由原先的十八卷本整理成十四卷本。经过整理的《纪效新书》，不仅保留了原先十八卷本的原貌，总结了戚继光原先在东南沿海抗倭的作战经验，而且还把他在蓟镇练兵、筑城的经验也增补了进去，并且新加了《练将篇》和《胆气篇》，大大扩充了原书的内容。该书可以看作戚继光毕生军事成果的总结。

戚继光认为，自己的作战经验和军事研究心得不应视作个人的财产，不应秘而不宣，而应当将它们著述成书，公之于众，供世人研究、学习，希望这对于提高大明军队的军事素养和将领们的战略眼光有所帮助。因此，将《纪效新书》整理完毕后，戚继光就把它交给布政司刊刻，然后把书分发给自己手下的大小将领，以此作为训练士兵的教程。

此外，戚继光还把自己的诗文集《止止堂集》重新进行了整理。这时，朝廷对张居正的清算之风愈演愈烈，一些别有用心的人对已经被贬到远离京城的戚继光仍然不肯放过，他们捕风捉影、网罗罪名，企图陷害戚继光。为了不被这些人抓住把柄，戚继光不得不删除该书中涉及政治部分的内容，删去的内容几乎占到全书内容的一半。这位久经沙场、征战大半生的老将，对当时的政治斗争深感无奈。

第六节 解甲归乡，闻弟噩耗

万历十三年（1585年）春，五十八岁的戚继光肺病复发，他知道自己已经不能再从事繁重的军队工作了，于是他上书朝廷，再次请求辞去官职，解甲归乡。经历了太多的战争与杀戮，见证了太多的明枪暗箭，尝受了太多的人情冷暖，戚继光此时已经身心疲惫，不想在外漂泊了，他想回到家乡蓬莱，回到戚家人生活了上百年的故居，把生命中最后的时光留给家人和亲友。

戚继光的上疏本是一次正常的奏疏，可是又被人拿来作为攻击戚继光的证据。兵科给事中张希皋趁机弹劾戚继光，说戚继光是以告病为由还乡，发泄对皇帝的不满，应予严惩，以儆效尤。但是大多数朝臣认为张希皋的说法缺乏依据，戚继光战功卓著有目共睹，如果严惩戚继光会让其他将领心寒，百姓不满。万历皇帝考虑到戚继光有功的一面，最终批准了他的请求。

对于万历皇帝的这一决定，戚继光从内心来说是比较感激的。他想到历史上许多忠臣良将都蒙受了不白之冤，有的结局非常凄惨，与他们相比，自己还算是比较幸运的，毕竟自己能够全身而退。戚继光收拾行装，欣然踏上了归乡的旅途。广东参政陈海山和参议梁木湾雇了一艘船为戚继光送行，送了一程又一程，一直送到广东边境的韶关南雄一带才返回。

戚继光为此专门赋诗一首《别粤中诸公（其一）》，以表达自己对二位的谢意。

万里归心系别船，高情直与九霄联。
望迷北斗知天远，水尽南邮见地偏。
帆逐晚云随去住，鸥浮春雨任蹁跹。
圣朝不薄庚关外，新拜元戎已出燕。

戚继光继续往东北方向走，绕道经过江西来到汪道昆的家乡歙县，再一次与老朋友相会。

此时，两位挚友都已从官场隐退，同时也都两鬓斑白，相同的遭遇让他们彼此的心贴得更紧了。两人在一起畅叙友谊，纵论时事，饮酒赋诗，驱车游玩，缅怀过去。戚继光既没有军务的羁绊，又有挚友的陪伴，自然是非常畅快、无拘无束，他一住就是将近一个月。如果不是想急于见到被朝廷罢官回乡的弟弟戚继美，戚继光还会在汪道昆家中多停留些日子。临别时，二人相约以后再见，可是此次分别成了二人的永别。

当年戚继美离开京城到蓟镇来看望戚继光，兄弟两人自从隆庆四年（1570年）分别后，前后相隔将近十三年才第一次见面。当时，朝廷任命戚继美为贵州总兵，命他即刻赶赴贵州上任。戚继光在汤泉为弟弟饯行，兄弟二人感情深厚，离别时互相牵衣号啕大哭，引得一旁的士兵们也跟着落泪。转眼之间，又有数年不复相见。世事难料，弟弟被罢官归家，兄弟两人殊途同归。戚继光是多么想早点见到弟弟，和弟弟互诉衷肠，以释胸中块垒啊！

可是天有不测风云，正当戚继光急匆匆行走在回乡的路上时，忽然传来了弟弟去世的噩耗！戚继光闻听消息，如五雷轰顶，半晌回不过神来。

原来，戚继美的妻子李氏、戚继美平时最喜欢的小儿子先后患病身亡，接连的打击让戚继美悲伤过度，旋即也患病去世了。戚继光不顾疾病缠身，日夜兼程，于当年十月赶回家中。他跌跌撞撞地迈进家门，只见弟弟的灵柩停在堂上，戚继美的长子披麻戴孝，在一旁号泣不已。戚继光不由悲从中来，紧紧抱着侄子号啕大哭起来。

四十多年前的十月，同样是萧瑟的秋天，同样是从远方匆匆赶回家中，堂屋中摆放着父亲的灵柩，戚继光没能见父亲最后一面。如今，他同样没能见弟弟最后一面。

戚继光本来以为，自己征战一生，这次辞官还乡，终于可以和弟弟一家人团聚，在风景如画的家乡心无旁骛地颐养天年，享受天伦之乐。但是弟弟先离他而去了，他怎能不痛断肝肠？怎能不感叹人生的无常、命运的不公？

那些日子，戚继光时常对着弟弟的灵柩以泪洗面。直到第二年四月，戚继光才命侄子将戚继美葬在蓬莱城南的墓地里。

弟弟的去世，对戚继光来说是一个沉重的打击，他一下子苍老了许多，眼中再也没了往日的神采，头发几乎全白了。

第七节　纳妾续子，王氏休夫

真所谓"福无双至，祸不单行"，戚继光回到家没多久，次子戚安国又病逝了。紧接着，和戚继光在一起生活了四十多年的夫人王氏跑回娘家，还带走了他的大部分积蓄。

王氏为何如此绝情，在戚继光年老多病又承受丧子之痛时弃他而去？事情还得从头说起。

王氏出身将门，性情刚烈强悍，武艺出众，有勇有谋，算得上是一位将门虎女。再加上其父王栋身居高位，所以戚继光对王氏既敬重又畏惧，戚继光的"惧内"在军中是人人皆知的。

婚后，王氏一心一意打理家庭事务，对戚继光的平寇事业鼎力支持。平时在家中，戚继光一般都听夫人的。不过，王氏也并不是蛮横不讲理，她贤惠识大体，通晓人情世故。戚继光在做一些大的决定时，甚至会征询一下王氏的意见。因此，王氏是一位实实在在的贤内助。

也正是由于王氏的支持与付出，戚继光才没有后顾之忧，可以将精力全部投入军队的事务之中，南驱倭寇，北击蒙古骑兵，立下了不朽的功勋，拥有了极高的名望与地位。如今，戚继光功成名就，解甲归田，本应和王氏的感情越来越好，可是王氏居然离家出去，与戚继光断绝了夫妻关系，实在令人不可思议！

问题根源是：戚继光和王氏两人结婚多年，一直没有生下儿子。

根据《孟诸戚公墓志》记载，王氏与戚继光结婚后，多次怀孕，也几次流产，生育了一个女儿，却始终未育男孩。由于数次流产，王氏最终失去了生育能力。戚继光是一个对封建孝道十分看重的人，无子为继对他来说是不能接受的。

古时的女子在遇到自己不育的情况时，还要替丈夫纳妾继承香火。可是王氏心高气傲，只想和戚继光二人相濡以沫、白头到老，心中岂能容得下别的女人。

可戚继光终究是想要一个儿子延续戚家香火，并接替自己继续尽忠报国的。万般无奈之下，嘉靖四十二年（1563年），三十六岁的戚继光偷偷纳了第一位小妾沈氏。沈氏既年轻，又漂亮，相比王氏，性格更细腻温柔一些，因而深得戚继光的喜爱。然而一年后，沈氏仍未有孕，戚继光又变得愁眉不展起来。

于是，戚继光又纳了第二位小妾陈氏。戚继光舍不得抛弃沈氏，就将沈氏和陈氏两人秘密地带到了蓟州自己的住处。戚继光采取能拖就拖、能瞒就瞒的办法，一直没有将自己纳妾的事向王氏透露。而王氏大部分时间都待在蓬莱老家，对此事一无所知。

这一次，陈氏没有辜负戚继光的期望，接连给他生了三个儿子。戚继光欣喜若狂，给三个儿子分别取名为祚国、安国和报国。不久，沈氏也为戚继光生下第四子昌国。万历三年（1575年），戚继光又纳了第三位小妾杨氏，杨氏为戚继光生下第五子兴国。

看戚继光为儿子取的名字就知道，他还是一心惦记着国家，想让他们继承自己的志向，守护大明江山！

可是天下没有不透风的墙，王氏最终还是知道了戚继光纳妾的事。戚继光也回到家中，当面向王氏认错。王氏愤怒也好，哭闹也罢，也只得接受现实。最终，戚继光将自己最喜欢的二儿子戚安国过继给王氏，认她作母亲。王氏也很喜欢这个儿子，慢慢地也就原谅了戚继光。

夫妻虽然和好了，但是二人的感情再也回不到从前了。如今天意弄人，戚安国竟然生病夭折了。戚安国聪明伶俐，明理懂事，非常讨人喜欢，在对戚继光失望的情况下，王氏对他寄予了自己全部的希望。正因为身边有戚安国相伴，王氏才放下了烦恼、怨恨，才不再找戚继光的麻烦。现在戚安国不在了，王氏的全部希望都破灭了，她已心如止水，觉得在世上再也没有什么牵挂。她不愿再委屈自己，也不愿再守着这段名存实亡的婚姻。于是，王氏毅然决然地选择休夫，与戚继光一刀两断，一走了之。

第八节　鸡叫三遍，将星陨落

　　明朝时，官员的俸禄普遍较低，戚继光虽官至一品，但是俸禄也不算很高。而且戚继光一生廉洁奉公，恪守军纪，虽为官多年，但他的收入大都用来资助下属、上下打点，还有一部分用于供养几个妾室，因此他退休归乡时并没多少家财。而王氏走时又带走了他的大部分积蓄，家中生活顿时捉襟见肘，戚继光连买药治病的钱都不够。此前，他的几个小妾也已各奔东西，这些让戚继光的晚年又添了几丝凄凉。

　　即便是这样，晚年的戚继光依然热心于家乡的建设。

　　在蓬莱城外西北的山崖上，有一座驰名已久的楼阁，传说是八仙过海的地方，由于年代久远，楼阁失修，已经十分破旧。万历十三年（1585年）十月，戚继光捐出了自己微薄的俸禄，资助当地官员整修楼阁。整修后的楼阁焕然一新，成了当地一道靓丽的风景。从此，这座楼阁留下了戚继光的印记。

　　戚继光还出资赞助族人修建家庙。万历十五年（1587年）七月，家庙孝思祠建成，这是一件令戚继光全家都非常开心的事情。

　　家庙建成后，戚继光把戚家历代祖宗的神位都安放在里面，并且写了一篇长长的《孝思祠祝文》，告慰列祖列宗。他在祝文中历述了戚氏各代祖辈的功业，更多的是叙述自己袭职之后转战南北的经历。这篇祝文实际上是戚继光的自传,是对他一生经历的总结。在祝文中,戚继光动情地写道:"游子三十年,行间先后南北水陆大小百余战,未尝遭一劫……虽用祖宗之积已多,未能为之益,亦未敢为祖宗累也。又安敢不以三十年实历闻于祖宗之前乎?"

万历十五年(1587年)冬,戚继光的病越来越严重了。此时,大明王朝北方边境的危机日益加重,蒙古诸部和东北地区的女真族与明朝的矛盾日趋激化,战事频繁,而明朝内部的争斗也日益严重。

御史傅光宅敏锐地预感到女真族的兴起将会对明朝构成巨大的威胁,于是上疏朝廷,请求朝廷重新启用戚继光。傅光宅是戚继光的山东同乡,万历十三年(1585年)出任河南道监察御史。他时刻关心北方边境的局势,认为女真族正日益强大,对明朝的威胁也越来越严重,时下需要有一批能力超群、能够稳住北方局势的名将大帅出镇北疆,遏制女真族的发展,而戚继光文武兼备、久经沙场、威名在外,任用戚继光出任北疆大帅最合适不过。于是,他于万历十五年(1587年)九月向朝廷上疏,建议启用赋闲在家的老将戚继光,让他继续镇守北疆。傅光宅同时还推荐了左府佥书张臣和副总兵郭英。

蓬莱离京城并不算远,戚继光也一直关注着京城的动态,很快他就得知傅光宅上疏朝廷建议重新启用他的消息。戚继光激动万分,他那颗寂灭已久的心再次燃起了火焰,当即挥毫疾书,赋诗《寄书》一首：

> 寄书向知己，不解作家音。
> 男儿铁石志，总是报君心。

从诗中不难看出，戚继光此时虽然年老体衰、疾病缠身，但他那颗报国之心始终未泯灭，他依然向往着金戈铁马的生活，或许战死沙场，才是他此时最大的心愿。戚继光整天盼望着新的诏令到来，准备重上疆场，杀敌报国。可是，戚继光又一次失望了！没过多长时间，又传来消息，万历皇帝不仅没有采纳傅光宅的上疏，而且还夺去他的俸禄，将他革职还乡——皇帝已经再没有启用戚继光的想法了。

听了这样的消息，戚继光悲愤难抑，感慨万千。在万历皇帝眼里，戚继光已老而无用。这位舍命报国、劳苦功高的大明战神，到头来被自己效忠一生的朝廷无情地抛弃。戚继光的心彻底死了，他知道自己此生再无机会回到战场，再无可能保卫大明了。

时近隆冬，寒风凛冽。一天中午，戚继光拖着沉重的病躯，步履蹒跚地登上蓬莱城外的丹崖山顶，静静地站立着，凝神注视着一望无际、波涛汹涌的大海。最近一段时间，这位倔强的老人每天总要登上丹崖山顶，眺望大海，仿佛在向大海倾诉着内心无尽的冤屈、不甘，仿佛要把满腔的愤懑都倾倒在茫茫的大海中。

回到家中，戚继光望着院门外面的戚家牌坊，不禁又想起血洒疆场的戚家军将士们。想当年,他们追随自己左右,在战场上冲锋陷阵,奋勇杀敌,那是一段多么难忘的峥嵘岁月啊!如今,他们一个个都已作古,他们的名字和英雄事迹或许已经被人们淡忘了。但是戚继光不会忘记,他心中始终惦记着自己的弟兄、战友。而到了晚年,他的这份思念之情更加浓重了。常年的戎马生涯已极大地损害了戚继光的身体,接连遭受的一系列打击又让他的精神接近崩溃。

戚继光预感到自己来日不多了,应该向自己的儿子做一番交代了。

一天,戚继光把几个儿子叫到跟前,对他们讲述了自己的生平经历,最后感叹道:"我自少年投军从戎,征战疆场,经历了大小百余战,为国家立下汗马功劳。军人在战场上出生入死是本职,但被小人、权臣陷害,落到危险境地却是国之不幸。如今我也算功成身退,总算留下一条命,应当说也是个好结果了。"

顿了顿,戚继光又说道:"这几日,我一直在回忆着我这一生。思来想去,我觉得自己无愧于国家,对得起百姓,对得起戚家军的兄弟们,也算得上不虚此生。"

最后,戚继光说道:"每个人生于世上,皆有他的使命,现在我的使命已经完成了,不久也要离开人世。当年,你们的祖父并未留给我什么财物,只是让我牢记戚家祖训,做一个于国有用的人。如今,我依然没有财物可传给你们,有的就是千卷书籍和一身骨气,希望你们可以继承戚家风骨,代代相传……"

一年中最寒冷的腊月来临了。

万历十五年十二月八日（1588年1月5日）深夜，戚继光突然发病，当即不省人事，家人恳求他托付后事，他却一句话也说不出来。到鸡叫三遍天色将亮时，戚继光永远地闭上了双眼，在贫病交加和无限的不甘中走完了自己充满坎坷的一生，这名出生入死、转战南北、功高盖世的将星就此陨落。

戚继光死后，其灵柩葬于蓬莱芝山的戚氏墓园，好友汪道昆为他撰写了墓志铭，记述了他一生的功绩。

戚继光去世时，并没有给后代留下什么财产，唯有"四提将印，佩玉三十余年，野无成田，囊无宿镪，惟集书数千卷而已"。为官三十余年，去世时竟如此清贫，戚继光廉洁奉公、不谋私利的高尚品德由此可见一斑！但是对于这样一位两袖清风、征战南北，护佑大明江山数十年的功臣，朝廷的反应却十分冷淡，没有进行任何的追悼活动。一年后，万历十七年（1589年）二月，戚继光的长子戚祚国到京城请求恤典，万历皇帝才下诏予以祭葬。按照前朝的惯例，像戚继光这样功勋显赫的高官，死后朝廷会立即追赠谥号，但直到万历末年，朝廷才给他谥号"武庄"，天启年间改谥"武毅"。

崇祯八年（1635年），朝廷在戚继光的家乡建立表功祠，表功祠大门上有这样一副对联：千秋隆祀典，百战著勋名。横批是：海上威风。这是对戚继光为护卫大明社稷江山所立下的卓越功勋的肯定和褒奖，也是对他辉煌非凡的一生的高度概括和总结。

戚继光去世了，大明王朝也失去了护国柱石。随着女真人努尔哈赤在东北的崛起，大明王朝已经是风雨飘摇，大厦将倾，气数已尽。

戚继光去世后，北方边境的兵备逐渐废弛，他生前花费大量心血建立起来的战车营也被朝廷裁的裁、撤的撤，最终悄无声息地解体了。戚家军余部在吴惟忠、戚金（戚继光族子）等一些旧将的带领下，仍然为朝廷效力，奔走在保家卫国的战场上，他们以"南兵"自称，是后来的浙兵的主要力量。

万历二十年（1592年），日本大名丰臣秀吉趁朝鲜内乱之际，派大军突袭朝鲜，很快攻陷朝鲜的大部分土地，朝鲜国王请求明朝廷出兵救援。明朝廷从各地抽调部队组成援朝大军，命兵部右侍郎宋应昌总督朝鲜、蓟辽等地军务，李如松为提督率军入朝作战。入朝部队中有从蓟镇边军中选调的三千多名南兵，由六十岁的老将吴惟忠带领，此外还有由神机营参将骆尚志、王必迪各自带领的一营浙兵，合称"南兵三营"。

以戚家军余部为主体的援朝浙兵，数量虽不多，但战斗力依然不减当年。次年初，在平壤战役中，吴惟忠带领士兵攻打平壤城北侧制高点牡丹峰，胸口中弹，血染衣甲，依然死战不退，最终率兵攻克牡丹峰，歼灭日军两千余人，为大军攻占平壤扫清了外围障碍。

援朝战争结束后，浙兵回到国内，他们的功劳被李如松冒领，军饷也成了问题。刚开始，浙兵还勉强能领点军饷，到后来朝廷开始拖欠军饷，浙兵只能领到很少的军饷，生活非常艰难。万历二十三年（1595年），朝廷已经拖欠浙兵的军饷很久了，浙兵们的生活都陷入了困境之中。十月，近三千名浙兵集体到蓟州总兵王保府中讨要军饷，却被王保诱骗到演武场，扣上"叛乱谋反"的罪名全部杀死，这次事变史称"蓟州兵变"。此次事变后，浙兵编制被取消，蓟镇南兵大多受到清洗，很多人被押送回原籍义乌，吴惟忠、戚金也被打发回老家。

万历二十五年（1597年），丰臣秀吉又一次出兵入侵朝鲜，朝鲜国王再次向明朝廷求救。明府派遣兵部尚书邢玠和总兵杨镐、麻贵等人率军增援朝鲜，并重新起用吴惟忠等老将率浙兵入朝作战。经过"蓟州兵变"，浙兵已经元气大伤，人心涣散，不再为朝廷卖命死战，战斗力大不如从前了。战后，吴惟忠归隐义乌金岩谷，于1611年去世。

万历四十四年（1616年）正月，努尔哈赤建立大金政权（史称"后金"），两年后正式起兵反抗明朝。万历四十七年（1619年）三月，努尔哈赤率后金骑兵在萨尔浒大败明军。天启元年（1621年）三月，努尔哈赤又率骑兵进袭沈阳。朝廷命总兵童仲揆、陈策率领四千名川军，戚金带领三千浙兵组成川浙军团，前往救援，但是等到川浙军团赶到浑河附近时，沈阳城已经失陷。

随即，川浙军团与后金骑兵在浑河边展开了一场惊心动魄的血战。战斗异常惨烈，童仲揆、陈策等将领先后战死。到最后，仅剩下几十名浙兵，但在戚金的带领下，依然保持着鸳鸯阵，丝毫不乱，拼命死战。后金骑兵心生惧意，于是万箭齐发，结束了战斗，近万人的川浙军团全军覆没，后金骑兵也损失惨重，伤亡人数同样过万。

  浑河之战后，戚家军不复存在，从此退出了历史舞台，消失在茫茫的历史长河中，为后人留下了一个个荡气回肠、可歌可泣的保家卫国的传奇故事。

第十章 勋垂青史：丰厚遗产泽华夏

一代战神戚继光辞世了，却为后人留下了一笔丰厚、珍贵的遗产：勇御外侮的战斗精神、博大精深的军事思想、见解独特的兵学著作、文理兼备的诗文作品……数百年来，无数中华儿女从戚继光的遗产中汲取了营养，获得了人生前进的动力。斯人虽逝，功勋不朽，名垂青史，光照千秋，传颂万代！

第一节 姐妹兵书，军事瑰宝

戚继光一生身经百战，所向披靡，是一位闻名于世的百战百胜的常胜将军。在繁忙的军旅生涯中，戚继光仍笔耕不止，一生著述丰厚，为后人留下了极其宝贵的文化遗产。

就军事论著而言，戚继光著有《纪效新书》《练兵实纪》

《类辑练习兵诸书》《洪尚书重补戚少保南北平定略》《莅戎要略》等多部。其中影响最大的是《纪效新书》，成书于他在南方抗倭时期；《练兵实纪》成书于戚继光在蓟镇练兵之际，又在他晚年调赴广东之后进行了修编，是作者兵学思想的集中体现。这部兵书虽在明代刊行多次，但到了清朝以后，渐渐变得鲜为人知了。

《纪效新书》和《练兵实纪》并称为"戚氏兵书姐妹篇"，正如戚继光自己所说："在南则《纪效新书》，在北则《练兵实纪》。"这两部书都是他的代表作，共同构筑了他的整套军事思想。《纪效新书》和《练兵实纪》的问世，为中国古代兵书之林增添了两棵参天大树，为中国古代军事思想宝库增添了两颗璀璨的明珠，成为启迪后人智慧的光辉篇章。

《纪效新书》内容包括：总叙一卷，有《公移》两篇（《任临观请创立兵营公移》《新任台金严请任事公移》），用论辩的形式反复阐明在抗倭战争中练兵的必要性与可行性；另有《纪效或问》一篇，以问答体的形式解答练兵中存在的诸多疑难问题。正文十八卷，包括《束伍篇第一》《操令篇第二》，主要讲述选兵、分发兵器和编队的原则、程序，以及如何训练士兵熟悉军中各种号令、条令；《阵令篇第三》《谕兵篇第四》《法禁篇第五》《行营篇第七》，分别阐述如何训练士兵熟悉、执行有关作战、纪律、内务、行营和野营方面的条例；《比较篇第六》《操练篇第八》《出征篇第九》，主要论述士兵的单兵攻防技术训练、阵法队形训练，以及部队在阵前运动时应遵守的规则；《长兵短用篇第十》《藤牌总说篇第十一》《短兵长用篇第十二》《射法篇第十三》《拳经捷要篇第十四》《布城诸器图说篇第十五》《旌旗金鼓图说篇第十六》，主要叙述训练士兵如何使用各种兵器或以拳术进行对阵，如何使用营地戒备器械与各种火器，以及训练部队熟悉以旌旗、金鼓指挥作战的法则；《守哨篇第十七》《治水兵篇第十八》，主要论述如何训练岗哨，如何侦察、报警以及如何在海上与倭寇作战。全书约八万字，各卷附有队形、旌旗式样、兵器与战车的形制，以及各种器械或徒手武术套路等方面的插图二百五十余幅。

《纪效新书》最大的特点是实用有效、针对性强。书中所列的选兵标准、练兵规程、兵器兵种、作战指挥原则等方面，都是针对当时明军中存在的缺陷和弊病量身定做的。

在战略战术上，该书主张积极防御，每次战斗都要力求歼灭入侵之敌，所谓"伤其十指，不如断其一指"，要集中兵力打歼灭战，彻底消除威胁。

在军队建设上，《纪效新书》尤其重视选兵，正文开篇第一句话就是"兵之贵选"，认为选兵"其法惟在精"，反对"用城市游滑之人""奸巧之人"，主张用"乡野老实之人"。对于选兵的具体标准，认为"丰伟""武艺""力大""伶俐"四条既不可偏废，也不能过于依赖，"惟素负有胆之气，使其再加力大，丰伟伶俐，而复习以武艺，此为锦上添花"。然而这样的士兵不易选到，相比之下，最主要的是"必精神力貌兼收"。对于选来的士兵，要根据他们各自的体质特点发给他们兵器，"皆当因其材力而授习不同"，"如藤牌宜于少壮便健，狼筅长牌宜于健大雄伟，长枪短兵宜于精敏有杀气之人"。

在士兵训练上，该书强调从实战出发，提出"五练"的原则——练心、练耳、练目、练手、练足，训练士兵熟悉号令、队形，培养士兵团结一致、勇敢作战的精神。任何花枪、花刀、花棍、花叉等装点门面的东西，都是无用的。

《纪效新书》保存了大量明代军队建设的重要资料，是研究中国古代兵制史、兵器史和武术史的珍贵历史文献。该书在明朝万历壬辰战争时期传入朝鲜，被奉为军事经典大量刊印。晚清大臣曾国藩曾将它作为训练、培养湘军的指导书。

《练兵实纪》是戚继光根据自己的练兵实践编写的各种教材和条规的汇编，所以这部兵书更能展现他的军事韬略，是戚继光研究古代兵法与练兵的实践经验相结合的产物。

全书分正集九卷，杂集六卷。

正集卷一《练伍法》，主要论述步、骑、车、炮、辎各兵种的队列训练。

卷二《练胆气》，分别对将领、士兵进行爱兵、报国、遵纪、苦练、听令和勇敢等方面的教育。

卷三《练耳目》，主要论述如何训练士兵辨别并掌握金鼓、旗帜等各种形式的指挥信号。

卷四《练手足》，主要论述士兵的单兵攻防训练，目的在于使士兵适应实战的要求。

卷五至卷八均为《练营阵》，分别阐述了营阵操练中有关场操、行营、野营、战约四个部分的内容。

卷九《练将》与杂集卷一、卷二《储将通论上、下》，卷三《将官到任宝鉴》，卷四《登坛口授》主要论述军官的训练和储备，是全书中最具价值的部分。

杂集卷五《军器制解》重点论述研制、改进火器和维护。

杂集卷六《车步骑营阵解》主要论述车、步、骑、炮、辎各兵种的协同战术。

《练兵实纪》强调积极防御的战略，在战术上主张运用优势兵力作战，打有准备之仗。为了实现这一目标，必须对部队进行严格的训练，一切从实战出发，反对在训练中搞形式主义的花架子，同时还要培养士兵吃苦耐劳、团结一致、奋勇杀敌的精神。

《练兵实纪》阐明了建军作战、练兵练将的原则和方向，把戚继光的兵学思想提到了一个新的高度。

1942年，中国人民抗日战争进入最艰难的时期，八路军军政杂志社为了加强各级指战员的政治、思想、军事修养，加速抗日战争的胜利进程，特地将戚继光《练兵实纪》中《练将》这一卷和戚继光其他有关练将的论述辑录在一起，定名为《戚继光治兵语录》，并把它与《孙子》《吴子》《尉缭子》等兵书合编为《中国古代军事思想丛书》，在延安出版发行，供八路军指战员学习和参考。

在戚继光去世几百年后，他留下的军事思想理念依然发挥着作用，指引中华儿女打击、战胜外来侵略者。

第二节 兵学思想，气象万千

戚继光出身兵学世家，自幼受到良好的兵学熏陶，再加上他喜欢阅读兵书，因此，小时候的他就具备了扎实的兵学素养。袭职从戎后，戚继光始终不忘研读兵学理论，并对自己的军旅生涯及时进行总结，逐渐形成了自己的兵学思想。

与此同时，戚继光还善于学习当时优秀的军事将领如谭纶、俞大猷等人的军事思想，对内阁首辅张居正的政略思想也有所借鉴。正是由于立足实践、广采博集、兼容并蓄，戚继光的兵学思想才显得气象万千，既有传统兵学的影子，又体现出鲜明的个性，在我国古代的兵学思想史上独树一帜。

概括而言，戚继光的兵学思想体现在以下几方面。

第一，以民为兵，民为兵本。

戚继光对于练兵、用兵有着高于一般人的见解。他到浙江抗倭时，坚持到义乌招募本分朴实的农民、矿工当新兵，最终将他们训练为纪律严明、团结一致、英勇善战、所向披靡的戚家军。与当时大多数的明军将领脱离、轻视民众的做法不同，戚继光同情、尊重处于社会下层的民众，并且积极依靠民众取得战争的胜利。他认为民众最可靠，从民众中招收的士兵素质能够得到保障，他们不仅听从指挥，而且作战勇敢。他强调在战争中要依靠民众、发动民众，军队和民众要相互配合、相互支持，有了民众这一强大的后盾作支持,军队就可以减轻战斗压力,克服各种困难,掌握战争主动权,从而取得战争的最后胜利。

第二,训练节制之师。

对于什么是"节制之师",戚继光曾形象地加以说明:"譬如竹之有节,节节而制之。故竹虽虚,抽数丈之笋而直立不屈;故军士虽众,统百万之夫如一人。"还说道:"如竹之有节,节节而制之,以一管十,以十管百,以百管千,以千管万,以简驭繁之法也。"在戚继光看来,部队的各级编制单位要像毛竹的竹节一样节节而制,从而形成前后连贯、层层负责的节制之师。训练节制之师,就是要把军队训练成一个"万人一心、万身一力"的坚强的战斗整体。这支部队从士兵到将领,从小队到全军,从单一兵种到合成兵种,都互相负责、互相支持、互相配合,万众一心,坚不可摧,是百战百胜的无敌之师。

第三,赏罚严明。

严明的军纪是胜利的保证。戚继光认为军队的优劣、作战的胜负都与赏罚密切相关,没有罚,军队就纪律松弛;没有赏,军队就没有战斗力。如果将领不懂得赏罚,不注重赏罚,就无法统御整个军队,无法打胜仗。他指出:"非有赏罚,孙吴不能以为将。"

戚继光认为,赏罚应当分明,该赏就赏,该罚就罚。不论是平时还是战时,不论是将领还是士兵,不论是亲朋好友还是关系疏远之人,都要一视同仁,处处、事事、时时皆可行赏罚。他是这么说的,也是这么做的。在山东备倭时,为了整顿军纪,他当众处罚了违纪的舅舅,令将士们信服。

第四,未战先算,以智取胜。

孙子的"庙算",堪称中国古代战略分析的经典范式,得到中国古代众多军事家的继承。戚继光也继承了孙子的这一理念,并将其改称为"算定战"。

戚继光将战争分为三种:"算定战""舍命战"和"糊涂战"。所谓算定战,即在战争发生之前,将影响战争胜负的重要因素,以及敌我双方的重要情况都调查清楚,由此知道己方的获胜概率大不大,然后再决定战或不战;舍命战即靠将士们的一腔热血"兵来将挡",胜负难料,这是平日里不知谋划的结果;糊涂战更好理解,就是既不知彼,也不知己,生死有命,胜负在天。

第五,攻守并重,恃险固守。

在戚继光看来,所有作战形式都可归结于攻与守两种,如果发起进攻,就一定要做到战而胜之;如果决意防守,就一定要守得固若金汤。

戚继光认为,进攻和防守都可以夺取战争主动权。他指出,"兵法:'攻是守之机,守是攻之策。'自古防寇,未有专言战而不言守者,亦未有专言守而不言战者,二事难以偏举。"从中可以看出,戚继光更强调的是攻守并重,反对只知进攻、忽视防守,更反对一味防守、不敢进攻。在防守上,戚继光非常注重依靠山川之险和修筑炮台,认为"守险"和"恃险固守"是事半功倍的戍边御敌之策,同时还可以在防守中寻找到机会主动出击,打击来犯之敌。

第六，大战之术，大创尽歼。

关于"大战之术"，戚继光在《练兵实纪》中有具体的论述："大战之术，只是万人一心，数万人共为一死夫，务使胡虏大创。彼一败后，便有十数年安，十数年生养受用，日后我们军士皆过太平日子。"戚继光强调，所说"大战之术"其实是战略决战和战略进攻。也就是说，希望毕其功于一役，应当集中优势兵力，通过发起大决战来狠狠打击敌军，歼灭敌人的有生力量。在戚继光看来，通过适时组织发起这种大战，可以使得敌军"一战心寒胆裂"，收长久之功。

在与倭寇作战的过程中，戚继光认为"非大创尽歼，终不能杜其再至"。为达到"大创尽歼"的目的，戚继光经常采用伏击战、夜袭战、闪电战等战术，以"攻其无备，出其不意"，给敌军以毁灭性打击。

第七，快速出击，速战速决。

戚继光在与倭寇作战时，经常采用快速出击、速战速决的战术，以最快的速度调集军队，以绝对优势的兵力迅速消灭倭寇。戚继光认为，战场形势瞬息万变，战机稍纵即逝，优柔寡断，进军迟缓，只会贻误战机，招致失败。史称戚继光"临事则飙发电举"，他常以惊人的行军速度，如风驰电掣般及时赶到数十里甚至数百里之外，率军进攻敌人，迅速将敌人击溃、全歼。

第八，健全兵种，协同作战。

在戚继光以前的军事著作中，我们很难看到各兵种协同作战的论述。这主要是因为，明代以前的战争是以冷兵器为主的，一般多是靠单一的步兵、车兵或骑兵作战，缺乏协同作战的实践和理论。而戚继光所处的时代，战争情况发生了很大的变化，随着科学技术的发展，出现了许多新的兵种、兵器、舰船。作战对象除了陆上敌人外，还有来自海上的敌人，这些都为戚继光提出协同作战的新军事思想提供了实践基础。

戚继光在战争中，依据敌情和战场形势，创造性地发展出了利用不同兵种协同作战的战术。在东南沿海抗倭期间，戚继光除了依靠步兵在陆上打击倭寇外，还组建水师在海上巡逻，监视倭寇动向，截击逃亡倭寇。步兵和水师互相配合，水陆会攻，有效地打击了倭寇，使得倭寇在中国境内无法立足，最终不得不退出中国沿海地区。

北调蓟州后，为了对付数量庞大、迅疾剽悍的蒙古骑兵的进攻，戚继光创立了由车、骑、步三军相互配合的联合兵种。各兵种明确分工，协同作战，车兵抵御蒙古骑兵的冲击，步兵以战斗车为掩护出击蒙古骑兵，骑兵则包抄突袭蒙古骑兵。这一战术用来对付蒙古骑兵极为有效，极大地震慑了蒙古骑兵，遏制了蒙古骑兵的进攻。

协同作战的军事思想是戚继光对我国古代军事思想的重大贡献，被后世的军事将领继承并运用，在战争中发挥了巨大的作用。

在几十年的戎马生涯中，戚继光一方面在理论上继承了我国古代以孙子为代表的军事家的兵学思想，另一方面在实践中及时总结战争经验，在兵学理论和实践上都做了大胆的探索和突破，极大地丰富和提升了我国古代的兵学思想。戚继光的兵学思想不仅具有重要的理论价值，还具有广泛的实践价值，经受了战争实践的检验，散发出夺目的光芒。

时至今日，戚继光的兵学思想仍然受到国内外众多军事学者的关注和称赞。中国人民解放军军事科学院军事战略研究部研究员范忠义曾这样评价戚继光："戚继光对中国兵学的贡献即使不能同孙武并驾齐驱，也是继孙武之后的第一人。"

第三节 武德思想，独放异彩

除了作战能力，戚继光还非常重视对将领武德的培养。他认为，作为一名将领应该德、才、识、艺兼备，而德是排在首位的，假如他没有将德，即使才、识、艺都很出色，也是不合格的，也是靠不住的。将领无德，就会妄自尊大、肆意妄为，就会自私自利、损公肥私，就会目无法纪、虐待士卒。这样的人，怎么能依靠他去统率千军万马，怎么能依靠他去卫国保家、杀敌安民呢？

戚继光强调将领必须自觉地加强自身的品德和军事修养，要求将领做到正心术、立志向、明生死、辨利害、做好人、坚操守、宽度量、尚谦德，不为声色害、货利害、刚愎害、胜人害、逢迎害、萎靡害、功名害，要惜官箴、勤职业、辨效法、习兵法、习武艺、正名分、爱士卒、教士卒、明恩威、严节制、明保障，使自己成为品学才识兼优的良将。

在长期的军旅生涯中，戚继光不仅严格要求属下部将培养武德，而且时时、处处、事事严格要求自己，重视自己的武德修炼，受到时人及后人的敬重和称赞。

戚继光的武德思想内涵是极其丰富的，概括起来讲，基本精神就是爱民保民、练胆正心、爱兵善俘等。

戚继光认为，保家卫国是军队存在的主要价值，但军队存在的根本还应当是爱民保民。戚继光所强调的"爱民保民"具有以下三方面的含义。

第一，不骚扰民众。戚继光要求将士们做到：在与百姓的来往中，克己奉公、买卖公平；在驻地、边塞应遵守当地风俗、民俗，不能扰民；扎营时不能擅自挖掘民众墓地、焚烧民众房屋、践踏民众庄稼、砍伐民众树木。

第二，不伤害民众。戚继光认为，兵来自民，又归之于民，民众是部队的存在之本，是部队的坚强后盾，是部队的衣食父母，任何伤害民众的行为都是在与民众为敌，都是不允许的。为此，他制定了严明的军纪，坚决禁止将士们伤害百姓。他一再告诉将士们，军人应该尊重民众的生活，保护民众的生命，绝不能伤害民众、虚报功绩。

第三，不负民众。即军人要感恩民众、不辜负民众的厚望。戚继光常对将士们说："你们不用耕种劳作，衣食无忧地在军营里生活、训练，而这一切都应归功于百姓的付出，没有田间百姓的耕耘，你们就难以生存、生活，又谈何杀敌立功？因此你们要感恩他们，报答他们，而感恩、报答民众的最好方式就是多杀敌人。在外敌入侵的关键时刻，你们上阵奋勇杀敌，歼灭扰民、害民之敌，这才算尽到了军人的职责，才是军人存在的根本价值的体现。"

爱民保民是戚继光武德思想的灵魂和目标，而要实现这个目标，军人就应当有勇有谋、智勇兼备，有过硬的杀敌本领，如此军人才有条件和能力去爱民保民。而要使自己智勇兼备，军人就要在平时进行苦练，要既练武艺，又练胆气。

练胆本质上就是训练军人勇往直前、奋勇杀敌的战斗精神。在战场上想要取得胜利，必须与敌人殊死搏斗，我存敌亡，敌存我亡。

戚继光在《练兵实纪·练营阵》中指出："临阵各人壮起胆来，发起怒来，我与他杀，固怕死。我杀了他，他死我便不死，又有功赏。若被围在内，不誓死战，更有何计？败走时，敌马膘壮追上，都杀了，便逃得回阵，亡了头目，军法连坐，亦不饶我，是走回也免不得死。"他认为，军人在战场上一定要奋勇杀敌，不然，不是死在敌人的屠刀之下，就是因临阵逃脱触犯军法而被自己人处死。军人战死沙场，虽死犹生；在战场上苟且偷生，虽生亦如死。

戚继光将胆气分成两种：真气和客气。他在《练兵实纪·练胆气》中指出："气发于外，根之于心。故出诸心者，为真气；格于物而发者，为客气。"所谓"真气"就是元气，是人的精气神，是发自内心的凛然正气和无所畏惧的勇气，而"客气"则是因为武艺精、兵器利、粮食足等客观因素和战场的有利态势而激发的士气。"真气"不受外界环境影响,比较稳定,是长久的,难以动摇的。而"客气"则是一种外在的浮气,是在外物的刺激下产生的,是因武艺精、兵器利、粮食足等客观因素和战场的有利态势而激发的士气,"客气"不稳定,是不能长久的,一旦受到挫折就会泄掉。戚继光认为"气根于心则百败不可挫,天下莫当父子之兵矣",因此,他主张从练心入手来练真气,练胆气。

戚继光的另外一个重要思想,就是"爱兵善俘",一如其名,这种思想分为"爱兵"和"善俘"。

首先,在生活中要关爱士兵。戚继光指出:"将者,腹心也。士卒者,手足也。"也就是说,将领与士兵在战场上谁也离不开谁,将领指挥战斗要靠士兵去实施,最终的胜利更离不开官兵同心同德、奋勇杀敌。将领在平时应该常常关心士兵的生活疾苦、饥饱劳累,这样才能提高士兵的作战士气,才能上下一条心,团结对敌,战无不胜。

其次,在训练中要多些耐心。戚继光认为,做将领的如果平时对士兵要求不严,疏于训练,使得士兵武艺不精,那就无异于将士兵的性命拱手献给敌人。因此,各级将领在平时的训练中要手把手地教士兵练习武艺,让他们具备过硬的武艺,这样上阵时才能消灭敌人,保护自己。这也是对士兵的最大关爱。

再次,不随意差使士兵。他曾说过:"凡军中除教阅外,将领不得以无要紧事劳扰军士,务令休息。即用一人,如劳自己一般。"指出将领只有教导士兵的义务,没有随意役使他们的权力。士兵当兵是为国效力、上阵杀敌的,不是给将领来当差的,如果将领平时将士兵当作苦力使唤,士兵就会心生怨恨,就会军心涣散,到作战时就会打败仗。

最后,战场上"仁义暖俘虏"。戚继光指出:"战贼既败,所获子女人口,即是真冠贼,不许杀取首级,只将生口送官,论功给赏。"强调战场上俘获的俘虏,不管是敌方的士兵还是敌方的百姓,都不能杀害,否则将受到军法的严厉惩处。他认为这样做不仅能瓦解敌军的凝聚力,同时也可显示出我军的仁义,使百姓更加信服,在道义上占据优势,为持续赢得战争的胜利奠定坚实的基础。

戚继光善待战俘的思想不仅是军事人道主义的集中体现,也是对中华民族传统武德之仁爱精神的最好诠释。

戚继光的武德思想对林则徐等晚清官员,对孙中山等民族资产阶级领导者都有重要影响,对新形势下我军道德建设和振奋民族精神也有积极的启示。

第四节 兵器大师,硕果累累

戚继光不仅是一位卓越的军事家,也是一位优秀的兵器发明家、改革家。在长期的军事实践中,戚继光根据敌人的作战、兵器的特点,结合战争的需要,发明和改造了许多新的武器,而且使用效果非常好,在战场上发挥了很大的作用。

戚继光发明和改造的武器主要有戚家枪、戚家刀、狼筅、镗钯、弓箭、大棒、加刀棍、钩镰、撩钩、钢轮发火、虎蹲炮、无敌大将军炮、火箭、三飞等。

戚家枪，是戚家军近战的主要武器之一。枪头长度约十至二十厘米，重量不超过四两，以竹或木为杆，长约四米。

戚继光极为推崇杨家枪（又称"梨花枪"）法，因为杨家枪法在握持时"手执枪根"，"出枪甚长"，"有虚实，有奇正"，令人难以抵挡。戚继光也因此感慨杨家枪威力无比，认为"二十年梨花枪，天下无敌手"。戚继光以杨家枪法为模板，融会多种名家枪法，创立了独特的戚家枪法。

关于戚家枪，还流传有一首歌诀：

戚少保翻身跃马，戚家枪朵朵梅花。
上中下飞流直下，拦拿扎中平三枪。
……
横扫千军咸八面，倭寇闻风心胆寒。
枪扎一线长兵祖，金狮擒王戚家枪。

仅是歌诀就展现着一种恢宏的霸气，确实令人心生向往。

戚家刀，是戚继光在日本长刀的基础上改良而成的新兵器。根据戚继光所著《纪效新书》的记载，这种长刀"刃长五尺，后用铜护刃一尺，柄长一尺五寸，共长六尺五寸，重二斤八两"。把明制的长度换算成今天的标准长度，这种长刀全长竟超过了两米，顶得上一支矛了。

戚继光把戚家刀设计得如此之长，绝不是为了使刀看上去威武、霸气，而是完全根据实战的要求来设计的。在与倭寇作战的过程中，戚继光注意到，"倭喜跃，一进足则丈余，刀长五尺，则丈五尺矣"，也就是说，倭寇在作战时的攻击距离就达到了四米以上。在近战中，明军士兵使用单手腰刀够不着倭寇，使用长柄武器动作又比较迟缓，所以十分被动，屡屡被倭寇砍杀。而戚继光设计的长刀，则比倭寇的长刀还要长一尺多，挥动起来又比长柄武器快捷，正好可以对付倭寇的长刀，克制倭寇的近战战术。

戚继光还特地编创了一套灵活多变、刚劲威猛的刀法，教授士兵练习刀法。刀法主要以双手握刀，以身催刀，刀随身转，逢进必跟，逢跟必进，进退连环，一气呵成。势法浑厚矫健，大劈大砍，一步一势；技法千变万化，左右跳跃，奇诈诡秘，人莫能测。

因为刀身较长，难以迅速拔刀出鞘，所以在遇到紧急情况时，士兵可互相拔刀。单人拔刀时，左手握住刀鞘，右手握住刀柄，先将刀拔出少许，再用右手握住刀背，将刀拔出鞘。这种长刀适合连续进攻，在抗倭战争中大展神威，戚家军用它砍杀了大量倭寇。

狼筅，是戚家军鸳鸯阵中必备的武器之一，又名"狼牙筅"，分竹、铁两种。戚继光制造竹狼筅，从东南地区生长了多年的毛竹中选择长而多节叉的毛竹，在顶端装上铁枪头，两旁枝刺用火熨烫，使之有直有勾，再灌入桐油，敷上毒药，给力大之人使用。技击方法主要有拦、拿、挑、据、架、叉、构、挂、缠、铲、镗等。

狼筅早在戚继光任职军中之前就已在明军中存在，只可惜军士不得其法，"未练无胆，持之临敌，每每弃之，反以截阻我兵马，几乎弃而不用"。戚继光在南方抗倭期间，专门创造了鸳鸯阵，组织并训练了狼筅兵。戚家军士兵在作战时用狼筅对付倭寇的长刀，取得了良好效果。倭寇长刀虽锋利，却砍不断狼筅的软枝，而层层枝刺又能挡住倭寇的长枪刺入。狼筅兵在前冲锋，长枪兵紧随左右，杀得倭寇死伤无数。

镗钯，是戚继光为对付倭寇的长刀而改进的武器。镗钯又叫"叉"，原先用于狩猎，不是军中兵器，倭寇入侵我国南方省份时，猎户参加战斗，才开始使用镗钯。经戚继光改进后的镗钯，结合了锐、钯、叉等各类兵器的特点，镗钯被改造成前有三刃，中锋长出二寸的样子，尖锐如枪，两旁为四棱刃的横股。它不仅可以用来刺杀倭寇，还可以架住倭寇的兵器，"兼矛盾两用"，另外在距离倭寇较远时，还可用它的两个横股作为发射架燃放火箭。

弓箭，是戚继光对原先的弓箭做了两个方面的改进。一是对箭头进行加工，在箭头中加进上好的钢材，增强箭头的攻击力，使得箭头射在石头上都不会卷钝；二是对射箭所用的指机进行改良，指机原本是圆形的，而手指是扁的，两者难以很好地贴合在一起，弓箭手在射箭的时候一般要在指机里塞上一些纸或者布，不仅麻烦，而且影响射击的效率，戚继光把指机也改造成扁形的,与人的手指正好吻合,操作起来十分舒适、方便。

加刀棍,是戚继光所创制的独特兵器。刀长五寸,刀下为大棍,可打可刺。棍身刻有凸棱,与刀刃方向相同,便于戚家军士兵在夜间遇警时,知道加刀棍的刀刃方向。

钩镰,是戚继光发明的戚家军水师在海战中使用的刀刃弯曲的冷兵器,用来割断倭船绳索和钩取倭船。

撩钩,是戚继光发明的戚家军水师在海战中使用的刃为三钩的冷兵器,用来捞取倭寇首级,钩住倭船或绳索。

钢轮发火,是戚继光研制的一种压发地雷,又称"炸炮"。基本原理是在木匣内装上钢轮和燧石,用绳卷在钢轮的铁轴上,从匣内引出,横拴在道路上。人马拌绳或拉绳,牵动钢轮摩擦燧石发生火花,使引信燃烧,引爆地雷。

三飞,即飞刀、飞枪、飞剑火箭,是戚继光发明的一种火箭。这种火箭将药筒绑在箭杆上,引线向后,箭头涂毒药,能射穿盔甲,射程可达五百步。戚家军是世界上最早使用火箭的军队,在与敌人交战时,士兵们将三飞架在树枝或镗钯上射击敌人。

虎蹲炮,因其外形似蹲卧的猛虎而得名。虎蹲炮用熟铁制造,长半米有余,重四十斤左右。炮筒外加五道铁箍,防止炮筒炸裂。射击时,每次发射可装填五钱重的小铅子或小石子上百枚,上面用一个大铅弹或大石弹压顶,发射时大小子弹齐飞出去,轰声如雷,杀伤力及辐射范围都很大。

虎蹲炮的炮管薄,射程不远,大约五百米,但是细长的炮管使其更适用于山地、森林和水田作战,机动灵活,可以大仰角发射和大范围装备部队,与同时期欧洲的迫击炮相比更为先进。第一批虎蹲炮,大约于嘉靖四十年(1561年)台州大战前正式装备戚家军,投入战场使用,它是戚家军中最常用的火器。

除了发明、改造兵器外,戚继光还非常注重各种兵器之间的配合使用,将各种兵器优化组合,发挥所有武器的威力,以最大限度地杀伤敌人。

第五节　功勋不朽,万世怀念

中国自古以来就有崇拜英雄豪杰的传统,凡是为国解难、为民造福、建立功勋的英雄,不仅在生前会得到人们的拥戴与景仰,死后也会得到人们的祭拜与纪念。他们的事迹永不会磨灭,他们的英名流芳千古。

戚继光就是这样一位深受人们爱戴与景仰的英雄。他一生戎马,南征北战,驱除外敌,保国安民。人们感激他,崇拜他,缅怀他。在戚继光的家乡及其战斗过的地方,人们以各种各样的形式来纪念这位彪炳青史的国家功臣和英雄。

民众纪念戚继光的形式主要有建立祠堂、刻碑、塑像,以及纪念性命名、风俗、民间文学、民间戏剧、民间舞蹈、民间美术、民间武术等。

戚继光祠堂主要分布在浙江、福建两省。位于浙江的有台州市三门县健跳镇健跳村戚公祠、余姚市临山镇苍山之北戚少保祠、临海市白水洋镇南塘山北麓戚公祠、台州市椒江区东山西南戚公祠、温岭市新河镇披云山北麓戚武毅公祠等；位于福建的有福州市鼓楼区戚公祠、福州市于山戚公祠、宁德市蕉城区漳湾镇戚公祠、福清市融城镇戚公祠、莆田市黄石镇林墩戚继光纪念馆等。

纪念戚继光的碑刻也主要分布在浙江、福建两省。位于浙江的有台州市黄岩区汇龙桥《明戚继光将军绝倭处碑》、临海市桃渚镇《戚继光新建敌台碑》、温岭市新河镇《南塘戚公奏捷实记碑》、临海市白水洋镇白水洋小学《戚继光平倭纪功碑》、临海市东湖东岸《大参戍南塘戚公表功记碑》、台州市三门县健跳镇《戚令公去思碑》；位于福建的有福州市于山戚公祠《戚继光表功碑》、仙游县枫亭镇《戚总戎纪功碑》、连江县西关外观音阁旁《戚公碑》。

戚继光塑像大部分分布在山东、浙江、福建、广东、安徽、河北、天津等地。据统计，目前尚存各种戚继光塑像三十八尊。各地竖立的戚继光塑像，其中铜像以安徽定远县戚继光骑马铜像为代表，玻璃钢塑像以河北唐山市迁西县三屯营镇戚继光立像为代表，石雕像以福建泉州市惠安县崇武古城戚继光立像、天津蓟州区太平寨戚继光立像为代表，石膏像以福建福州市戚继光塑像为代表，木雕像以福建漳州市平和县慈惠宫戚继光塑像为代表，水泥雕像以山东烟台市蓬莱区蓬莱水城（又名"备倭城"）戚继光立像为代表，泥塑像以浙江台州市椒江区戚继光纪念馆的戚继光塑像为代表。各地竖立的戚继光塑像，虽然涵盖了戚继光从青年、壮年到老年的人生各个时期的样貌，但大多为戚继光的戎装形象。

纪念性命名也是民间纪念戚继光的主要形式之一。

在山东、浙闽沿海和北京北部的长城沿线，分布有相当数量的命名与戚继光相关的山、水、石、木、村、路、街、桥、井、亭、阁等。例如，山东烟台市蓬莱区戚家村，浙江台州市黄岩区绝倭沥、台州市金清镇戚继光桥、余姚市临山镇戚家村、丽水市莲都区继光街、临海市继光街、温岭市继光路、台州市椒江区戚继光路，福建宁德市戚公井、思儿亭等。每一处命名都蕴含着一段动人的故事或传说。

纪念戚继光的风俗主要集中在东南沿海一带。

这些风俗虽然带有一定的区域性，却具有两大显著特点：一是流行范围广。例如，吃光饼（继光饼）的风俗广泛流行于浙江的宁波、台州、温州，以及福建的福州、莆田、宁德等地。二是形式繁多，内容丰富多彩。纪念性的风俗主要有做大岁、拜初二、正月十四过元宵、九月九拜戚公、山格慈惠宫庙会、虎啸潭龙舟竞渡等，纪念性食俗有吃光饼、糟羹、芋艿、酱烤猪头等。

在福建莆田市一带，每年正月初四人们要再过一次年，比年三十更隆重。这是为了纪念惨痛的历史，缅怀抗倭英雄戚继光。嘉靖四十一年（1562年）十一月间，倭寇攻陷兴化府城（今莆田市），百姓连夜逃散，过不成春节。直到倭寇被戚家军赶出兴化府后，人们才纷纷返回家园，并于正月初四补过除夕，阖家团圆，吃年夜饭。

拜初二古称"跪新座",今称"拜神座",是福建福清市一带民间特有的风俗。正月初二这一天,凡是上一年有成人去世的家庭,都要给亡灵设置灵位,供亲戚朋友前来吊唁。嘉靖四十一年(1562年)腊月,戚继光击败入侵福清的倭寇,逃难的百姓纷纷回家过年。正月初一早上,大家见面互祝平安,次日又前往死难者家中吊唁。后来这种做法沿袭下来,成为福清市一带特有的风俗。直至今天,每年正月初二这天,在福清城关及周边一些镇区的人们仍不能随意串门拜年。如果谁一定要在正月初二上门给人家拜年,他必须在前一天到过这家,否则就触犯了禁忌。

正月十五是传统的元宵节,但在浙江临海,人们选择在正月十四这天过元宵节。传说当年戚继光奉朝廷之命来到台州抗击倭寇,对台州府城墙进行扩建。时值隆冬,临海百姓见将士们在冰天雪地中筑城十分辛苦,便相约在正月十四这天,一起带着自家做好的饭菜上城慰劳将士们。但由于天寒地冻,饭菜送到山上时已经冷了。有位老者见此情景,便告诉人们将米磨成粉后放入大锅用酒水烧开,再将笋、肉、菜等倒入锅内搅成糊状的汤羹,然后趁热送到城上。将士们吃后都说味道鲜美,既可充饥又能暖和身子,筑城进度大大加快。这种汤羹后来被当地人命名为"糟羹"。

为纪念此事,临海百姓将元宵节提前一天,改为正月十四,并家家户户制作糟羹,直至今天,沿袭成俗。正月十四的这一碗糟羹,也成了临海军民同心协力、共御外敌的精神象征。

在浙江温岭市新河镇,每年农历九月初九人们都要举行"拜戚公"活动。当年,戚继光在浙江抗倭时曾在新河居住较久,而民间又传说他是九月九日住进新河的。于是,当地百姓就建了武毅公祠,届时在祠里披彩挂灯,举行舞狮、踩高跷、跑旱船等各种娱乐活动,同时,邻近的百姓也都到祠里来焚香礼拜,以表达对戚继光的怀念之情。

在浙江台州一带,清明上坟的时间段长一些,当地人常常讲"清明长长节,做到端午歇",扫墓祭祖最早可以从春分开始持续到立夏前后,快到端午节时才停歇。传说这一风俗最初是由戚继光确立的。当年戚继光在台州抗倭时,当地的青壮年男子纷纷应征入伍,参加戚家军。到了清明节,戚继光体谅士兵们回家祭祖的心情,可又担心倭寇会趁此机会进犯,最后想出了一个办法——让士兵们在清明节前后轮流回家扫墓祭祖,于是"清明长长节"便成为风俗,一代代传了下来。

每逢中秋佳节,我国东南沿海一带的民间,人们除了吃月饼外,还有吃芋艿的习俗。相传这个民俗与戚家军抗倭有关。当年,人们为了纪念戚家军抗倭救民的功绩,每年中秋节都要吃芋艿。因为"芋艿"两字谐音"遇难",所以人们在中秋节时吃芋艿,一方面是为了感恩戚家军,另一方面也是表示全家人在团聚时不忘记国家和民族的危难。

纪念戚继光的民间文学大体可分为抗倭故事、戍蓟故事、治军故事、亲属部属故事、惩恶故事、爱民故事、地名传说、故里传说等,其中以抗倭、治军故事居多。此外,民间还流传有相当数量的民谣、儿歌。这些民间故事、传说和歌谣,言辞朴实、恳切，世代相传，充分反映了广大人民对戚继光的怀念之情。

例如，在民间流传不衰的民谣、儿歌主要有以下几类。

浙江台州市椒江区东门晏清门岭头童谣一：

倭卵卖烧饼，一卖卖到东门岭。
东门岭头三冲炮，吓得倭卵哇哇叫。
逃到临海就倒灶，满江尸首浮泡泡。

浙江台州市椒江区东门晏清门岭头童谣二：

肚脐饼，像肚脐，倭卵上陆扰我地，
害得百姓遭烧杀，全靠戚军来抵制。
肚脐饼，圆又圆，送给戚军好上船，
胜利回来平了乱，使我百姓好团圆。
肚脐饼，甜又香，送给戚军当干粮，
继光将军爱百姓，百姓敬他如天长。

浙江温州市民谣《将军姓戚名继光》：

月光光，唱西塘，骑骏马，过西塘；
西塘水深飞过渡，将军姓戚名继光。
身骑高马背大刀，率领三军镇海疆；
海贼个个死翘翘，继光将军威名扬。

浙江温州市《哄儿歌》：

天皇皇，地皇皇，莫惊我家小儿郎。

倭寇来，不要慌，我家戚爷会抵挡。

福建民谣《戚我爷》：

戚我爷！戚我爷！爷未来兮民咨嗟，爷既来兮凶妖荡尽，草木生芽。

欲报之德，昊天无涯，愿爷子孙绳绳兮，为公为侯，永定国家。

还有反映戚继光事迹的民间戏剧，如流传于浙江、福建沿海民间的越剧《戚军令》，闽剧《戚继光斩子》，话剧《戚继光平倭记》等。它们以生动的情节热情讴歌了戚继光抗倭保民的历史功绩。

纪念戚继光的民间舞蹈主要有藤牌舞、光饼舞、大鼓凉伞舞等。这些舞蹈经过长期的演变，流传到今天，已经集纪念、娱乐、健身于一体，并糅入地方戏剧艺术，广泛流传于浙江、福建等地。1957年3月，作为浙江省两个选送节目之一，藤牌舞表演队进京参加全国第二届民间音乐舞蹈会演，荣获当时的最高奖项优秀奖，全体演员还受到周恩来、朱德、邓小平等领导人的接见。

纪念戚继光的民间武术主要有继光拳，浙江台州、温州一带均有继光拳流传，苍南县等地一些民间武术团体还设立了继光拳拳坛，每年定期举行武术比赛活动，以此纪念戚继光。在山东烟台市蓬莱区，每年腊八节这一天，人们都要举行纪念戚继光的武术比赛活动，已成惯例。

上述民间纪念戚继光的活动形式多样、范围广泛，几乎涵盖了百姓生活的各个层面，虽历经数百年人世沧桑，依然留存至今，充分反映了广大人民群众对戚继光的敬仰之意和缅怀之情。

戚继光去世了，但是他和他率领的戚家军永远地活在后人的心中。波涛滚滚的东南沿海的海面上，回荡着戚继光和戚家军奋勇杀敌的呐喊声；暮色茫茫的北方长城沿线，映现着戚继光尽忠报国的碧血丹心……